중한 텍스트 주어 생략 대조 연구

김혜정(金慧婷)
서울대학교 사범대학 국어교육과 교육학석사
상해외국어대학교 亞非언어문학과 문학박사
상해외국어대학교 정치학과 박사후연구원
서울대학교 국어교육연구소 객원연구원
현재 상해외국어대학교 한국어학과 조교수

해외한국학연구총서 K068
중한 텍스트 주어 생략 대조 연구

초판 인쇄 2020년 12월 1일
초판 발행 2020년 12월 7일

지은이 김혜정   **펴낸이** 박찬익
펴낸곳 ㈜박이정   **주소** 경기도 하남시 조정대로45 미사센텀비즈 7층 F749호
전화 031) 792-1193   **팩스** 02) 928-4683   **홈페이지** www.pjbook.com
이메일 pijbook@naver.com   **등록** 2014년 8월 22일 제2020-000029호

ISBN 979-11-5848-558-0   93710

* 이 책은 《國家級一流本科專業建設点經費》와 《上海外國語大學課程思政課程链經費》의
  지원으로 발간되었음.
* 책값은 뒤표지에 있습니다.

해외한국학연구총서
K068

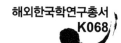

省略

중한 텍스트
주어 생략 대조 연구

金慧婷 著

(주)박이정

의사소통 참여자들은 의사소통 과정 중 자신의 생각이나 감정을 전달할 때 가능하면 최소의 노력으로 최대의 의사소통 목적을 달성하고자 한다. 이러한 언어 사용의 경제성 원리에 의해 자연스럽게 나타나는 것이 생략 현상이다. 생략은 의사소통 상황에서 선후행 발화 또는 문장들 간의 의미적 결속이 이루어지게 하고, 동시에 새로운 정보에 초점을 부여하는 등의 기능을 한다.

생략 현상에 대한 기존의 연구들은 대부분 구어 담화의 생략적 특성에 대한 연구가 주를 이루고 있다. 다양한 언어 외적 요소에 의해 생략 항목의 원형을 복원할 수 있는 구어체 담화와는 달리 문어체 텍스트의 생략 현상에 대한 체계적인 연구는 미흡한 현실이다. 또한 구어 텍스트의 생략 현상 연구는 순수 언어학적 연구에서 벗어나 화용적 상황에까지의 확대된 범위에서 분석하는 동적(动态的) 연구가 진행되고 있다면 문어 텍스트에 대한 연구는 아직도 언어 체계 중심의 정적(静态的)인 연구에서 벗어나지 못하고 있는 경향을 보인다. 뿐만 아니라 중국어와 한국어 문어 텍스트의 주어 생략 현상에 대한 연구는 극히 드물다. 본 연구는 구어 담화에서 뿐만 아니라 문어 텍스트에서도 다양한 양상으로 빈번하게 이루어지고 있는 생략 현상에 대해 인지-화용론적인 틀에서의 접근을 시도하였다.

우선 인지언어학의 '원형이론'에 입각하여 생략 현상을 '형태적 동일성에 의한 생략', '의미적 동일성에 의한 생략', '의미적 연관성에 의한 생략', '인지정보의 생략' 등 4가지 유형으로 범주하였다. 이들 생략은 전형적인 생략으로부터 비전형적인 생략으로의 변화 과정을 보여주기도 한다. 또한 '적합성이론'과 '스키마이론'을 바탕으로 각 유형의 생략 현상을 해석하는 데에 필요한 독자의 인지적 부담의 차이를 설명하였다. 즉 '형태적 동일성에 의한 생략'은 생략의 원형으로 가장 전형적인 생략이고 생략의 원형을 판단하는 데에 필요한 독자의 인지적 부담이 가장 적은 형태이다. '의미적 동일성에 의한 생략'은 전자에 비해 덜 전형적인 생략인 동시에 그 원형을 판단하는 데에 필요한 독자의 부담이 다소 더 부가되는 유형이다. '의미적 연관성에 의한 생략'은 '의미적 동일성에 의한 생략'에 비해 덜 전형적이고 독자의 인지적 부담이 더 부가되는 유형이며, 마지막 유형인 '인지정보의 생략'은 가장 비전형적인 유형으로 독자의 인지적 배경에 대한 요구가 제일 높은 형태이다. 네 가지 생략 유형 중 생략의 원형인 '형태적 동일성에 의한 생략'에 대해 본고에서는 인지 심리학의 '접근성이론'('可及性理論')의 적합도('可及度')를 척도로 하여 생략 현상에 영향을 주는 다양한 참조항을 설정하여 분석의 틀을 마련하였다.

이런 분류와 참조항의 기초상에서 본고는 중국어 소설 2편과 한국어의 소설 2편을 선정하고 각 소설당 유효절 5000절을 추출하여 주어 생략의 빈도와 양상에 대해 통계 분석을 진행하고 두 언어의 주어 생략 빈도의 차이에 대해 언어학적인 측면에서 뿐만 아니라 텍스트-화용론적 분석을 시도하였다. 뿐만 아니라 생략된 주어가 번역본에서는 어떤 양상을 보이는가에 대해서도 관찰했는데, 번역문에서 어떤 형식으로 복원이 되었는가에 대해 집중적으로 살펴보고 한중 텍스트 번역 과정에서의 주어 생략과 복원 전략에 대해 정리하였다.

의사소통은 단일한 문장이 아닌 텍스트를 중심으로 이루어진다. 따라서 본고에서는 생략 현상의 텍스트 전략 효과에 대해서도 알아보았다. 우선 생략 현상의 텍스트 응집 효과를 알아보면서, 생략 현상이 텍스트 결속장치로 작용하며 텍스트 내용의 응집에 중요한 역할을 한다는 의견을 제기하였다. 또한 동일한 화제를 지속함에 있어서의 생략 기제의 중요성 및 화제의 배경이 변화함에 따라 생략 현상이 어떻게 이루어지는지에 대해서도 관찰하였다. 마지막으로 신정보를 부각시키는 생략 기제의 정보성 상승효과와 독자들의 주의를 효과적으로 텍스트 맥락에 집중시키는 독자 결속 효과에 대해 논하였다. 이 연구가 중한 번역 연구, 중국어 교육과 한국어 교육 연구의 단초가 되었으면 한다.

이 책을 내기까지의 짧지 않은 시간들을 뒤돌아보면서 순간순간 많은 분들의 도움을 떠올리지 않을 수가 없다. 오늘의 힘겨운 결실을 맺기까지 함께 해주신 모든 분들께 진심으로 감사드리고 싶다. 우선 스스로 사고하면서 학문의 길을 찾게 해줌과 동시에 올바른 학문의 방향과 심도 있게 연구하는 자세를 가르쳐 주신 지도교수 김기석 교수님의 은혜에 감사드린다. 학업에서 가르침과 조언을 아끼지 않으셨을 뿐만 아니라 개인적인 생활에도 늘 관심을 주시면서 따뜻한 미소와 격려로 이끌어 주셨던 김충실 교수님께 진심으로 감사드린다. 바쁘신 가운데 제자의 논문 심사를 위해 오랜 시간 동안 중국에 머물러 계시면서 격려와

채찍질을 아끼지 않으셨던 서울대학교 윤희원 교수님의 배려와 사랑에 깊이 감사를 드린다.

꿈을 향해 달리는 철부지 딸을 믿어 주시고 희망과 용기를 잃지 않도록 어린 시절부터 늘 물심양면으로 든든한 후원자가 되어 주시면서 격려를 아끼지 않으셨던 부모님께 이 책을 바친다.

2020. 10.

김 혜 정

목차

표 목차

그림 목차

1. 서론

1.1. 연구 목적 및 필요성

생략은 빈도에만 차이가 있을 뿐 모든 언어에서 일어나고 있으며, 언어생활에서 보편적으로 일어나는 현상이다. 이는 생략이 언어생활에서 중요한 수단으로 작용하고 있음을 의미한다. 인간은 의사소통 과정 중 자신의 생각이나 감정을 전달함에 있어서 가능한 최소의 노력을 들여 최대의 의사소통 목적을 실현하고자 한다. 이러한 언어 사용의 경제적 목적으로 인해 자연스럽게 일어나는 것이 생략 현상이다. 문어 텍스트에서 생략은 텍스트 상황에서 선후행 문장들 간의 의미적 응집이 이루어지게 하고, 동시에 새로운 정보에 초점을 부여하여 효과적으로 부각시키는 기능을 한다.

각 언어마다 차이가 있긴 하지만, 생략은 대체로 공통적인 상황 하에 실현된다. 복합적인 언어 현상이지만 대체적으로 통사론이나 의미론 나아가 화용론적인 관점에 의해 실현되기 때문이다. 어떤 관점에 따르든 생략되는 대상은 문장 내에서 불필요하거나 반복적으로 출현된 요소로 인식된다. 그럼에도 불구하고 생략된 항목은 텍스트 내에서 텍스트 맥락을 바탕으로 복원된다는 전제가 있다. 뿐만 아니라 텍스트 참여자들의 인지구조 안에서 공통적인 의미 맥락으로 이해되어야 한다는 조건을 만족하여야 한다. 이러한 전제를 만족하여야만 텍스트 참여자들이 필자가 무엇을 생략했는지 파악하여 전체적인 맥락을 이해할 수 있기 때문이다.

변형문법에서는 생략 현상에 대해 문법적인 차원에서 특정 항목의 삭제나 탈락 정도로 인식하는 경향이 있었다. 그러나 생략을 단순한 문법적인 삭제나 탈락 현상으로 이해한다면 여러 층위에서 복합적으로 작용하는 생략 현상에 대해 제대로 해명할 수 없다. 실제로 생략은 단순한 문법적인 현상이기보다는 다양한 복합 정보들에 의해 실현되는 것이기 때문이다. 따라서 같은 발화나 텍스트 항목의 생략일지라도 그에 따르는 부가 정보에 의하여 추론 정보도 판이해진다. 즉 생략 현상은 상황 맥락을 떠난다면 정확한 추론이 불가능해지는 것이다. 따라서 생략을 고찰하는 데에 있어서 반드시 보다 폭넓은 차원인 의미-화용론적인 층위에까지 확대해서 접근해야 함을 의미한다.

기존의 논의들은 대부분이 생략 현상에 대해 문장을 단위로 살펴보았다. 그러나 생략은 문장의 단위를 넘어선 텍스트라는 넓은 범위 안에서 실현되는 경우가 대부분이다. 때문에 생략 현상은 텍스트 전체의 응집을 이루는 중요한 언어 기제로 이해할 필요가 있다. 즉 생략에 대해 보다 깊이 있는 논의를 진행하기 위해서는 텍스트 층위에서의 논의나 텍스트 전체와의 유기적인 연결을 고려한 접근이 필요하다.

중국어와 한국어 두 언어에 대한 대조 연구는 음운, 어휘, 문법 면에서 활발한 연구가 이루어지고 있으나 전통적인 연구 시각에서 벗어나지 못하고 있다. 즉 텍스트언어학적 배경을 바탕으로 한 문법 대조 연구는 미미한 현실이다. 생략 기제의 사용은 순수 언어학적 요소를 넘어 화용론, 인지언어학 등 다양한 층위와 관련은 맺는 복합적인 활동이기 때문에 이를 체계적으로 형식화하는 데에 어느 정도 어려움이 따르기 때문이다. 이런 시점에서 본 연구에서는 문장 차원의 성분인 주어 생략 현상을 텍스트-화용론적 배경 하에서 고찰함으로써 생략 현상이 두 언어의 정보 전달에서 어떠한 역할을 하고 있는지에 대해 알아보고자 한다.

이에 본고는 생략에 대한 문법적인 차원에서의 통사적인 논의는 물론, 텍스트언어학 및 인지언어학의 차원에까지 확대해서 살펴보고자 한다. 이렇게 하면 생략의 본질에 더 근접할 수 있을 뿐만 아니라, 생략 현상이 언어생활에서 차지하는 중요성을 효과적으로 확인하는 작업이 될 수 있다. 이러한 노력을 통해 중국어교육, 한국어교육, 나아가서 중한 번역 작업 및 자연언어에 대한 컴퓨터의 처리 방식이 바람직한 방향으로 발전해 나아가는 데에 일조하고자 하는 것이 본 연구가 의도하는 바이다.

1.2. 생략 현상의 연구 현황

생략 현상에 대한 연구는 오랜 역사를 이어 왔음에도 불구하고 오늘까지도 국내외 수많은 학자들의 관심 연구 분야로 자리잡고 있다. 기존의 연구 성과들이 비록 양적·질적인 면에서 수없이 많은 성과를 이루었지만 생략 현상에 대한 새로운 시각으로의 접근이 필요한 실정이다. 본 장에서는 중국과 한국에서의 생략 현상 및 주어 생략 현상에 대한 기존의 연구 성과들을 정리하면서 새로운 연구 시각과 방법론에 대한 탐색을 시도해보고자 한다.

1.1.1. 중국에서의 연구 현황

중국의 첫 문법저작인 马建忠의 《马氏文通》의 출시는 생략 현상에 대한 연구가 단순한 의미론적 연구에서 벗어나 독립적이고 체계적인 발전 단계에 들어섰음을 의미한다. 이 저서에서는 대량의 언어 자료를 바탕으로 문장성분으로서의 주어(起词)와 술어(语词)의 생략, 특수 구문의 생략 현상에 대해 연구하였다. 또 주어 생략을 중국어의 특수한 문법 현상이라고 주장하면서 주어 생략의 5가지 원칙을 제시하였다.[1] 뿐만 아니라 다량의 실례를 들어 대화 중의 생략 현상, 명령문의 주어 생략, 순행(承前)생략, 무주어문 및 술어 생략에 대해 서양 언어와의 대조적 입장에서 연구를 진행함으로써 문법 연구의 새로운 시각과 방법론을 제시하였다.

《马氏文通》이 출시된 이후 학자들은 해당 저서의 문법 체계와 연구 방법을 바탕으로 서양의 문법 이론을 참조하여 고대한어 문법서를 출간하기 시작하였다. 이때로부터 중국어의 문법 연구는 새로운 단계에 들어서게 되었다. 이 시기 《马氏文通》의 보완적 연구로는 章士钊(1907)의 《中等国文典》, 陈承泽(1922)의 《国文法草创》, 그리고 杨树达(1930)의 《高等国文法》 등이 있었다. 그 중 杨树达(1930)의 《高等国文法》에서는 서양 문법 체계를 참조하여 명사와 동사의 생략 현상에 대해 체계적인 분석을 진행하였다. 명사의 생략 현상으로는 명사형 주어의 생략,

---

1 《马氏文通》에서는 주어 생략의 5가지 규칙을 아래와 같이 제시하였다.
议事论道之句读, 如对语然, 起词可省。
命戒之句, 起词可省。
读如先句, 句之起词已蒙读, 则不复置。
句读起词既见于先, 而文势如贯, 可不重现。
无属动词, 本无起词, "有" "无"两字, 间亦同焉。

명사형 목적어의 생략, 领位의 명사의 생략, 被领位의 명사의 생략으로 범주화하여 분석하였고, 동사의 생략으로는 内动词의 생략, 外动词의 생략, 피동형 外动词의 생략, 外动词 "曰"자의 생략과 조동사의 생략 등 현상에 대해 포괄적인 분석을 진행하였다.[2]

《马氏文通》이후로 가장 영향력이 큰 문법서로 평가 받는 저서로는 黎锦熙(1924)의 《新著国语文法》이 있다. 马建忠의 《马氏文通》이 고대 중국어 문법을 체계화하였다면 黎锦熙의 《新著国语文法》의 출시는 현대중국어 문법 연구의 시작을 알렸다고 할 수 있다. 이 저서의 제5장 '주요성분(또는 구)의 생략'에서는 문장 주요 성분의 6가지 생략 현상에 대해 분석하였는데 현대중국어의 생략 현상을 크게 (1)자술 상황의 생략(自述时的省略) (2)순행생략 (3)대화 상황의 생략 (4)습관성 생략 (5)"的"자 구문 명사의 생략 (6)개사(介词)의 생략 등으로 나누었다.[3] 다량의 예문을 바탕으로 보다 포괄적인 생략 현상에 접근하였지만 생략의 개념에 대해 명확한 정의를 내리지 못하고 문장 성분의 부재를 일괄적으로 생략 현상으로 간주함으로써 생략이 아닌 현상까지도 생략의 범주에 포함시키고 '억지로' 복원을 시도하는 등 결과를 낳기도 하였다.[4]

---

2 杨树达(1930)의 《高等国文法》에서는 중국어의 동사를 "内动词"와 "外动词"로 구분하였는데, 그 중 "内动词"는 사물의 성질, 특징, 상태를 가리키는 동사로 규정하고, "外动词"는 목적어를 가지는 동사로 정의하였다.

3 黎锦熙, 《新著国语文法》, 商务印书馆, 1998年.

4 생략 현상을 논함에 있어서 해당 저서는 논리 법칙과 문법 법칙을 혼동하고 논리 법칙으로 문법 법칙을 대체하는 등 한계가 있음을 지적 받기도 하였다.

  (1) (　　)请(　　)坐！
    (　　)不许(　　)喧哗！
    我的心(　　)像水似的。

예문 (1)과 예문 (2)에서 黎锦熙는 주어 위치에서 "我"와 "我们"이, 목적어 위치에서 "你", "你们"이 생략 되었다고 하면서 주어나 목적어를 생략하고 술어와 보어만 남기는 현상은 관용표현에 한해서만 나타나는 현상이라고 하였다. 예문 (2)에서 "喧哗"는 명사의 성격을 띠고 "许"의 목적어로 기능한다고도 하였다. 또한 예문 (3)의 빈자리에는 주체명사

1980년대에 이르러 三个平面理论[5]이 제기되면서 중국의 현대언어학 계에서는 통사, 의미, 화용의 다양한 층위에서 문법 연구를 진행하게 되었다. 따라서 생략 현상에 대한 연구도 생략의 개념, 생략의 성분, 생략의 조건 등에 대해 기존의 연구들보다 훨씬 다양한 접근을 시도하면서 연구 대상, 연구 방법 및 연구 이론에 있어서도 괄목할만한 성과들을 거두었다.

呂叔湘(1979)에서는 최초로 생략의 조건에 대해 아래와 같이 규정하였다. "생략문은 일정한 문맥과 의사소통 상황을 떠나면 의미가 모호해져서 반드시 일부 단어를 복원해야 한다. 생략된 성분은 반드시 복원할 수 있어야 하며 유일하게 복원되어야 한다. 이상 두 가지 조건을 모두 만족하는 현상만이 생략 현상이라고 할 수 있다".[6] 이후 呂叔湘(1986)의《新国文法要略》에서는 상술한 정의를 보완하여 "현실 언어 사용 중의 생략은 매우 복잡한 현상이다. 일부 생략 성분은 문맥이나 의사소통 상황에서 찾을 수가 없을 뿐만 아니라 그 원형을 정확히 복원기가 어렵다. 생략 현상은 중국어 문장의 간결함과 생동함을 실현하기 위한 하나의 문법적 수단이다"[7]라고 하였다. 또한 표층구조상 성분의 부재는 생

"干净"이 생략되었는데 생략 성분을 환원해 넣으면 "我的心里的干净像水一般地(或一样地)干净"이라는 문장으로 복원할 수 있다고 하였다. 하지만 张静(1985)에서는 예문 (1)과 (2)는 주어가 존재하지 않는 '무주어문'이므로 생략을 논할 수 없고, 예문 (3)은 생략문이 아니라 이 문장의 주어는 "心"이라고 주장하였다. (张静,《汉语语法问题》, 上海社会科学出版社, 1987年)

5 三个平面理论의 "三个平面"은 통사, 의미, 화용의 3가지 측면을 가리킨다. 즉 문법 연구를 함에 있어서 이 세 가지 측면을 포괄적으로 고려하여야 한다고 주장하는 이론이다. 이 이론이 제기되고 나서 중국어 문법 연구는 보다 다양한 시각하에 진행되기 시작하였고 생략 현상에 대한 연구도 새로운 이론을 적용하여 한 층 더 깊이 있는 연구들이 이루어지기 시작하였다.

6 呂叔湘,《汉语语法分析问题》, 商务印书馆, 1979年.

7 呂叔湘, 汉语句法的灵活性,《中国语文》, 1986年 第一期.

략 현상뿐만 아니라 함축 현상도 포함된다는 주장을 최초로 제기하였다. 비록 이 시기에도 생략 현상에 대한 정의가 정확히 내려지지 않았지만 기존 연구들의 틀을 바탕으로 생략의 범위, 생략의 조건, 생략과 함축 등 현상들을 새롭게 포함해서 보다 포괄적이고 깊이 있는 고민이 이루어졌다. 따라서 해당 연구가 생략 연구의 새로운 방향을 제시했다는 측면에서는 큰 의의가 있다고 하겠다.

朱德熙(1982)는 《语法讲义》[8]에서 "생략이란 문장 구조상 필수적인 문장 성분이 일정한 문법적 조건 하에 출현하지 않은 현상"이라고 하면서 중국어의 대다수 문장은 표현이 아주 자연스러워서 중국어에서는 생략 현상이 드물게 나타난다. 따라서 일정한 성분의 부재는 모두 생략 현상이라고 판단하는 것은 옳지 않으며, 또한 한 문장이 일정한 맥락을 떠나면 의미적으로 충분하지 않다고 해서 반드시 어떠한 성분을 생략했다고 하는 것은 너무나 주관적인 판단이다. 예를 들어 승객이 티켓을 구매하면서 승무원한테 "동물원 한 장이요"라고 한다면 이 문장은 그 자체로도 충분히 완전한 의미를 전달할 수 있는 문장인 비주술문(非主谓句)이지 어떠한 성분이 생략된 생략문이 아니다. 우리는 이 문장이 특정된 의사소통 환경을 떠나면 의미가 모호해진다고 해서 굳이 '我要买一张上动物园去的票' 등 문장의 생략문으로 간주하는 것은 너무나 억지스럽다"라고 제시하였다. 하지만 이러한 주장은 구조주의의 영향을 깊이 받아 문장 구조에만 집중하고 언어적 맥락에 대한 고민이 이루어지지 않았다는 한계가 있다.

한편 王力(1985) 《中国现代语法》[9]에서는 아래와 같이 제시하였다.

---

8 朱德熙, 《语法讲义》, 商务印书馆, 1982年.
9 王力, 《中国现代语法》, 商务印书馆, 2000年. (재출판)

"우리가 상대방의 말을 이어 받아 대화를 계속해 나가거나(또는 대화 상대의 질문에 대답하거나 논쟁을 할 때) 자신의 말을 이어갈 때, 대화의 시작에 비해 갈수록 힘을 덜 들이게 된다. 많은 단어로 구성되어야 할 표현들이 앞의 말과 표현을 이어 받게 됨으로써 이미 언급한 항목 대신 상대적으로 간단한 표현을 선택하거나 심지어 일부 항목을 언표화하지 않을 수도 있기 때문이다. 표준 구조에 비해 단어를 적게 사용하는 이런 전략을 생략법이라고 한다. 언어 사용에서 오해만 초래하지 않는다면 생략법은 충분히 사용 가능하고 분석 각도에 따라서 그 실현 양상도 매우 다양하다". 한편 이 저서에서는 생략법을 순행생략(承说的省略)과 습관적 생략(习惯的省略)의 두 가지로 나누었다. 순행생략은 앞서 나타난 항목의 반복적 출현을 피함으로써 문장을 간결하고 매끄럽게 하는 수단인데 적절한 순행생략은 언어 표현에 있어서 매우 효과적이라고 하였다. 또한 생략은 표준적인 문장 구조를 기준으로 할 때 부재하는 성분에 한해서 생략 현상이 발생했다고 하는 것이지만 그렇다고 해서 문장에 결함이 있다고 하는 것은 그릇된 판단이라고 하였다.[10]

王维贤(1997)의《现代汉语语法理论研究》에서는 의미, 통사, 화용의 三个平面이론을 적용하여 생략을 의미적 생략, 통사적 생략, 화용적 생

---

10 主上又问：“贾范是你什么人？”
　　我忙奏道：“是远族。”
　　위의 대화 중 “是远族”의 주어 “贾范”이 생략되었는데 이는 대화 중 앞서 이미 출현했던 항목을 언표화하지 않는 현상인 순행생략으로 간주하였다. 또한 순행생략 중 주어의 생략은 “不用”과 “省略”의 두 가지 경우가 있으며 “不用”은 습관적 생략, “省略”은 순행생략으로 규정하였다. “下雨了” 등 유형의 문장은 주어를 사용하지 않은 문장으로 이는 습관적 생략 현상이지 생략문이 아니라는 것이다. 이를 뒷받침하는 예문으로 일부 지역의 사람들이 지인을 만나면 습관적으로 “你吃过没有？”라는 인삿말을 건네는데 이는 “你吃过饭没有？”의 습관적 생략이며 “饭”을 언표화하지 않아도 대화 참여자들은 이 인삿말의 의미를 충분히 이해한다고 하였다. 이런 문장은 답을 요하지 않기에 이를 시작으로 대화를 이어나가기를 바라는 의도에서의 발화가 아니다.

략으로 나뉘었다. 관념적 생략(意念上的省略)은 의미적 층위의 생략으로 의미론 연구 범위에 속하고, 구조적 생략(结构上的省略)은 통사적 층위의 생략으로 문법론의 연구 대상이며, 의사소통 상황에서의 생략 현상은 화용적 생략(语用上的省略)에 속하므로 화용론의 연구 범위에 속한다고 하였다. 또한 이렇게 서로 다른 유형의 생략일지라도 본질적으로는 모두 심층 의미 구조 속의 성분이 표층 구조에 나타나지 않은 현상이라고 정의하였다.[11] 이 저서는 최초로 三个平面이론을 적용하여 생략 현상을 분석하였는데 생략을 의사소통의 맥락에까지 확대하여 관찰함으로써 생략 현상의 연구에 새로운 방법론을 제시하였다는 것에 큰 의의가 있다. 이 연구를 시작으로 학자들은 실제 언어 사용과 언어 현실을 바탕으로 다양한 시각으로 생략 현상에 접근하기 시작하였다.

施关淦(1994)의 《关于'省略'和'隐含'》에서는 吕叔湘(1986)에서 제기한 생략의 두 가지 조건이 아주 중요하다고 강조하면서 인간의 언어 행위는 결국 일종의 화용적 행위로 한 마디 한 마디 말은 모두 화용의 결과라고 하였다. 언어 행위는 맥락을 떠나서 존재할 수 없고 맥락 속에 이미 포함되어 있는 정보는 우리가 말을 할 때 굳이 언표화하지 않아도 되는데 이 현상을 생략이라고 정의하였다. 나아가서 생략을 순행생략(承上省), 역행생략(蒙后省), 대화생략(对话省), 자술생략(自述省)의 4가지로 나뉘었다.

黄南山(1995)의 《论省略》[12]에서는 생략문에 대하여 '맥락문'이라는 개념을 도입하면서 문장, 특히 중국어의 문장은 크게 맥락 의존도가 높은 '맥락문'과 맥락 의존도가 상대적으로 낮은 '비맥락문'으로 구분할 수

---

11 王维贤, 《现代汉语语法理论研究》, 1997年.
12 黄南山, "论省略", 《汉语学习》, 1995年 第6期.

있다고 하였다. 일정한 맥락 속에서 일부 문장들은 맥락 속에 이미 존재하고 있는 정보들을 굳이 언표화하지 않게 되는데 맥락에 의해 생략된 항목을 복원할 수 있는 문장을 맥락문이라고 하는 것이다. 해당 문장이 특정 맥락을 떠나면 의미가 모호해지며 독립적이고 완전한 의미를 가진 문장이 되기 위해서는 맥락에 의해 생략된 성분이 표층구조에 나타나야 한다. 이를 '비맥락문'이라고 한다.

杜道流(1997)의 《省略浅说》[13]에서는 생략은 언어 정보를 구성하는 일부 부호들의 부재를 뜻한다고 하였다. 또한 생략은 의사소통의 과정에서 생기며 의사소통 상황을 떠나서 생략 현상을 논한다면 주관적 억측의 결과를 낳게 된다고 하면서 생략문은 구체적이고 동적(动态)인 언어 현상이기에 순수 문법의 정적인(静态)인 시각에서 분석한다면 충분한 연구가 이루어질 수 없다고 강조하였다.

郑远汉(1998)의 《省略句的性质及其规范为題》[14]에서는 생략 현상을 일종의 언어 행위, 언어 사용의 결과로 보았다. 생략문이란 화용적 성분이나 의미적 항목이 생략된 문장으로 필요에 따라 화용적 층위에서 생략된 성분의 복원이 가능하기 때문에 생략 성분의 복원은 생략문이 실제 사용된 맥락에 대한 분석이 반드시 선행되어야 한다고 강조하였다. 생략문 연구의 의의는 우선 문장의 뜻을 정확히 이해하기 위한 것이고, 다음은 화용적 문장 생략의 다양성과 다체성(多体性)에 대한 인식을 바탕으로 생략 기제를 정확히 사용하기 위한 것이라고 하였다.

이외에도 廖秋忠(1984), 陈平(1989), 黄南松(1997)는 텍스트 층위에서 생략 현상에 대해 연구하기 시작하였다. 廖秋忠(1984)은 인지적 시

---

13 杜道流, "省略浅说", 《淮北煤师院学报社会科学版》, 1997年 第二期.
14 郑远汉, "省略句的性质及其规范为題", 《语言文字应用》, 1998年 第二期.

각에서 문장 내 동사 재배 성분의 생략에 대해 연구하였는데 그 연구 범위를 텍스트 층위에까지 확대했다는 것에 의의가 있다. 陈平(1989)는 생략 현상을 고찰함에 있어서 주제의 개념을 도입하였다. 黄南松(1997)은 생략의 역할에 대해 다양한 각도에서 분석하였고 단일 문장에서 벗어나 보다 넓은 범위의 텍스트 층위에서 주요 문장 성분들의 생략 현상에 대해 다루었다.

언어 대조를 통한 생략 현상의 연구로는 毛意忠(1985)와 王菊泉(1991)가 있는데 毛意忠(1985)는 프랑스어와 중국어의 문장성분 생략을 대조하였고, 王菊泉(1991)는 영어와 중국어의 주어생략의 여러 양상을 대조하였다.

한편 중국 학계에서 주어 생략에 관한 연구는 양적으로 매우 적은 편이다. 앞서 언급했듯이 주어 생략 현상에 대한 최초의 연구는 马建忠의 《马氏文通》인데 주어 생략의 유형에 대하여 '기사(起词)는 생략 가능하다', '반복되어 나타나는 기사는 생략한다', '기사가 존재하지 않는 문장이 있다'의 3가지로 정리하였다. 《马氏文通》 이후로 현재까지의 주어 생략 연구는 대부분이 문장 구조의 층위에서 이루어져 왔고 통사적 연구의 틀을 벗어나지 못하고 있다.

李裕德(1979)의 《关于暗中更换主语》에서는 "주어를 차용할 경우 앞선 절의 주어나 목적어로 대체하는 것이 가장 바람직하다. 연속된 절이 아닌 다른 절의 성분과 호응하여 생략할 경우 생략의 거리가 멀기 때문에 복원이 어려워 쉽게 비문이 될 수 있고 의미가 모호해져 중의성을 띠게 되므로 최대한 연속된 절에서 생략 기제를 사용해야 한다"고 하였다. 傅力(1982)의 《主语承前省略的必要条件》에서는 주어 순행생략의 필요조건에 대해서 언급하였는데, 선행절에서 주어로 기능하는 성분들 중 후행 절의 주어와 형태적으로 동일한 주어만이 술어와 호응 관계를 맺게 되며 해당 주어에 한해서만 순행생략이 이루어질 수 있다. 陈信春(1982)의 《关于后分局主语承前宾语而出现及省略的问题》에서는 선행절의 목적어가 후행절의 주어가 되는 경우 일어나는 생략 현상에 대해 연구하였다. 또한 이런 생략문의 술어 동사의 유형과 범주에 대해서도 자세하게 소개하였다. 方梅(1985)의 《关于复句中分句主语省略的问题》에서는 주어 생략의 여러 가지 유형과 생략된 성분의 원형에 대한 자세한 분석을 진행하였다. 华宏仪(2001, 2002)에서는 생략된 주어의 원형이 목적어인 경우, 관형어인 경우, 겸어(兼语)인 경우, 여러 성분의 조합인 경우 등으로 나누어 주어 생략 현상을 고찰하면서 중국어는 간결한 표현을 추구하는 특징이 강한 언어라고 하였다. 또한 주어 생략에 대한 연구가 아직까지 체계적으로 이루어지지 못했다는 한계를 지적하였다. 선행연구를 통해서도 알 수 있듯이 중국어 주어 생략 관련 연구는 여전히 현상에 대한 기술적 연구들이 대부분이며 문법적 차원에서의 연구들이 주를 이룬다.

생략문 연구 현황에 대한 연구는 张桂宾(1993), 胡裕树와 范晓(1996) 등이 있다. 张桂宾(1993)은 《马氏文通》이래 현재까지의 생략 현상에 대한 연구사를 이론별로 간략하게 소개하고, 胡裕树와 范晓(1996)는 동사 술어문의 생략 현상에 대한 연구사를 통사, 의미, 화용의 각도에서 나누어 다루고 있다. 이외에도 생략과 단복문의 구분 문제를 관련지어 연구한 논문으로는 杨必胜(1983)이 있다.

이후 기능주의 언어학의 영향을 받아 중국 국내 생략 현상에 대한 연구도 텍스트의 틀에서 진행되기 시작하였다. 학자들은 맥락, 문체, 의사소통 상황, 인지 등 화용적 요소들을 적용하여 생략 현상의 정적(静态的)연구에서 벗어나, 실제 언어생활에서 사용하는 생략 현상을 대화, 텍스트 등 보다 넓은 배경으로 확대하여 동적(动态的)으로 연구를 진행하기 시작하였다.

1.1.2. 한국에서의 연구 현황

생략 현상에 관한 한국의 초기 연구들은 전통 문법적 연구들이 주를 이루고 있는데 생략이란 문장에서 반복되는 성분이 부재하는 현상이라는 관점하에 진행되어 왔다. 중국어와 마찬가지로 이 시기의 연구들은 생략 현상에 대한 체계적인 논의가 이루어지지 않았지만, 생략이라는 문법적 현상을 발견하고 이에 대한 연구를 시도하고자 했다는 측면에서 그 의의가 있겠다.

주시경(1910)에서는 전통 문법적인 시각에서 최초로 생략 현상에 대해 언급하였다. 하지만 생략 현상에 대해서 단순히 언급하고 기술하였을 뿐 보다 깊이 있는 연구는 진행되지 않았다. 양명희(1996)에서는 김정호(1962)를 재인용해 이는 당시의 현대문법 연구가 학교문법의 차원에서 벗어나지 못하고 있었고 언어 능력에만 관심을 두어 문장 내에서의 생략만을 다루고 있었기 때문이라고 그 원인을 밝혔다. 김정호(1962)에서는 생략 현상에 대해 한층 명확한 정의를 내렸다. 하지만 동일 성분의 생략 현상만 연구 대상으로 했기 때문에 언어 현실을 반영하기에는 범위가 지나치게 한정된 연구라는 평가를 받기도 하였다. 최현배(1964)에서는 "월을 여럿이 이을 적에 되풀이함의 번거로움을 피하기 위하여 그 되풀이되는 말을 맨 끝의 것 하나만 남기고는 다 줄이는 일이 있나니라"고 하면서 '임자말 줄임, 풀이말 줄임, 부림말 줄임, 어찌꾸밈말 줄임' 등 현상에 대해 구체적으로 설명하였다. 또한 생략의 유형에 대해서는 "맨 끝의 것 하나만 남기고 다 줄인다"고 언급하였는데 이는 선행하는 요소가 후행하는 요소와 대응 관계를 이루며 생략되는 역행생략에만 논의하였음을 의미한다. 후행하는 요소가 생략되는 순행생략도 생략의 주요 유형임에도 불구하고 이 연구에서는 아직 이에 대한 논의가 이루어지지 않았다.

전통문법적 연구에서는 생략이라는 현상에 주목하였다는 데에 의의가 있겠지만, 생략현상에 대한 언급만 있었을 뿐 체계적이고 깊이 있는 연구는 이루어지지 않았다. 1970년대에 이르러 생성 문법의 도입으로 대용현상에 대한 연구들이 나타나면서 생략 현상에 대한 논의도 새로운 연구 이론을 바탕으로 새로운 단계에 들어섰다.

생성 문법의 영향을 많이 받은 대표적인 연구로는 한재현(1980)을 들수가 있는데, 한국어와 영어의 생략과 대용 현상에 대한 대조를 통해 한국어의 생략과 대용 양상에 대해 고찰하였다. 고찰 대상으로는 주로 한국어의 단문과 등위문에 집중하였는데 이 연구는 한국 국내 최초로 대조언어학의 시각에서 타 언어와의 대조를 통해 한국어의 생략 현상을 고찰하였다는 것에 의의가 있겠다.

우형식(1986)에서는 대용어 연구를 통해 생략 현상을 살펴보았는데 대용 중 '꼴없는 대용'을 성분의 이동에 의한 것과 생략에 의한 것으로 구분하였다. 이때로부터 생략 현상은 대용에 포함하여 논의하기 시작하였다.

문장 차원에서만 이루어져 왔던 생략 현상에 대한 논의를 텍스트 차원으로 확대시킨 최초의 연구로는 고도희(1988)를 들 수가 있다. 이 연구에서는 선행어와 생략된 성분이 동일한 경우와 동일하지 않은 경우를 나누어서 논의하였다. 생략된 성분과 선행어가 동일한 경우에는 텍스트를 구성하는 문장들 사이에 의미적 제약이 있고, 생략된 요소와 선행어가 동일하지 않은 경우에는 개연성, 화용적 비시차성, 상위범주화, 일반화와 관련해서 나타난다고 하였다. 이 연구는 생성 문법적 시각에서 생략된 성분과 선행어의 관계, 선행어의 특성, 나아가서 생략의 조건 등에 대해 깊이 있는 논의를 진행했다는 것에 큰 의의가 있다.

최재희(1989)에서는 비표현 발화에서의 생략, 문장의 경계를 넘지 않는 문맥적 생략 등으로 구분하여 국어 접속문의 생략 양상을 분석하였다. 또한 형태적 동일성, 지시적 동일성, 구조적 동일성을 생략의 조건으로 제시하였다. 생성 문법의 시각에서 이루어진 연구이다보니 생략의 조건을 논의함에 있어서 동일성 조건을 중심으로 연구가 이루어졌다. 현실 언어 사용 중의 생략 현상은 동일성 조건 외에도 다양한 양상들이 존재한다는 것에 비추어 볼 때 연구의 범위를 동일성 조건에만 한정하였다는 한계가 있겠다.

김성훈(1993)에서는 생략의 동기로 언어 경제적인 이유, 정보 전달성을 높이려는 이유, 응집성의 수단, 문학작품에서의 문체적인 이유 등을 들었다. 또한 생략 기제를 적절히 사용하면 문맥상 불필요한 정보가 나타나지 않게 함으로써 '초점에 주목하게 하는 효과'를 가져온다고 하였다. 기존의 연구들이 대부분 생략의 개념, 생략의 조건 등에 한해 진행되었다면 이 연구에서는 생략의 동기와 효과에까지 확대하여 고찰하였다는 것에 큰 의의가 있다.

서정수(1994)에서는 생략 현상의 동기에 대해 보다 구체적인 논의를 진행했는데 '표현의 경제성'과 '문장의 간명성'을 생략 기제 사용의 동기로 들었다. 이는 의미 전달과 의사소통 효과에 지장이 없다면 맥락 상 쉽게 복원할 수 있는 항목을 하나라도 줄여서 말하려는 경제성 원칙이 언어 사용에도 적용된 것이라고 주장하였다.

양명희(1996)에서는 생략의 조건에 대해 '생략은 기본적으로 생략문이 생략되기 이전의 문장과 문체적 차이 외에 의미의 변화가 있어서는 안 되기 때문에 생략된 요소를 회복하더라도 그 문장은 문법적이어야 한다'고 하였다. 이 원칙을 바탕으로 생략을 대용의 한 유형으로 간주하여 '언어 문맥적 생략', '비언어적 상황 생략'으로 나누어 고찰하였다. 그 중 언어 문맥적 생략은 이제까지 다루어진 문장 내 또는 문장 간의 생략 현상이고 비언어적 상황 생략은 선행어가 없이 담화의 현장에 그 대상이 있어 화자와 청자가 공동으로 인식하고 있는 개념을 가지고 있는 경우에 발생하는 생략이다. 생략 현상을 의사소통 참여자들의 인지적 측면에까지 확대하여 고찰했다는 의의가 있는 연구이다.

생성 문법적 시각에 진행된 생략 현상의 연구들은 대부분 문어를 중심으로 언어 내적 연구가 진행되었기에 실제 언어생활에서 사용되는 언어에 대한 고찰이 이루어지지 않았다. 실제 언어 현실을 반영하기 위한 노력으로 텍스트 이론을 도입하기 시작하였다. 텍스트론적 연구들은 언어 외적인 요소들까지 포괄적으로 고찰함으로써 실제 사용되는 언어에 대한 연구에 있어서 훨씬 효율적이다.

텍스트론적 입장에서의 생략 현상에 대한 최초의 연구는 박승윤 (1983)을 들 수가 있다. 이 연구에서는 생략을 '추상적 텍스트 세계 속의 전략적 현상'으로 정의하면서 텍스트에서의 생략 현상에 대해 논하였다. 생략의 조건으로 형태적 동일성과 지시적 동일성을 들고 실제 언어 사용에서의 양상에 대해 고찰하였다.

김일웅(1986)에서는 비언어적 상황 생략에 관심을 가지고 생략이 일어나는 환경에 대해 관찰하였는데 언어 문맥적 생략과 더불어 생략이 일어나는 조건에 대해 논하였다. 이 연구는 비언어적 상황 생략에 대한 최초의 연구로 현상 언급에만 그쳤고 보다 깊이 있는 고찰이 이루어지지 않았다는 한계가 있다. 하지만 후속 연구들에 새로운 시각을 제시했다는 측면에서는 큰 의의가 있다.

임규홍(1996)에서는 어떤 시각에서 생략 현상에 접근하던 속구조 속에 근본적으로 있었던 정보가 없어진다는 점에서 동일하다고 주장하면서 국어 생략 현상에 대한 연구를 체계적으로 검토하고 거시적 측면에서 생략의 범주, 생략의 갈래, 정보와 생략 정도 등에 대해 논의하였다.

정희자(1997)에서는 실제 언어 사용 중에 일어나는 생략 현상은 통사적 · 의미적 · 화용적 요인들의 복합적인 상호작용 하에 일어나는 현상이라고 제시하였다. 때문에 어느 한 층위에서만 생략 현상을 고찰하게 되면 만족스러운 결과를 가져올 수 없다고 하였다. 또한 생략 기제는 잉여적인 정보를 제거함으로써 문장 내부 또는 문장 간의 결속력을 강화시키는 등 역할을 하기 때문에 텍스트의 특수한 효과를 위하여 사용될 수 있다고 주장하였다. 이 연구는 생략 현상을 통사, 의미, 화용의 여러 층위로 확대하여 관찰하여 생략 기제 사용의 전략적 효과를 분석하였는데 기존의 연구들에 비하여 보다 구체적이고 체계적으로 생략 현상에 접근하였다.

전성희(2000)에서는 생략 현상의 중요한 조건인 복원 가능성을 바탕으로 국어 생략의 특성을 살펴보면서, 실제 텍스트에서 빈도수가 높은 생략 현상을 대상으로 기계적 처리에도 적용할 수 있는 복원 전략을 세웠다. 이 논의는 최초로 생략 성분의 복원에 대한 분석을 시도하였다는 점에서 의의가 있다.

강연임(2005)에서는 생략에 대한 정의와 조건을 규정한 뒤, 생략의 대상, 분류 기준과 유형 등에 대한 폭넓은 고찰을 진행하였다. 또한 다양한 시대와 다양한 문체의 언어 자료들을 활용하여 통시적인 접근도 시도하였는데 문학텍스트인 고전 산문, 현대 소설, 현대 희곡을 분석하여 텍스트에서 나타나는 생략의 조건과 대상에 대하여 논의하였다.

안승신(2005)에서는 생략 현상은 단순히 문장내의 구조적 현상이나 일치에 의한 삭제로만 볼 수 없고 문장 안에서 뿐만 아니라 맥락을 통해 생략이 되는 요소들도 많기 때문에 통사론적인 시각에서만 분석하기에는 한계가 있다고 주장하였다.

정연창(2007)에서는 주어 생략 조건에 대해 확인성(identiafiability, unambiguity 또는 recoverability)을 들고 있다. 즉 상황적으로 또는 문맥적으로 확인 될 수 있으면 주어는 생략될 수 있다고 주장하였다. 하지만 상황-문맥적으로 확인 가능한 요소가 대조 요소일 때에는 생략할 수 없다는 예외를 밝혀 내었다. 이러한 대조적 요소는 화자의 의도나 태도, 즉 '관계 맺기'나 '관계 있음'과 관련이 있다고 하였다. 즉 이러한 화자의 태도에 의해서 주어가 나타나기도 하고 생략되기도 한다는 것이다.

이성범·홍승진(2009)에서는 새로운 시각으로 생략 발화의 상위화용적 기능을 고찰하였다. 이 연구에서는 생략 기제의 사용을 청자에게 빠르고 쉽게 꼭 필요한 정보를 적절하게 전달하고자 하는 의사소통적 동기뿐만 아니라, 정보를 효율적으로 전달하기 위한 화자의 의도가 발현되어 발생하는 상위화용적 지각현상으로 간주하였다. 즉 생략 현상을 여러 가지 정보 전달 방식 중의 하나가 아니라 상호 인간적인 목적을 달성하기 위한 수단으로써 작용하는 상위화용적 기능을 수행하는 중요한 요소라고 새롭게 정의하였다.

남기심·고영근(1996)에서는 문맥상 생략된 주어를 쉽게 복원할 수 있는 경우에는 반복 사용을 피하기 위해 주어가 쉽게 생략된다고 하였다. 고석주(2011)에서는 '주어 생략문'과 '무주어문' 두 가지 주어 생략문의 유형을 제시하였다. 주어 생략문은 생략된 주어가 발화 맥락에 따라 복원될 수 있지만, '무주어문'은 발화 맥락에서 적절한 원형을 찾을 수가 없어 복원이 불가능하고 하였다. 남기심·고영근(1996)과는 달리 '무주어문'도 생략 문의 범주에 넣고 고찰하였다는 차이가 있다.

이상의 논의들을 종합하면 생성 문법적 연구들에서는 단위 문장을 중심으로 생략의 유형, 생략의 조건을 고찰하면서 여러 규칙들을 적용하여 문장 내에서의 생략 현상을 연구 대상으로 하였다. 반면 텍스트론적 연구에서는 생략이 문맥 내에서 뿐만 아니라 문맥 간에서도 나타난다고 주장한다. 또한 생략이 항상 언어 내적인 원인으로만 일어나는 것이 아니기 때문에 언어 외적인 정보도 중요한 요소로 포함시킴으로써 실제 언어생활에 더 밀착한 연구가 이루어질 수 있었다.

이상 연구들에서는 생략의 성격을 규명하기 위해 다양한 시각으로 의미 있는 시도를 해 왔고 많은 성과가 나타났지만, 생략 현상에 대한 명확한 규명은 이루어지지 못하였다. 그것은 과거의 논의들이 생략의 양상을 특정된 측면에 한정하여 표면적으로 보여 주거나, 추상적인 양상에 대해서는 깊이 있는 실증 연구가 이루어지지 않았기 때문이다. 또한 의사소통 참여자들 사이의 인지 정보 등에 대한 고민이 충분히 이루어지지 못한 현실이다.

1.2.3. 선행연구의 한계

전통문법적 관점에서의 연구들을 살펴보면 생략 항목에 대한 규정과 복원이 지나치게 표준구조 속에서만 이루어 졌다는 것을 발견할 수가 있다. 또 생략이 아닌 현상까지도 생략의 영역에 포함시켜 논의하였으며 생략 항목의 복원에 있어서도 극히 자의적이라는 한계를 들 수가 있다. 변형생성문법적 관점에서의 연구들은 비록 생략 성분의 복원에 대한 이론적 체계화를 시도했다는 데에 의의가 있지만 이들 연구 역시 지나치게 언어 구조만에 국한되어 진행됨으로써 궁극적으로는 전통문법의 연구 방법에서 크게 벗어나지 못했다. 생략 현상은 의사소통 상황에서 최소의 노력으로 최대의 효과를 얻고자 하는 언어 사용의 경제성의 실현이다. 따라서 특정된 언어 외적인 동기를 가지고 있는 언어 현상으로 간주하고 화용적, 인지적 영역에까지 확대해서 관찰해야 한다. 그럼에도 불구하고 기존 연구들은 언어 내부의 체계를 중시하는 문장 중심의 문법에만 지나치게 초점을 맞추어 생략을 고찰하려고 한 데에 한계가 있겠다. 뿐만 아니라 구체적인 언어 현실을 살펴볼 때, 생략 현상은 오히려 문장의 차원을 넘어 텍스트에서 흔히 나타나기 때문에 문장 내부의 구조 파악에만 초점을 두는 순수 언어학적 접근만으로는 생략 현상을 효과적으로 관찰하기 어려울 것으로 생각된다. 따라서 언어 구조 중심의 고찰 방법보다 문장이 쓰이는 상황과 연결시켜 언어의 전달 기능, 나아가서 의사소통 참여자들의 인지적 특징까지 포괄적으로 고민하여 생략 현상을 파악하는 태도가 필요하다고 본다.

따라서 본고에서는 생략의 성격을 논의한 후에 중국어와 한국어의 텍스트에 나타난 실제 양상을 제시하고, 그것을 객관적으로 검증하기 위해 통계적인 연구를 시도하였다. 또한 그 논의들을 바탕으로 일반적으로 적용될 수 있는 생략의 원리를 제시함으로서 생략 현상을 정립하는 데에 일조하고자 한다. 본고에서는 문장 차원에서의 주어 생략에 대해 인지언어학, 텍스트언어학적 시각에서 고찰함으로써 생성 문법적인 입장과 텍스트론적인 입장을 모두 받아들여 논의를 진행할 뿐만 아니라 언어 사용의 주체인 의사소통 참여자들의 인지적 차원에로까지 확대하여 주어 생략의 양상을 고찰하고자 한다.

1.3. 이론적 기초

1.3.1. 화용론에 입각한 언어 사용의 경제성 원리

화용론을 최초로 언급한 학자 Morris는 언어 연구의 중요한 요소로 해석자(언어 사용자)를 들면서 화용론 언어 기호화 사용자 사이의 관계를 연구하는 학문이라고 정의하였다(조경순, 2016). 박철우(2015)에서는 Morris의 화용론에 대한 정의 즉, "화용론은 그 해석자들에 대한 기호의 관계에 관련된다. '화용론'이라는 말은 그 해석자에 대한 기호의 관계에 대한 과학을 가리킨다. 대부분의 기호들은 그것의 해석자들로서 살아있는 유기체들을 가진다. 기호 작용의 생명적 측면들, 즉 기호의 기능적 작동 속에 일어나는 모든 심리학적, 생물학적, 사회학적 현상을 다룬다고 말하는 것이 화용론에 대한 충분히 정확한 기술이 될 것이다"가 화용론에 대한 최초의 정의이기도 하지만 언어학적 화용론의 성격을 단적으로 보여 주며 오늘날까지도 유효한 최선의 정의라고 하였다. 또한 화용론은 사용된 언어에 대한 연구로, 언어 시호들 사이의 관계를 다루는 통사론이나 기호와 대상 사이의 관계, 즉 기호의 고유한 지칭 의미를 다루는 의미론과는 달리 기호가 화자를 중심으로 한 맥락 속에서 청자에 의해 어떻게 해석 될 수 있는가 하는 기호의 비교적 일시적인 의미를 다루는 분야라고 하였다.

김종현(2004)에서는 화용론은 언어 형식과 발화 장면과의 관계 속에서 발화 사용의 원리와 의미를 연구하는 분야라고 하면서 발화가 전달하는 의미의 해석은 화자와 청자를 고려한 주변의 상황을 고려하여 결정된다고 하였다. 또한 의미는 화자와 청자 사이의 상호작용에 의해 생겨나고, 맥락은 언어적 측면과 비언어적 측면을 모두 포함하며, 사회적 행위로서의 언어 사용에는 제약들이 있고 이를 바탕으로 언어 사용자가 택하는 표현의 효과를 분석해야 한다고 하였다.

이익환(2000)에서는 화용론은 특정 담화 상황에서 의미를 도출해 낼 수 있는 능력에 초점을 맞추어 이론을 구축하려고 한다고 하였다. 또한 화용론은 화자가 지시하는 것이 무엇인지 알아내고, 신정보를 구정보에 연결하고, 발화된 것의 의미를 화자와 담화 주체의 배경지식으로부터 찾아내고, 화자가 당연한 것으로 받아들여 말하지 않는 부분을 유추해 내는 지식 등을 포함한다고 하였다.

화용론에서 다루는 연구 영역에 대하여 조경순(2016)에서는 G. Yule(1996)에 근거하여 아래와 같이 4가지로 정리하였다. 첫째, 화용론은 화자 의미(speaker meaning)에 대하여 연구한다. 단어와 문장은 특정 장면과 관계없이 그 자체로서의 의미를 가지며 이 의미가 어떤 시점에서 화자가 전하고자 하는 특별한 의미, 곧 화자 의미로 사용된다. 이런 점에서 의미론은 문장 의미(sentence meaning)와 관련이 있고 화용론은 화자 의미와 관련이 있다. 둘째, 화용론은 맥락 의미(contextual meaning)에 대하여 연구한다. 언어 형식이 특정 맥락에서 의미하는 것과 그 맥락이 발화에 영향을 미치는 방법에 대하여 화용론은 관심을 갖는다. 바꾸어 말하면, 화자는 자신이 말하고자 하는 대상, 시간과 장소, 환경에 맞추어서 발화를 조직하고 사용하는데, 화용론은 이와 같은 맥락과 관련되는 의미를 연구한다. 셋째, 화용론은 말해진 것보다 더 많은 것을 의사소통하는 방법에 대하여 연구한다. 언어에 의해서 전달되는 것은 말해진 것과 직접 말하지는 않았지만 말해진 것에 얹혀서 암시되는 것이 있다. 화용론은 말하지 않은 것이 의사소통의 한 부분으로서 어떻게 인식되는지에 대해서 관심을 갖는다. 이것은 보이지는 않으나 분명히 존재하는 의미에 대한 조사라고 할 수 있다. 넷째, 화용론은 상대적 거리의 표현에 대하여 연구한다. 화자는 자신이 표현하는 세계 속의 대상에 대하여 물리적으로 혹은 심리적으로 원근을 헤아려서 말을 한다. 그렇기 때문에 화자의 발화 속에는 근거리 또는 원거리 표현이 들어 있는데, 화용론은 이러한 표현을 생성하는 기제에 대하여 연구한다.

이창덕(1994)에서는 화용론의 영역은 존칭과 같은 직접지시를 포함하는 직접지시와 전제, 화행에 대한 연구를 포함한다고 하면서 화용론의 영역을 크게 미시적 관점의 화용론과 거시적 관점의 화용론으로 나누었다. 미시적 관점의 화용론은 개별 발화나 문자가 가지는 사용 기능에 관심을 두고 이루어진 연구로 개별 언어 형식이 수행하는 언어 행위에 관심을 갖는 연구이다. 발화행위(speech act)와 발화수반력(illocutionary force), 간접화행, 전제, 함축, 지시 등이 미시적 관점의 화용론의 논제에 해당한다. 거시적 관점의 화용론은 관심의 영역을 개별 발화나 문장으로부터 확대해서 좀 더 큰 발화 연쇄체나 또는 그 사용을 둘러싸고 있는 사용자들의 상황까지도 고려하는, 언어 사용에 영향을 끼치는 여러 변항들까지 연구 대상으로 삼는 연구이다. 문맥 속에 있는 다른 문장이나 발화의 단위까지 확대하는 연구, 다양한 양상으로 형식을 결정하는 여러 변인들을 중점에 두고 화용론의 근본 문제에 대한 연구 등 논제를 다룬다고 하였다.

박철우(2015)에서는 화용론의 연구 주제들을 논의함에 있어서 화용론의 이론을 고전 화용론과 현대적 화용 이론으로 구분해서 살펴보았는데 고전 화용론은 다시 '말한 것'(what is said)을 결정하는 것에 관한 것과 '말한 것 이상'(beyond saying)의 의미에 관한 것의 두 갈래로 구분하였다. '말한 것'을 결정하는 연구 주제들로는 지칭, 전제를 들었고, '말한 것 이상'의 연구 주제들로는 화행과 함축을 들었다.

이상 논의를 통해 보면, 화용론은 언어의 사용에 의존하는, 혹은 언어의 사용에 의한 의미에 대한 체계적인 연구이다. 진정한 의미의 언어 본질을 이해하기 위해서나 원활한 의사소통을 위해서는 언어 사용 원리와 화자의 의도된 의미와 언어 형식과의 관계를 이해해야만 한다. 화용론은 바로 이와 같이 사용된 언어 형식과 의도된 의미와의 관계를 체계적으로 연구하는 학문이다. 생략 현상은 언어 연구의 범위에 속할 뿐만 아니라, 언어 사용에서 흔히 나타나는 현상이다. 따라서 필연코 언어 사용의 주체인 사용자와 관련을 맺게 되며 이는 화용론의 범위 안에서, 텍스트라는 큰 틀에서 논의할 필요성을 보여 준다.

한편 화용론의 언어 경제성 원리(Principles of efficiency, principles of Economy)에 의하면 사람에게는 최소의 노력으로 최대의 효과를 얻고자 하는 본능이 있다고 한다. 생략은 이러한 언어 사용의 경제성 원리에 의해 일어나는 현상이다. 의사소통 과정에서 우리는 오해를 일으키지 않는 전제하에 구정보 또는 이를 담고 있는 성분을 최대한 언표화하지 않음으로써 간결하고 명쾌하며 효율적인 표현을 추구하고자 한다. 따라서 같은 단어를 반복적으로 사용하지 않고 화자와 청자가 알고 있는 1, 2인칭을 생략한다든가, 접속문에서 동일한 구를 생략한다든가, 이미 한 번 나왔던 구나 절은 대용사로 처리한다든가, 대화에서도 이미 앞에 한 번 나왔던 구나 절은 생략한다던가, 최근 인터넷 언어에서 보여 주는 언어의 축약 현상들은 모두 언어 경제성 원리에 따라 이루어진 것으로 볼 수가 있다. 생략된 요소는 대체로 선행 발화나 문맥에서 실행되어 구정보로 알려진 것이다. 그렇기 때문에 텍스트 참여자들의 인지구조 안에 자리 잡은 구정보에는 관심을 기울이지 않고 서로가 원하는 신정보만을 제시한다. 구정보화된 언어요소를 발화하지 않으면 텍스트 참여자의 정보 처리 속도를 배가시킬 수 있을 뿐만 아니라 신속한 텍스트 진행이 가능하여 의도한 초점 내용만을 간단명료하게 전달하는 장점도 있다. 따라서 생략 현상은 주로 언어 사용의 경제성 원리에 입각하여 이루어지는 화용론적 현상이다.

이상의 논의들은 생략 요소에 대한 연구가 화용론의 틀 속에서 실제 언어생활에서 사용되는 동적인 언어를 대상으로 하여 진행이 되고 실제 언어생활 중의 여러 가지 요소들이 분석의 근거로 작용해야 함을 시사한다. 또한 생략된 성분은 화자와 담화 주체의 배경지식으로부터 찾아내고, 화자가 당연한 것으로 받아들여 말하지 않는 부분을 유추해 내는 지식 등을 포함해야 함을 제시하고 있다.

1.3.2. 텍스트언어학의 '결속장치' 및 '응집성'

'텍스트'라는 단위를 문법 연구와 기술의 대상으로 삼는 텍스트언어학은 비교적 최근에 등장한 학문 분야이지만 김봉순(2002)에서도 언급하였듯이 텍스트는 오래 전부터 다양한 분야에서 연구하여 왔다. 언어학에서는 문장과 텍스트의 문법적 구조와 이 구조가 사용되는 조건과 자질을 연구하고, 심리학과 교육 분야에서는 텍스트가 이해되고 생산되는 방법을 연구한다. 그리고 사회학에서는 텍스트에 나타난 사회적 현상을 분석하고, 법학이나 신학은 텍스트를 해석하며, 인류학은 시대와 사회에 따른 텍스트 특성의 차이를 연구했다.

전통문법, 생성문법, 그리고 의존문법은 '문장'을 중심으로 하기 때문에 문장을 넘어서는 언어 현상에 대해서는 이를 기술하고 설명하는 데에 한계를 지니고 있었다. 따라서 이러한 문장 문법을 확대하려는 노력이 텍스트언어학이 성립되기 오래전부터 시도되었다. 언어학계에서 구조주의 언어학과 변형생성문법이 주류를 이루고 있었던 시기였던 1960년대 중반부터 1970년대 초에 언어학에서는 이른바 '의사소통적-화용론적 전환'이 있었는데, 이로 말미암아 구체적인 의사소통 상황에서 실제로 언어를 사용하는 문제가 중점적으로 연구되기 시작하였다. 따라서 언어의 사용은 단순한 문장을 넘어 텍스트의 틀 속에서 이루어지고 텍스트 안에서 의미가 발현된다고 인식되기 시작하였고 언어 사용 양상을 보다 구체적으로 연구하고 사용된 언어의 의미를 보다 정확하게 파악하기 위해서는 문장보다 큰 단위인 텍스트에로 범위를 확대하여 연구하는 것이 효율적이라는 주장들이 나타나기 시작하였다. 이런 흐름 속에서 언어학과 철학의 영향을 받은 텍스트언어학 연구가 각광을 받게 되었다.

반 다이크(Van Dijk, 1980)에서는 텍스트언어학을 텍스트를 연구 대상으로 하는 학문적인 텍스트학의 한 부분이라고 규정하였고, 보그란데(Beaugrande, 1981)에서는 텍스트언어학이란 텍스트와 담화에 대한 간학문적 과학(transdisiciplinary science of text and discourse)이라고 정의하였다.[15] 일찍이 1970년대에 영국의 할리데이와 핫산(Halliday & Hasan. 1976)은 텍스트를 텍스트답게 만들어주는 주요 요인들에 대해 검토하면서 국내 연구들에서 결속성 또는 응결성으로 번역되는 cohesion을 부각시켰다. 한편 보그란데와 드레슬러(Beaugrande, R. & W. Dressler, 1981)에서는 텍스트를 텍스트답게 구성하는 요소인 텍스트성

---

15 텍스트언어학의 연구 주제는 텍스트성, 텍스트 구조, 텍스트 기능, 텍스트 유형이다. 우선 텍스트 연구의 출발점으로 텍스트를 텍스트라고 느끼는 이유, 곧 텍스트를 텍스트답게 만드는 특성은 무엇인가 하는 텍스트성을 탐구하고, 텍스트성에 기초하여 텍스트의 내적 구조는 어떠하며 그 구조를 결성해 주는 요인은 무엇인지를 탐구한다. 또 텍스트의 기능, 즉 텍스트 생산자가 수용자에게 인식하도록 장치해 놓은 텍스트 생산자의 의도는 어떤 것이 있으며 그것을 실현하는 요인은 무엇인가를 탐구한다. 그리고 이러한 텍스트의 구조와 기능을 고려하여 텍스트는 어떤 종류로 분류할 수 있는지, 얼마나 다양한 양상의 텍스트가 존재하는지 하는 텍스트 유형을 탐구한다. 본고에서는 생략 현상의 텍스트성의 실현에 어떠한 기여를 하는지에 대해 고찰하기 때문에 이들 연구 주제들 중 텍스트성과, 텍스트 구조는 본고의 연구 주제와 밀접한 관련이 있으므로 이런 연구 성과들을 바탕으로 논의를 전개하고자 한다.

에 대해 자세히 언급하였는데, 응결성(cohesion)과 응집성(coherence), 의도성(intentionality), 용인성(acceptability), 정보성(informativity), 상황성(situationality), 상호텍스트성(intertextuality)을 텍스트의 성립 및 유지의 요건으로 제시하였다.[16] 이러한 요인들은 모두 의사소통과 관련되기 때문에 이들 중 어느 하나라도 충족되지 않으면 그 발화체는 온전한 텍스트가 되지 못한다고 하였다.

한편 한국 국내 텍스트언어학 연구의 초창기는 대부분 해외 연구서들의 번역 및 이론 소개에 관심을 가졌고, '한국텍스트언어학회'가 창립되면서 본격적인 연구의 계기가 마련되어 1990년대 이후 텍스트성 및 텍스트를 텍스트답게 하는 데 가장 중요하다고 여겨지는 응결성과 응집성을 중심으로 논의들이 계속되었다.[17] 일반적으로 텍스트는 문장이나

---

16 응결성(cohesion)이란, 주어진 텍스트의 표층을 이루고 있는 단어들이 하나의 연쇄 속에서 서로 연관 짓게 되는 방식에 관여하기 때문에 텍스트의 표면적인 문법적 결속이라고 할 수 있다. 이는 의사소통 과정에서 나타나는 통사론적 특질에 해당하는 자질이다. 응집성(coherence)은 텍스트에서 다루고 있는 개념과 관계들이 서로 유의미하게 연결되어 하나의 거시적인 의미의 연결망을 형성한다는 뜻으로 텍스트의 심층적 의미 결속을 가리킨다. 의도성(intentionality)은 텍스트 생산자의 태도와 관련되는데 좁은 의미로는 텍스트 생산자가 생산하고 있는 언어 구성체를 응결성과 응집성이 구비된 텍스트로 만들고자 의도하고 있다는 것이며, 넓은 의미에서는 텍스트 생산자가 자신의 의도를 추구하고 달성하기 위해 텍스트를 사용하는 모든 방식을 가리킨다. 용인성(acceptability)은 의도성과 반대로 텍스트 수용자의 태도와 관련된다. 일련의 발화체가 텍스트 수용자에게 유용하고 적합하며, 응결성과 응집성을 구비한 텍스트여야 한다는 사실을 의미한다. 정보성(situationality)은 제시된 텍스트가 수용자에 의해 그 자료가 예측되었거나 수용자에게 알려지는 정도를 말한다. 상황성(situationality)은 한 텍스트를 발화의 상황에 적합한 것으로 만드는 요인들을 말한다. 보그란데와 드레슬러는 의사소통의 참여자들이 수행하는 상황처리 과정을 상황점검(situation monitoring)과 상황관리(situation management)의 두 가지 유형으로 나누고 있다. 상호텍스트성(intertextuality)은 어떤 텍스트를 사용함에 있어서 사전에 경험한 하나 혹은 그 이상의 텍스트 지식에 의존하도록 만드는 요인을 가리킨다.

17 텍스트언어학적 연구 방법은 텍스트의 자체의 성격을 조명해주며 텍스트에 대한 이해를 돕는 데 활용된다. 텍스트성에 대한 국내의 논의들은 대부분 응결성이나 응집성과 같은 텍스트의 통사·의미적 결속을 중심으로 하여 이루어졌으며, 다른 요인들은 텍스트의

절과 같은 비교적 많은 언어적 표현들과 구체적인 의사소통 상황, 의사소통 참여자들의 행위 등을 포함하고 있는데, 이들 사이에는 응결성과 응집성의 특수한 관계가 가장 핵심적이라고 판단되었기 때문이다. 텍스트의 응결성이 텍스트의 생산자가 표현하고자 하는 내용을 의도에 맞게 조직하면서 텍스트의 표층을 통사적으로 결속시키는 문법적 관계에 해당한다면, 텍스트 응집성은 텍스트의 표면에 명시적으로 드러나지 않는 경우가 많지만 텍스트 표층적 결속과 더불어 기저의 심층적인 의미의 결속을 형성함은 틀림이 없다.[18]

응결성은 결속장치(cohesion device)라고 불리는 언어 수단들을 통해서 형성된다. 결속장치의 유형에는 학자들마다 조금씩 차이가 있긴 하지만, 할리데이/핫산(M.A.K. Halliday/Hasan)을 비롯하여 보그란데/드레슬러(R.A. de Beaugrande/W. Dressler), 파터(H. Vater) 등과 같은 대부분의 학자들이 공통적으로 생략 현상(Ellipse)을 응결성을 이루는 한 수단으로 보고 있다. 즉 생략 현상을 응결성을 이루는 결속장치로 보는 것이다. 기타 결속장치들과는 달리 외형적으로는 나타나지 않지만 실질적으로는 응결성을 이루어 주며, 때로는 생략이 오히려 말이나 글에 자연스러움과 간결함을 주는 동시에 앞의 문자나 내용간의 의미적 응집을 이루어 준다. 따라서 본고에서는 생략 현상을 응결성을 이루는 수단인 결속장치로 보는 관점을 받아들여 생략 현상이 중한 텍

밀도를 높이는 데 도움을 주고 있는 것으로 간주하였다.

18 응결성과 응집성의 관계를 이해하는 관점은 보통 세 가지로 구분된다. 응결성이 응집성을 갖게 하는 데 보다 중요한 역할을 한다는 입장, 반대로 응결성은 응집성을 갖게 하는 데 별로 도움이 안 된다는 입장, 그리고 서로가 상호작용한다고 보는 관점이 그것이다. 본고는 텍스트의 표층적 심층적 결속을 의미하는 응결성과 응집성이 '하나의 통일되고 완결된 사고 내용을 담은' 텍스트를 생산하는 과정에 상호작용하여 서로 영향을 준다는 김봉순(2002)의 관점을 따르며, 텍스트의 표층적 결속을 실현하는 동시에 심층적 의미 결속의 실현에 기여하는 요소들을 텍스트 결속장치라고 정의한다.

스트에서 어떠한 결속장치의 역할을 담당하는지에 대해 살펴볼 뿐만 아니라, 생략 현상이 텍스트 응집성을 실현하는 효과도 가져옴을 입증해 볼 것이다.

한편 이성만(2007)에서는 텍스트언어학이 그동안 구조주의적 방안, 화용주의적 방안, 인지주의적 방안 등 3번의 중요한 변혁을 거쳐 왔다고 하였다. 구조주의적 방안은 초구절적 방안이라고도 하는데 텍스트를 더 작은 언어적 단위들로 구성된 문장연속체로 보고, 화용주의적 방안에서는 텍스트를 특정한 의사소통적 기능이 부여되는 전체로 보며, 인지주의적 방안에서는 텍스트의 생산과 수용 과정을 부각시킨다. 문어 텍스트에서의 생략문의 생산과 수용은 필자와 독자 사이의 공동의 인지적 배경을 전제로 해야 하는 활동이다. 따라서 본고는 텍스트언어학의 화용주의적 방안을 받아들여 텍스트 속의 생략 현상과 독자와 필자의 인지적 배경 사이의 관계에 대해서도 고찰해 볼 것이다.

1.3.3. 인지언어학의 '원형이론'과 '적합성이론'

(1) 원형이론(Prototype theory)

인지언어학은 미국에서 1970년대 후반, 1980년대 초 조지 레이코프(George Lakoff), 론 래내커(Ron Langacker), 렌 탈미(Len Talmy)의 연구에서 시작되었으며, 언어가 우리 인간에게 주어지는 정보를 조직하고 처리하며 전달하는 도구로 기능한다는 언어관에 기초하여 자연언어를 분석하는 최신의 언어학 이론이다. 인지언어학의 최우선 과제는 언어의 체험적 기초를 분석하는 것이다. 즉, 인지언어학은 체험에 기반한 언어 이론인 것이다.

인지의미론(Cognitive Semantics)은 넓은 뜻에서 '인지언어학'이라고 할 수도 있지만, 문법에 초점을 둔 '인지문법론'이나 음운에 초점을 둔 '인지음운론' 등과 달리 연구 대상의 초점을 의미에 둔다는 점에서 구별된다. 이러한 인지의미론은 의미를 다루는 시각은 '범주화'나 '개념화'에서 출발한다. 곧 하나의 범주(category)[19]는 '원형(Protorype)'으로 대표되는 중심 원소와 무수한 변이형으로 이루어진 방사형의 구조로 구성되는데, 그러한 범주나 개념이 의미로 파악된다는 것이다.

원형이론(Prototype theory)[20]은 1975년 로쉬(Rosch)의 범주 내부구조에 대한 심리언어학적 연구에서 비롯되었다. 원형이론의 기초는 '개념[21]이 비슷한 속성을 가진 것들의 집합'이라는 가족 유사성(family re-

---

19 범주란 동일한 것으로 간주되는 수많은 대상을 의미한다. 범주는 일반적으로 동물, 예를 들자면, 개와 같은 이름으로 지시된다. 그리고 범주에는 위계가 있는데 그런 위계는 가장 많은 정보를 담고 다른 범주와 가장 판명하게 구별되며 가장 높은 단서를 가진 기본이 되는 범주부터 가장 추상적인 범주까지를 아우른다. 또한 도둑 갈매기, 갈매기, 새, 조류, 생명체 등과 같이 범주는 포함관계에 있는데, 이처럼 분류 포함에 의해 범주가 또 다른 범주와 관계되는 체계를 분류체계라고 한다. 아울러 범주화는 어떤 자극에 대해, 그 자극이 같은 범주에 있는 다른 자극과 동일한 것인지 혹은 같은 범주에 있지 않은 자극과 다른 것인지를 고려하는 것을 의미한다.(조영아, 2014에서 재인용)

20 원형 이론은 인간 마음속에 범주 형성을 통제하는 두 가지 기본 원리가 있다고 단정하는데, 그 첫 번째는 인지적 경제성의 원리(principle of cognitive economy)이며 두 번째는 지각된 세계구조의 원리(principle of perceived world structure)이다. 이 두 원리는 함께 인간의 범주화 체계(categorisation system)를 발생시킨다. 인지적 경제성의 원리는 인간과 같은 유기체가 인지적 노력과 자원은 최소화하면서도 환경에 대해서는 가능한 많은 정보를 얻고자 한다고 주장한다. 이러한 비용-이윤 균형은 범주형성(category formation)을 이끌어낸다. 다시 말해, 사람들은 경험하는 모든 개별 자극에 대해 개별적인 정보를 저장한다기보다는 유사한 자극들을 범주로 분류할 수 있으며, 그렇게 해서 인지적 표상에서 경제성이 유지된다.

21 개념(conception)은 개인이 갖는 사고의 기본 단위로서 새로운 개념의 형성은 모든 학습 과정에서 토대가 된다. 그래서 개념은 추리, 범주화, 학습, 기억, 연역, 설명, 문제 해결, 일반화, 유추, 언어 이해, 언어 생성 등에서 중요한 역할을 한다. 개념의 범주화는 사물이나 상태를 동일화 또는 차별화하여 공통성이나 관계성에 따라 일반화함으로써 통합하는 인지활동을 말하며, 그 심리적 산물을 범주라고 부른다. 그래서 범주화는 패턴 재인의 도구이며, 새로운 대상을 유목화하고 그 대상에 대해 추론하는데 사용할 수 있게 하여 정보를 효율적으로 기억하고 창조적으로 사용할 수 있는 중요한 인지 활동이다. (김동만·이태욱, 2020에서 재인용)

semblance) 이론인데, 이 이론에서는 우리가 형성하는 심리학 범주는 원형(prototype)을 중심으로 구성된다고 제안하였다. 뿐만 아니라 개념은 기억 장소에 원형으로 표현된다고 보았다. 그래서 원형은 해당 개념의 범주를 대표할 만한 가장 '전형적', '적절한', '중심적', '이상적'인 '좋은' 보기를 말한다. 따라서 원형은 한 개념의 범주에서 가장 전형적인 특징들을 포함하고 있다. 이 이론에서는 어떠한 새로운 개념의 범주를 확인할 때 그 새로운 예시와 해당 범주 원형 간 비교를 통해 판단할 수 있다고 한다. 과일의 범주를 예를 들어 보면, 사과나 바나나는 오미자나 무화과보다 보편적으로 더 '전형적이다'라고 인지된다. 왜냐하면 사과나 배가 '과일'이라는 개념 범주 속 구성원의 전형적인 성질인 전형성(typicality)과 세부 속성을 더 많이 띠고 있기 때문이다.

조영아(2014)에서는 새의 개념적 속성을 통해 원형이론에 대해 살펴보았다. '새'는 깃털이 있고 날개가 있고 부리가 있고 두 발이 있으며 알을 낳고 날 수 있음의 특징으로 이루어진 구조를 가진다. 이런 특징에 의하면 펭귄이나 닭보다 비둘기나 갈매기와 같은 대상이 새의 전형적 속성을 가지고 있어서 새의 원형에 가깝다고 판단이 된다. 하지만 새에 대한 상술한 특징적 정의는 모든 새가 반드시 가져야 하는 속성이 아니라 대부분의 새가 갖는 속성이다. 다시 말해서 깃털이 없는 새가 있을 수 있고, 날개가 퇴화된 새가 있을 수 있고, 날지 못하는 새가 있을 수 있는 등 다양한 가능성이 존재한다는 점이다. 따라서 비둘기나 갈매기는 펭귄이나 닭보다 더 좋은 새의 예로 간주되는 것이다. 즉 '새'라는 범주 속의 여러 예들은 그것의 특징과 개념적 속성을 비교해 봤을 때의 전형성 정도에 차이가 있다. 보다 전형적인 것은 그 범주의 좋은 예로, 덜 전형적인 것은 나쁜 예로 구분이 된다.[22] 그 이유는 우리가 개념 범주에 속하는지 아닌지를 좋은 원형과 비교해서 결정하기 때문이다. 우리는 세계 속의 대상을 지각하고, 그것이 어떤 범주에 속하는지를 분류함에 있어서, 두드러진 특정 자극에 대해서는 다른 어떤 자극보다 더 좋은 것이라고 판단한다. 이렇듯 범주 형성에 있어서 두드러진 중요한 자극과 같은 것을 '자연 원형(natural prototypes)'이라 한다. 이런 의미의 '원형'은 범주의 핵심적인 정보를 최대한 반영하는 범주의 원소(the members of a category)로 간주된다. 원형처럼 눈에 띄는 자극은 우리의 주의를 더 잘 끌 것이고, 더 잘 기억될 것이다. 이처럼 우리는 다양한 자극들 중에서 핵심 요소인 원형에 제일 먼저 반응하는 경향이 있는데, 이를 '원형 효과(prototype effects)'라고 한다. 이런 근거로 원형이론은 개념을 원형적 표본에 대한 마음의 구조적인 표상(structural representations)으로 마음의 구조적 표상은 그 개념에 속하는 대상들이 눈에 띄게 갖는 경향이 있는 속성, 즉 원형이 갖는 대부분의 속성을 표현한다.[23]

이상 논의를 통해 보면, 생략 현상의 분석에서 원형이론은 생략 현상의 범주에 '중심'과 '주변'이 있다는 가설을 세울 수 있게 해준다. 생략의 여러 가지 유형 중 생략의 개념적 속성을 가장 많이 가지고 있는 가장 전형적이고 이상적인 유형은 중심적인 전형적 생략 현상으로서 '원형'의 역할을 하며, 나머지 덜 전형적이고 덜 이상적인 의미는 '주변'의 역할을 하고 있는 것이다.

---

22 즉 원형이론은 그 개념과 더 관련된 전형적인 속성에 관심을 둔다. 그리고 원형이론은 개념이 범주를 특징짓는 속성이 본질적으로 명확하기보다는 사례들(examples) 사이의 유사성을 기반으로 확률적인 범주화가 이루어진다고 본다. 그래서 원형이론에서 개념은 거의 모든 속성이 예외를 가지고 있기 때문에 개념의 양호도 효과처럼 개념을 구성하는 속성이나 특성이 본질적이기보다는 확률적이다. 그래서 개념의 구성원 중에서 원형과 확률적 유사성 정도에 따라 전형성의 등급이 매겨질 수 있다. 그리고 원형이 명확하지 않은 추상적 구성원으로 범주를 이루는 개념은 유연성과 경제성을 높일 수 있는 전형성이 중요한 역할을 한다.(김동만·이태욱, 2020에서 재인용)

23 조영아, 원형이론과 조합성 문제[J], 《철학연구》 132집, 2014.

(2) 적합성이론(Relevance theory)

'적합성이론'은 1986년 스퍼버(Sperber)와 윌슨(Wilson)에서 처음 주장된 이론으로, 의사소통을 인지적 차원에서 접근하는 방법이다. 이 이론에 의하면 인간은 의사소통 과정에서 최소의 노력으로 최대의 적합한 인지적 효과를 거두려고 하는 경향이 있다. 따라서 모든 명시적인 의사소통 행위는 그 자체로 최적의 적합성을 가정한다. 하지만 실제 의사소통 과정에서 의사소통 참여자들의 인지적 배경이 일치하지 않고 그들의 인지력과 의사소통 특징에도 차이가 존재한다. 따라서 화자의 의도가 충분하고 정확하게 청자에게 전달이 된다고 가정하기 어렵고, 또한 청자가 화자의 의도를 정확히 이해한다고 단정 지을 수도 없다. 성공적인 의사소통에서 의사소통 참여자들은 결국 의사소통의 최적의 적합성을 추구한다. 최적의 적합성은 청자가 화자가 전달하고자 하는 정보를 정확히 이해하는 데에 도움이 될 뿐만 아니라, 의사소통 참여자들의 인지적 배경도 효과적으로 통일할 수 있다.

최적의 적합성은 아래와 같은 두 가지 조건을 만족해야 한다. 우선, 명시적 자극이 충분한 적합성을 가지고 있어서 청자가 기꺼이 노력을 들여 그 정보들을 처리하게 해야 한다. 다음, 해당 명시적 자극이 화자의 의사소통 능력과 의사소통 특징에 가장 적합한 정보여야 한다. 즉 언어적 의사소통은 발신자가 정보를 발신한 후 수신자가 문맥적 정보를 통해 추리의 과정을 거쳐 긍정적 인지 효과를 얻는 행위이다. 수신자가 추리의 과정을 통해 발신자의 정보를 이해하는 이 과정은 결국 최대의 적합성을 형성하는 과정이다. 따라서 의사소통 행위가 최적의 적합성을 이루려면 우선 최대의 적합성이 형성되어야 한다. 예를 들어 아래는 환자에게 진찰을 해 주고 난서 의사의 말이다.

a. 아프시네요.

b. 감기 몸살이에요.

c. 감기 몸살이에요, 2020년 서울 올림픽이 연기되었어요.

이상 a, b, c는 모두 환자와 관련이 있다. 하지만 동일한 의사소통 맥락에서 b는 a나 c에 비해서 더 적합하고 보다 많은 긍정적인 인지적 효과가 있다. a와 b를 비교해 볼 때, b는 환자의 증상을 명확히 제시하여 a에 비해서 정보가 보다 충분하고 구체적이며 불필요한 부가 정보가 없기 때문에 a보다 적합성이 강하다. b와 c를 비교해 보면, c에는 "2020년 서울 올림픽이 연기되었어요"라는 의사소통 맥락과 무관한 불필요한, 또한 틀린 정보도 포함되어 있다. 이 정보는 환자의 증세와 아무 관련이 없고 2020년 올림픽은 서울이 아닌 도쿄에서 개최하기 때문이다. 환자는 c에 대한 분석·추리 과정에서 2020년 올림픽이 어느 도시에서 개최하는지에 대해 판단해야 하기 때문에 틀린 정보로 인한 인지적 소모가 많게 된다. 따라서 a, b, c에 대한 추리 과정에서 b의 인지적 소모가 제일 적고 긍정적인 인지적 효과를 가장 많이 얻을 수가 있다. 따라서 환자에게 있어서 b는 최대의 적합성과 최적의 적합성을 정보라고 할 수 있겠다.

한편 의사소통 참여자들은 의사소통 과정 중에 일정한 인지적 맥락을 공유하게 된다. 인지적 맥락은 의사소통 참여자들이 의사소통 과정 중의 일련의 정보들을 정확히 이해하는지, 효과적인 의사소통 결과를 얻을 수 있는지 여부에 관여하는 아주 중요한 요소이다. 전통적 맥락의 개념과 달리 적합성이론은 의사소통 맥락을 일종의 인지심리구조로 간주한다. 즉 인지적 맥락은 의사소통 참여자가 처한 물리적 환경뿐만 아니라 그들의 인지적 능력까지를 모두 포함한다. 의사소통 참여자는 인지적 맥락을 통해서 자신이 처한 물리적 환경에서 알게 되는 사실뿐만 아니라, 본인의 인지적 능력을 최대한 발휘하여 그 이상의 사실까지도 이해할 수 있다. 인지적 맥락은 주요하게 어휘-문법지식, 화용적 지식, 논리적 지식, 지식백과의 네 가지를 포함한다. 의사소통 참여자는 필요에 따라 관련 지식을 활성화시켜 최대의 의사소통 결과를 얻고자 한다. 즉 적합성이론에서는 의사소통에 필요한 맥락을 더이상 언어적 맥락과 소통 환경적 맥락에만 국한시키지 않는다. 맥락은 주어진, 고정된 것이 아니라 동적인, 변화할 수 있는 것이다. 의사소통 참여자들은 문맥적 맥락에 기초하여 자신의 인지적 배경을 활성화하여 바람직하고 효과적인 의사소통 목적을 달성하게 된다.

이로부터 언어학자들은 텍스트 생성과 이해 과정의 인지적 맥락과 화용적 추리를 중요시하게 되었다. 따라서 언어학 연구는 정적인 연구에서 동적인 연구로 전환되기 시작하였다. 적합성이론은 인지적인 측면에서 출발하여 의사소통 과정 중에서의 맥락의 중요성을 강조하였다. 이는 본고의 연구 취지와도 맥을 같이 하는 이론적 근거이기도 하다. 생략의 성격 중 가장 중요한 회복가능성을 본고에서는 언어적으로 제시된 문맥적 맥락이나 소통적 상황뿐만 아니라, 나아가서 언어 사용자의 인지적 체계에서까지 찾는 넓은 의미에서의 생략 현상에 접근해 보겠다.

1.3.4. 대조언어학의 '대조분석'

대조언어학, 또는 대조분석은 언어 간의 유사점, 또는 차이점을 분석하는 것을 기본 과제로 하고 있다. 呂叔湘(1942)에서는 "대조를 통해서만이 각종 어문 표현의 공통점과 차이점을 발견할 수 있다"라고 했다. 대조언어학은 두 가지, 또는 두 가지 이상의 언어를 대조함으로써 그들

간의 공통점과 차이점을 밝히는 것인데 그 중점은 그들의 차이점을 밝히는 데에 있다고 하겠다(许余龙, 2005). 대조언어학의 최종 목표는 다양한 언어들 사이의 공통적 특징과 개성을 제시함으로써 인류 언어의 특징을 밝혀내는 데에 있다.

언어 대조는 음운, 어휘, 통사, 텍스트, 화용 등 다양한 층위에서 진행할 수 있으며 이러한 층위는 또다시 보다 작은 분야로 하위 분류될 수 있다. 중한 텍스트에서의 주어 생략의 대조는 통사적 층위에서의 생략의 양상에 대해 생략의 방향, 생략의 거리, 선행어의 특징 등으로 세분화하여 언어 내부의 특징에 대한 대조 연구를 진행할 수 있다.

화용적 층위에서의 대조는 언어 표현 방식과 화용적 의의 등 면에서 연구를 진행할 수 있다. 다시 말해서 두 언어의 유사한 생략 방식을 대조 연구의 출발점으로 삼아, 이러한 표현 방식이 두 언어에서 어떠한 화용적 작용을 가져오는지, 그 공통점과 차이점은 무엇인지에 대해 밝힐 수 있다. 뿐만 아니라 두 언어의 유사한 화용적 기능을 출발점으로 삼아, 생략 현상이 두 언어에서 어떠한 화용적 기능을 발휘하는 지에 대해서도 살펴볼 수 있겠다.

텍스트 대조는 주요하게 텍스트 응결성과 응집성에 대한 대조로 이루어질 수 있다. 많은 텍스트언어학자들의 공통적인 주장은 생략 현상을 텍스트 결속장치의 일종으로 볼 수 있다는 것이다. 따라서 생략 현상에 대한 대조 연구는 두 언어 원문 텍스트에서 나타난 생략 현상이 어떠한 결속적 역할을 수행하는지, 또한 번역 텍스트에서도 유사한 기능을 수행하는지, 아니면 어떠한 차이점이 있는지에 대한 관찰이 이루어질 수가 있겠다. 뿐만 아니라 본고에서는 생략 현상이 단지 텍스트의 결속장치로만 작용하는 것이 아니라, 전반 텍스트의 의미적 응집을 실현하는 주요 수단으로도 작용한다는 가설 하에 이에 대한 대조 연구도 진행하고자 한다.

1.4. 연구 절차 및 연구 방법

1.4.1. 연구 절차

선행연구의 기초상에서 본고는 중국어와 한국어의 현대 소설 텍스트와 이들 텍스트의 번역본을 선정한다. 그리고 아래의 몇 가지 측면에서 중국어와 한국어의 텍스트, 및 각자의 번역본에 대해 대조 분석 연구를 진행하고자 한다.

첫째, 유형별 주어 생략 현상은 두 언어의 원문 텍스트에서 어떠한 빈도와 양상을 나타내는가?

둘째, 이러한 생략 빈도와 양상은 번역 텍스트에서 어떤 빈도와 양상으로 대응되는가?

셋째, 중한 텍스트 번역 과정에서 주어 생략의 원리는 무엇인가?

셋째, 텍스트 차원에서 생략 현상은 어떤 효과가 있는가?

1.4.2. 연구 방법

1.4.2.1. 연구 방법 및 원칙

본고는 우선 생략 현상의 개념 및 그 특징에 대해 살펴보고, 기존의 연구 성과들을 바탕으로 본고의 생략 현상 연구의 분석틀을 마련한다. 분석틀을 설정함에 있어서 우선 인지언어학의 '원형이론'에 입각하여 생략 현상을 '형태적 동일성에 의한 생략', '의미적 동일성에 의한 생략', '의미적 연관성에 의한 생략', '인지정보의 생략' 등 4가지 유형으로 분류한다. 이들 생략은 전형적인 생략으로부터 비전형적인 생략으로의 변화 과정을 보여 주기도 한다. 또한 '적합성이론'과 '스키마이론'을 바탕으로 각 유형의 생략 현상을 해석하는 데에 필요한 독자의 인지적 부담의 차이를 설명한다. 한편 본고는 생략 현상을 단순히 언어 체계에서의 정적인 현상으로 간주하는 것이 아니라 필자와 독자 사이의 능독적인 의사소통 과정으로서의 인지적 활동까지의 넓은 범위에서 살펴본다. 따라서 상술한 연구 성과들과 본고의 분석 대상인 주어 생략의 특징적인 요소들을 추출하여 형태적 동일성에 의한 생략 현상 분석의 참조항을 설정한다. 참조항으로는 '간섭항의 유무', '화제 여부', '선행어의 속성' 등을 포함한다.

이런 분류와 참조항의 기초상에서 본고는 중국어 소설 2편과 한국어의 소설 2편을 선정하고 각 소설당 유효절 5000절을 추출하여 주어 생략의 빈도와 양상에 대해 통계 분석을 진행하고 두 언어의 주어 생략 빈도의 차이에 대해 언어학적, 화용론적 분석을 시도한다. 뿐만 아니라 생략된 주어가 번역본에서는 어떤 양상을 보이는가에 대해서도 관찰했는데, 번역문에서의 복원 양상에 대해 집중적으로 살펴본다.

의사소통은 단일한 문장이 아닌 텍스트를 중심으로 이루어진다. 따라서 본고에서는 생략 현상의 텍스트 전략 효과에 대해서도 알아본다. 우선 생략 현상의 텍스트 응집 효과에 대해 고찰하고, 생략 현상이 텍스트 결속장치로 작용하며 텍스트 내용의 응집에 어떤 역할을 하는지에 대해 논의한다. 또한 동일한 화제를 지속함에 있어서의 생략 기제의 중요성, 및 화제의 배경이 변화함에 따라 생략 현상이 어떻게 이루어지는지에 대해서도 관찰한다.

본고는 아래와 같은 원칙에 따라 연구를 진행한다.

첫째, 기술과 해석을 결합한다. 언어 현상에 대한 기술은 '무엇인가'

에 해당하는 문제를 해결하는 과정이고, 이에 반해 해석은 '무엇 때문에'의 물음에 대한 해답 과정이다. 따라서 두 언어의 주어 생략 현상에 대한 전면적인 기술의 기초상에서 적절한 해석을 병행해야만 두 가지 언어의 주어 생략 현상의 본질적 특징, 및 중국인 한국어 학습자들의 오류에 대한 객관적이고 과학적인 근거를 제공할 수 있다.

둘째, 언어 현실과 언어 이론을 결합한다. 언어 현실에 대한 충분한 관찰과 기술의 기초상에서 언어 이론과 방법을 적용하여 이에 대한 분석과 해석을 진행한다. 이를 통해 중국어와 한국어의 주어 생략 현상의 본질적 특징을 제시한다. 연구 결과는 중한 번역 교육, 한국어와 중국어 쓰기 교육에 널리 적용할 수 있다.

1.4.2.2. 언어 자료

본고에서는 중국어와 한국어 문어 텍스트에 나타난 주어 생략 현상을 그 연구 대상으로 한다. 따라서 이에 적합한 문어 텍스트 분석 자료를 수집하였는데 그 목록은 아래와 같다.

중국어 소설	한국어 번역본	한국어 소설	중국어번역본
莫言 著 《蛙》	심규호 유소영 역 〈개구리〉	김하인 저 〈국화꽃향기〉	荀寿涛 《菊花香》
曹文轩 著 《红瓦》	전수정 역 〈빨간기와〉	신경숙 저 〈엄마를 부탁해〉	徐丽江 薛舟 译 《妈妈, 你在哪里》
钱钟书 著 《围城》	오윤숙 역 〈포위된 성〉	유민주 저 〈대장금〉	徐丽江 薛舟 译 《大长今》
		신경숙 저 〈외딴방〉	

2. 문어 텍스트 주어 생략 연구의 전제[24]

2.1. 주어의 성격

2.1.1. 중한 주어의 정의

2.1.1.1. 중국어 주어의 정의

앞서 언급했듯이 중국 근대 최초의 문법서인 马建忠의《马氏文通》에
서는 "凡以言所为语之事物者, 曰起词"라는 언급을 찾아볼 수 있는데,
즉 말하여지는 자 또는 행위의 주체를 起词(주어)라고 정의하였다. 이
저서에서는 주어를 논함에 있어서 술어와의 관계에 대해서도 아래와 같
이 언급하였다. "모든 문장에는 起词와 语词가 포함되어 있는데, 语词

---

24 본고는 문장의 차원에서의 주어 생략 현상을 텍스트적 시각에서 고찰한다. 하지만 생략의
성격을 정리할 때 기존의 연구들의 관점을 훑어보는 과정에서 제시하는 예문들은 문장
차원의 예문들도 포함시킨다. 이는 기존의 대부분 연구들이 문장 차원에서 이루어졌기
때문이기도 하다. 기존의 연구들에 대한 정리 과정을 거쳐야만 본고의 생략관을 보다
명확히 할 수가 있기 때문이다. 또한 생략의 특성을 보다 효과적으로 보여 주기 위한
실례로 구어 자료를 언급한 경우도 있다. 이는 단지 생략의 개념 및 특성에 대한 기존
연구들을 정리하는 차원의 논의이다. 출처를 밝히지 않은 예문들은 필자가 직접 작성한
예문들이다.

(술어)는 起词가 하고 있는 동작을 말하고 있고 起词는 语词에 의해 말하여지는 자이다"라고 하였다. 이는 起词는 语词의 행동주(施事)를 가리키고 起词와 语词 진술의 대상이 되며 起词는 语词의 주체가 됨을 의미한다. 한편 起词는 语词의 위치에 대한 자세한 언급도 찾아볼 수가 있는데 하였는데 "语词는 문장의 끝에 오고 起词는 문장의 앞에 오는 것이 보통이다."라고 하였다. 이와 같은 주장은 그 이후 중국어 문법 연구에 오랜 시간 동안 지대한 영향을 끼쳤다.

黎锦熙(1924)의 《新著国语文法》에서는 용어를 주어(主语)와 술어(述语)로 바꾸고 현대중국어의 문장성분을 주어, 술어, 목적어, 관형어, 부사어, 보어의 6가지로 분류하였는데, 그 중 주어와 술어를 주요 문장성분이라고 제시하였다. 주어와 술어를 주요 문장성분으로 규정한 이 관점은 《马氏文通》과 일치하다. 또한 이 연구에서는 주어를 명확히 행동주(施事) 로 한정하면서 말하여지는 사람이나 일 혹은 사물을 표시하는 성분이 주어에 해당하며 체언인 명사나 대명사가 흔히 문장에서 주어의 역할을 한다고 하였다. 한편 黎锦熙《汉语的主语宾语问题》에서는 최초로 주제의 개념을 도입하여 《新著国语文法》에서의 주어의 개념을 확대하여 주어와 주제의 차이점에 대해 명확히 하였다. 이때로부터 주어에 대한 관념이 변화하면서 주어와 주제에 대한 다양한 연구들이 시작되었다. 저서에서는 "주어는 어떠한 사물을 표현하거나 또는 일정한 진술을 이끌어 내는 화제의 역할을 한다"고 하면서 "화자의 진술의 대상이 되는 사건이나 사물이 바로 주어이다"라고 정의하였다.

중국어는 격표지가 없어서 주로 어순에 의해 문장성분을 판단해야 한다. 이러한 특징으로 인해 중국어 문장에서는 체언인 주어와 목적어의 판정에 모순이 생기는 경우가 흔히 발생하였다. 이에 학계에서는 주어의 정의를 한층 더 명확히 하려는 움직임을 보이기 시작하였다. 邢公

晛(1955)의 《论汉语造句法上的主语和宾语》[25]에서는 형태적 표지가 없는 중국어에서 어순이 중요한 역할을 한다고 강조하면서 주어와 목적어의 위치에 대하여 문장의 앞쪽에 위치하는 체언은 주어이고, 동사의 뒤에 위치하는 체언은 목적어라고 규정하였다. 주로 행위자(施事者)와 수동자(受施者)관계에 의해 주어를 규정하던 기존의 논의들과는 차별화된 새로운 입장이었다. 王了一(1956)[26]의 《主语的定义及在汉语中的应用》에서는 문두의 명사구나 문장의 화제라고 해서 모두 주어라고 판정할 수 있는 것이 아니고 어순은 다양하게 변화할 수 있기 때문에 어순만으로는 주어를 규정하기 어렵다고 하였다. 결국 주어는 의미적 특징에 의해 판단해야 한다고 하면서 주어의 의미적 특징을 아래와 같이 규정하였다. "주어는 문장의 주요 구성 요소로 흔히 명사, 대명사 또는 명사구 등이 주어로 작용한다. 주어는 사물을 지칭하며 술어가 진술하는 동작(능동적, 피동적), 성격, 속성 등은 이 사물에 대한 것이다."

한편 王力(1956)[27]에서는 주어는 문장의 주요 구성성분으로 사물을 가리키며 술어가 가리키는 행위(능동, 피동모두 포함)나 성질, 속성은 이 사물에 속한다고 정의하였는데 주어는 일반적으로 명사, 대명사, 명사적 용법(부가어가 첨가되는 경우)을 가진 단어로 표현된다고 하였다.

한편 赵元任(1968)의 《中国话的文法》[28]에서는 주제의 개념을 도입하여 중국어 문장에서 주어와 술어 사이에는 흔히 주제(topic)와 평언(comment)이라는 의미적 관계가 존재하는데 주어와 술어의 '행위자-수

25 邢公畹,《论汉语造句法上的主语和宾语》,《语文学习》, 1955年 第9期.
26 王了一,《主语的定义及再汉语中的应用》, 中华书局, 1956年.
27 王力, "主语的定义及其在汉语中的应用",《韩语的主语宾语问题》, 中华书局, 1956年.
28 赵元任,《A Grammar of Spoken Chinese》, University California Press, 1981年.
   (丁邦新 译,《中国话文法》, 中山大学出版社, 1982年.)

동자' 관계는 주제-평언의 특정한 경우라고 하였다. 이 정의에 따르면 주어와 주제가 마치 동일한 층위에 놓인 것처럼 보이게 되며 주어와 주제 사이의 의미 관계 또한 뒤섞이게 된다. 이 주장은 결국 통사적 층위에서의 개념인 주어와 화용론적 층위에서의 개념인 주제에 대한 구분에 따른 것이다. 하지만 주어의 개념이 주제라는 화용론적 층위에까지 확대되게 되면 주어에 대한 개념은 단순히 통사론의 범위에서 논의할 수가 없다. 하지만 이 연구에서의 주제에 대한 언급은 주어보다 특별히 더 명확하다고는 할 수 없는 주장이었다. 이 연구는 기존의 주어와 술어의 의미적 관계에 주제의 개념을 도입하여 주제와 평언의 관계로 확대함으로써 향후의 연구들에 새로운 과제를 제시하였다.

杨廷池(1978)의 《主语与主题的划分》[29]에서는 현대 중국어의 주어의 특징에 대해 아래와 같이 규명하였다. "주어는 술어로 작용하는 동사나 형용사와 의미적으로 일정한 선택 관계를 가진다. 술어 동사는 주어를 결정할 수 있다. 주어로 기능하는 명사는 문맥상 반복적으로 출현할 때 대명사나 기타 명사로 대체하거나 경우에 따라 삭제할 수도 있다. 모든 주어가 문두에 출현하는 것이 아니며 주어로 기능하는 명사가 문두에서 다른 위치로 이동할 때 흔히 '被', '归', '由' 등 성분이 부가된다". 한편 曹逢甫(1978)의 《主题在话题中的功能研究——迈向语段分析的第一步》[30]에서는 주어의 위치에 대하여 "동사 왼쪽에 위치한 첫 번째 유정 명사, 또는 동사의 바로 앞에 있는 명사구가 주어이다"라고 제시하였다.

주제의 개념이 도입됨에 따라 주어에 대한 논의도 '무엇은 무엇이다'의 단일한 명제적 관계에서 벗어나 보다 넓은 범위로 확대되기 시작하

---

29 杨廷池, 《主语与主题的划分》, 《国语语法研究论集》, 1978年.

30 曹逢甫, 《主题在话题中的功能研究——迈向语段分析的第一步》, 语文出版社, 1978年.

였다. 胡裕樹(1981)[31]에서는 아래와 같은 두 가지 측면에서 주어에 대해 보다 포괄적인 정의를 내렸다. 첫째, 주어와 술어 동사는 서로 상대적인 개념이다. 따라서 술어 동사의 형태는 주어에 대응하는 형태를 취하며 주어와 술어 사이의 관계는 일치해야 한다. 둘째, 주어는 술어가 진술하는 대상이며, 술어는 주어에 대해 진술한다. 형태와 상관없이 단어든, 구든 문장에서 주어를 제외한 나머지 부분은 술어이고 술어 이외의 나머지 부분은 주어이다. 呂叔湘(1979)[32]에서는 주어의 개념을 한층 확대하여 제시하였는데 "행위자와 수동자의 관계는 문장에서 주어와 술어 사이의 기본적인 관계이기는 하지만 이 외에도 다양한 관계가 존재하기 때문에 유일한 관계로 한정지을 수는 없다. 또한 주어와 목적어 사이에는 직접적인 관계가 존재하지 않는다. 주어는 술어와 대응하는 개념으로 문장 형식의 측면에서 논의되는 개념이고, 목적어는 동사와 대응하는 개념으로 사물과 동작의 관계의 측면에서 논의되는 개념이다. 따라서 주어와 목적어는 서로 대립되는 관계가 아니다. 또한 주어는 동사와 대응하는 여러 목적어 중에서 주제 기능을 하는 성분인 경우도 존재한다."

朱德熙(1982)[33]에서는 화자는 자신의 필요와 취향에 따라 주어를 선택할 자유가 있고 이때 화자가 선택한 주어는 주제이며 술어의 진술 대상이라고 하였다. 화자에 의해 선택된 주제는 일반적으로 화자가 이미 알고 있는 사물이나 사실이므로 이때 문장 성분으로서의 이 주어는 이미 알고 있는 정보를 담고 있고, 목적어는 불확정적인 사물이나 사실을 표시하는 경우가 많다.

---

31 胡裕樹, 《现代汉语》(增订本), 上海教育出版社, 1981年.
32 呂叔湘, "汉语语法分析问题", 《呂叔湘文集》第二卷, 商务印书馆, 1979年.
33 朱德熙, 《语法讲义》, 商务印书馆, 1982年.

邢福义(1998)의 《汉语语法学》[34]에서는 주어와 술어의 관계를 논하면서 주어에 대해 아래와 같이 정의하였다. "어떠한 사물이나 사실에 대해 언급하고자 할 때에는 반드시 말하여지는 자에 대한 언급이 선행되고 그에 대한 생각이나 주장을 펼치게 된다. 따라서 말하여지는 자인 주어는 술어의 앞에 위치한다. 주어는 주체인 '누구'와 '무엇'에 해당하며 술어는 주어의 뒤에 위치하면서 주체에 대해 서술하는 역할을 한다. 흔히 명사나 명사구가 주어로 기능하는데 명사 이외의 체언이 주어의 위치에 오는 경우도 있다. 흔치 않게 지시작용을 하는 용언이 오는 경우도 가끔 있지만 이는 특정된 맥락에서만 발생하는 현상이다. 대부분 경우에는 체언이 주어의 기능을 한다."라고 정의를 내렸다.

邵敬敏(2006)의 《汉语语法学史稿》[35]에서는 "중국어에서 주어와 목적어의 규정에 있어서 의견이 불일치하는 원인은 세 가지로 정리할 수 있다. 우선, 중국어는 형태적 표지가 없는 언어이기 때문에 형태적 변화를 통해 주어와 목적어를 명확히 구분할 수가 없다. 다음, 어순을 통해 주어와 목적어를 규정짓는다면 행위자와 수동자의 전통적 관념과 대립되는 모순이 발생한다. 마지막으로, 주어와 목적어는 흔히 서로 대립되고 때로는 서로 의존하며 서로 전환할 수 있는 모순체로 간주된다."라고 하면서 예문 "这件事他不知道"를 제시하였다. 이 예문의 주어와 목적어를 규명함에 있어서 두 가지 의견이 존재하는데 하나는 "这件事"이 목적어이고 "他"가 주어라는 의견, 하나는 "这件事"도 "他"도 모두 주어라는 의견이다. 분석 방법에 따라 결과도 판이하지만 적어도 아래와 같은 사실을 말해 준다. 첫째, 의미적 측면에서 볼 때, 동사는 그 앞에 오

---

34 邢福义, 《汉语语法学》, 东北师范大学出版社, 1998年.
35 邵敬敏, 《汉语语法学史稿》(修订本), 商务印书馆, 2006年.

2. 문어 텍스트 주어 생략 연구의 전제 **59**

는 체언들과 복잡하고 다양한 관계를 맺고 있다. 둘째, 주어는 술어에 대응하는 성분으로 술어의 진술의 대상이며 그들 사이의 관계는 단순한 "진술 관계"이다. 목적어는 술어 동사와 직접적인 의미적 관계를 맺는 성분이다. 셋째, 주어와 목적어는 일정한 맥락 속에서 서로 전환할 수 있다.

이상의 연구를 정리해 보면, 중국어의 주어는 대부분 전통문법의 시각의 의미적 측면에서 규정하였다. 주어란 술어에 대응한 개념인 진술의 대상으로 한 문장의 주체로, 말하여지는 사람이나 일 혹은 사물을 표시한다. 형태적 변화가 없는 중국어에서는 어순이 중요한 역할을 하기 때문에 위치상 주어는 동사 앞에 놓이고 주어와 술어 사이에는 행위자-수동자의 관계가 존재한다. 술어 동사 앞에 두 개 이상의 논항이 있을 때에는 술어와 단순한 진술 관계를 가지고 있는 성분이 우선적으로 주어로 기능하게 된다. 나아가서 화용적 관점에서는 주어와 술어의 관계를 주제와 평언의 관계로 확대해서 관찰하기도 하는데 이는 주어를 주제와 동일시하거나 주어를 주제에 포함시키는 관점이다.

2.1.1.2. 한국어 주어의 정의

남기심 · 고영근(1985)[36]에서는 한국어 문장은 일반적으로 '무엇이 어찌한다, 무엇이 어떠하다, 무엇이 무엇이다' 중의 한 가지 형식을 취하는데 이때의 '무엇이'(또는 '누가')에 해당하는 것으로 '어찌한다, 어떠하다, 무엇이다'의 주체를 표현하는 말이 주어(임자말)라고 하였다. 또한 주어의 성립조건에 대해서 아래와 같이 제시하였다. 첫째, 주어의 성립조건으로 우선 체언이나 체언의 기능을 하는 말에 주격조사가 붙는 것

---

36 남기심 · 고영근, 표준국어문법론, 탑출판사, 1985.

이 특징이다. 둘째, 주어로 기능할 수 있는 성분으로는 주로 명사, 대명사, 수사 등 체언, 체언구와 체언절인데, 이 외에도 용언의 연결형, 인용된 말과 같은 체언의 구실을 하는 성분들도 주어로 쓰일 수가 있다. 셋째, 주격조사로는 '-이/가'가 쓰이고 주어를 높여서 말할 때는 '-께서'가 쓰이며, 주어가 단체를 뜻하는 명사일 때에는 유정명사에 한해서 '-에서'가 쓰인다. 한편 주어가 존대해야 할 대상이면 서술어에 높임의 어미 '-(으)시'를 붙여 쓰게 되고 한 문장 안에 주어와 같은 말이 반복될 때에는 뒤의 말이 '자기'로 나타나는 현상을 주어의 통사적 특징으로 제시하였다.

민현식(1993)[37]에서는 주어란 서술의 주체가 되는 성분으로 대개 체언이나 체언의 상당어가 주어로 기능한다고 규정하면서 단어이든, 구든, 절이든 주격조사 '-이/가'가 통합 가능한 것을 주어의 통사적 특징으로 제시하였다. 또한 서술어의 주체는 기본적으로 '-이/가'에 의해서 실현되고 대조적 화제 기능의 주어를 표시할 때에는 '-이/가' 대신 조사 '-은/는'이 쓰인다고 하였다.

이영택(2003)[38]에서는 주어란 문장에서 동작이나 과정, 혹은 성질이나 상태의 주체를 나타내는데 흔히 '무엇이 어찌하다.', '무엇이 어떠하다.', '무엇이 무엇이다.' 등 문장 유형에서 '무엇이'에 해당하는 성분이라고 제시하였다. 또한 주어는 체언이나 체언 구실을 하는 구와 절에 주격조사가 붙어 나타나는데 때로는 주격조사가 생략 될 수도 있고, 보조사가 붙을 수도 있다고 하였다.

고영근 · 구본관(2008)[39]에서는 기본문형의 부정어절(不定語節) '무엇

---

37 민현식, 국어문법론의 이해, 개문사, 1993.
38 이영택, 학교 문법의이해, 형설출판사, 2003.
39 고영근 · 구본관, 우리말 문법론, 집문당, 2008.

이'의 자리를 채울 수 있으면 주어로 확인된다"고 제시하면서 한국어의 어순에서 주어가 문장의 첫머리에 놓인다고 지적하였다. 또한 형태론적으로 볼 때, 주어는 명사, 대명사, 수사, 곧 체언에 주격조사가 붙어서 형성되고 통사론적으로 볼 때 주어는 어순에서 문장의 첫 머리에 놓이며 존경의 주어 명사구에 대한 정보가 서술어에서 반영되어 일치가 일어나는 현상이 있다고 하였다.

상술한 주어에 관한 정의들을 살펴볼 때 한국어의 주어는 '무엇이 어찌한다, 무엇이 어떠하다, 무엇이 무엇이다' 중의 '무엇이'(또는 '누가')에 해당하는 것으로 '어찌한다, 어떠하다, 무엇이다'의 주체를 표현한다. 또한 한국어 주어는 외현적으로 주격조사가 형태적으로 실현될 수 있는 항목으로 규정지을 수 있고 어순에서는 문장의 첫 머리에 놓인다.[40]

2.1.1.3. 한국어와 중국어의 주어 정의 비교

이상 논의를 바탕으로 한국어와 중국어 주어에 대해 비교해보면 아래와 같다. 한국어에서 문장성분을 규명할 때에는 격표지가 중요한 역할을 한다. 여러 학자들의 주어에 대한 정의를 통해서도 알 수 있듯이 '주어는 체언이나 체언의 기능을 하는 말에 주격조사가 붙는다'. 따라서 어느 것이 주어이고 어느 것이 목적어인지 혼란이 없이 격표지에 의해 직관적으로 구분할 수가 있다. 즉 주어는 기본적으로 주격조사 '-이/가'에 의해서 실현되고 대조적 화제 기능의 주어를 표시할 때에는 '-이/가' 대신 조사 '-은/는'이 쓰이며, 때로는 주격조사가 생략 되고 보조사가 붙

---

40 한국어에서 흔히 주격조사로 처리하고 있는 형태로는 '이/가', '께서/에서', '은/는' 등이 있다. 주어를 높여 말할 때 '께서'가 쓰이고 단체일 때 '에서'가 쓰인다. 단, '에서'는 무정명사인 것이 원칙이다. 유정명사는 '이/가'를 쓴다. 구어에서 흔히 나타나는데 주격조사 없이도 체언만으로 주어가 되나 격 관계가 분명한 경우에 한정하며 '는/은, -도'도 주어로 쓰이나 뒤에 주격조사나 목적격조사가 나타나지 않는다.

을 수도 있다.

반면 형태적 변화가 없는 중국어에서는 문장성분을 규정할 수 있는 직관적인 격표지가 존재하지 않기 때문에 주로 어순이나 의미적 특징에 의해 구분하게 된다. 어순에 있어서 주어는 술어의 앞에 놓이며, 술어와의 의미적 관계는 행위자-수동자의 관계를 맺는다. 중국의 문법학자들은 주어의 개념을 정리함에 있어서 구조, 의미, 표현의 층위에서 다양한 시도를 해왔다. 전통문법적 관점에서는 의미적 중심으로 주어를 정의하여 '말하여지는 자', '술어의 진술의 대상'으로 주어를 정의하였다. 통사론적 관점에서는 형태적 표지가 없는 언어에서의 어순의 중요성이 대두함에 따라 의미와 어순을 절충하여 주어를 판별하는 기준으로 주어를 정의하였다. 하지만 이 두 가지 접근 방법으로도 만족스러운 규명이 이루어질 수 없어서 화용적 측면에서의 해석을 시도하였다.

그 어떤 시각에서의 논의든 모두 술어가 나타내는 동작이나 상태의 주체, 진술의 대상이라는 특징은 공동으로 포함하고 있었다. 이는 또한 '무엇이 어찌하다', '무엇이 어떠하다', '무엇이 무엇이다' 등 문장 유형에서 주어는 '무엇이'에 해당하는 성분이라는 한국어 주어의 정의와 같은 맥락에서 논의될 수 있는 특징이다. 따라서 중국어 주어의 개념이 한국어 주어에 비해 그 외연이 넓고 특징이 다양하다고 해도, 양자의 공통점을 취한다면 동일한 범주 내에서 대조의 범위를 설정할 수가 있는 것이다. 이는 한국어에서의 주어의 정의와 같은 맥락에 놓이게 되는 특징이기도 하다. 중국어의 주어의 개념이 상대적으로 그 폭이 넓다고 할지라도 그 속의 부분 집합인 '서술어가 나타내는 동작이나 상태의 주체로 작용하는 주어'만을 취한다면 한국어의 주어와 맞물리는 양상을 얻어낼 수가 있으므로 대조의 가능성이 있게 되는 것이다. 따라서 본고에서는 서술어가 '동작'을 나타내는 '동사성술어문'만을 분석의 대상으로 하여 텍스트 층위에서의 한국어와 중국어 주어 생략 양상을 고찰하고자 한다.

2.1.2. 주어의 의미적 범주[41]

본 절에서는 중국어와 한국어 주어의 의미적 특징을 비교해보면서 그 공통점과 차이점에 대해 알아보겠다. 중국어 주어의 의미적 범주가 한국어에 비해 상대적으로 넓고, 주어의 분류가 한국어의 분류에 비해 상대적으로 세분화 되었다는 특성에 근거하여 본고에서는 중국어 주어의 의미적 특성에 따른 분류를 기준으로 두 가지 언어의 주어에 대해 대조 분석을 진행하고자 한다. 술어의 특징에 의한 다양한 문형에 따라 주어의 의미적 특성은 매우 다양하게 논의될 수 있어서 학자들마다 분류 기준이 다소 다르게 나타난다.

朱德熙(1982)에서는 "주어는 위치상 늘 술어 앞에 놓이며 그 사이에 휴지를 둘 수도 있고 다양한 어기사(啊, 吧, 呢, 嘿)[42]를 넣을 수도 있다.

---

41 주어의 의미적 특성을 논하기에 앞서 우선 술어의 성립 조건에 대해 알아보자. 朱德熙(1982)에 의하면 중국어 술어는 체언형술어(体词性谓语), (동사와 형용사를 포함한)용언형술어(谓词性谓语), 동사 "是"로 구성된 술어(由动词 "是"组成的谓语- "是字句"), 주술구조로 구성된 술어(主谓结构作谓语), "的"로 구성된 판단구(由 "的"字结构组成的判断句- "的字句") 등등 다양한 형식이 존재한다. 한편 남기심·고영근(1985)에서는 술어의 성립 조건에 대해 "서술어는 동사, 형용사, 체언, 또는 체언 구실을 하는 말에 '-이다'가 붙어서 이루어진다"라고 하였다. 이로부터 두 언어에 공통으로 존재하는 술어는 체언형술어, 동사술어, 형용사술어임을 알 수가 있다. 그 중에서 체언형술어문과 형용사술어의 주어는 그 의미적 특성이 단일하고 뚜렷한 차이점이 존재하지 않기 때문에 본고에서는 동사술어문을 연구대상으로 하여 주어의 특성을 고찰하고자 한다.

42 朱德熙(1982)에서는 주어의 의미적 특성을 논하면서 주어와 술어 사이에 휴지를 두거나 어기사(啊, 吧, 呢, 嘿)를 더할 수 있다고 하면서 아래와 같은 예문들을 들었다.
-这件事啊, 得好好商量一下。
-价钱嘿, 也不算贵。
-我吧, 从小就爱看小说。
중국어에서 주어와 술어 사이에 휴지를 두어 갈라놓을 수 있거나 여러 가지 어기사를 또한 술어를 구성하는 동사와의 관계는 施事, 受事, 与事, 工具, 时间, 处所 등의 여러 가지가 있다."라고 제시하였다. 뿐만 아니라 주어의 생략 현상에 대해서도 언급하였는데 "의사소통 과정에 오해만 일으키지 않는다면 주어는 흔히 생략하여 언표화하지 않는다"라고 하였다.

汤廷池(1978)에서는 주어의 의미 유형을 "施事, 起因, 工具, 受事, 感受, 客体, 处所, 时间, 事件, 交与" 등 10가지로 분류하였고, 钱乃荣(1995)에서는 "施事, 受事, 系事, 对象, 致使, 原因, 方式, 结果, 处所, 时间, 价值, 与事, 比较, 关涉, 目的, 工具, 类同" 등 18가지로 나누었다.

한편 吕叔湘(1979)에서는 "주어는 단지 동사의 몇몇 목적어들 중에서 골라 주제(主題)위치에 놓은 것으로 간주해도 무방하다."라고 주장하였다. 다시 말해서 형태적 변화가 없는 중국어에서는 주로 어순에 의하여 술어 앞에 놓인 체언 성분을 주어로 규정하기에, 위치상 술어 앞에 놓은 체언 성분이라면 일반적으로 주어로 기능할 수 있다는 주장이기도 하다.

한편 남기심·고영근(1985)의 〈표준국어문법론〉에서는 "한문장은 '무엇이 어찌한다, 무엇이 어떠하다, 무엇이 무엇이다.' 중의 한 가지 형식을 취하는데 이때의 '무엇이'(또는 '누가')에 해당하는 것으로 '어찌한다, 어떠하다, 무엇이다'의 주체를 표현하는 말이 주어[임자말]이다. 주어는 체언(명사, 대명사, 수사)이나 체언의 기능을 하는 말(명사구)에 주격조사가 붙어서 된다. 또한 주어는 필수적인 성분이지만 문맥으로 보아 주어가 명시되지 않아도 그 문장의 주어가 무엇인지 알 수 있는

더할 수 있다는 이러한 특징은 주어와 술어의 관계가 기타 문장 성분들에 비해 상대적으로 긴밀하지 않다는 것을 의미하는데, 이는 중국어에서 주어 생략이 상대적으로 빈번하게 일어날 수 있는 원인으로도 간주할 수 있겠다.

경우에는 주어를 생략할 수 있다"라는 언급을 찾아볼 수 있다.

이상 논의로부터 보면 문맥상 오해만 일으키지 않는다면 중국어와 한국어 주어는 모두 쉽게 생략될 수 있다는 특징을 공유하고 있다. 또한 중국어와 한국어의 주어는 공통적으로 동작이나 상태의 주체가 위치상 술어의 앞에 놓여 주어로 기능하게 된다. 하지만 중국어 주어는 의미적 범주가 한국어에 비해 상대적으로 넓고 의미적 특성도 상대적으로 다양해서 술어 앞의 모든 체언 성분이 주어로 기능할 가능성을 가지고 있다는 차이점도 있다.[43]

아래 구체적인 예문들과 함께 의미적 특성에 따른 중국어와 한국어의 주어의 공통점과 차이점에 대해 다양한 층위에서 논의해 보겠다.[44]

> (1) a. 我把电脑弄坏了/我弄坏了电脑。(행동주주어)
>
> b. <u>나는</u> 컴퓨터를 고장냈다. (행동주주어)

---

43 a. 我已经做完了今天的作业。(施事主语, 행동주주어)
나는 이미 오늘 숙제를 다 완성했다.(施事主语, 행동주주어)
b. <u>今天的作业我已经做完了。</u>(与事主语, 관여주어)
오늘 숙제를 나는 이미 다 완성했다. (施事主语, 행동주주어)
상술한 예문 a에서 한국어와 중국어 문장의 주어는 모두 행동주주어이다. 하지만 예문 b에서 목적어의 위치가 변화하면서 중국어 예문은 "这部电影"이 관여 주어로 기능하지만, 한국어 예문에서는 여전히 행동주 "나는"이 주어로 기능하고 전치된 성분 "오늘 숙제를"은 위치와 상관없이 목적어로 기능한다. 문장성분의 격표지가 명확한 한국어와는 달리 형태적 변화가 없는 중국어에서는 어순의 변화가 직접적으로 문장성분의 변화를 초래하며, 술어 앞의 체언 성분들은 전환이 가능하여 어순의 변화에 따라 주어로 기능할 수 있음을 말해 준다.
44 앞서 정리한 바와 같이 주어의 의미적 범주에 대한 중국 학자들의 논의는 매우 다양하다. 의미 유형을 간략화하여 분류한 논의가 있는가 하면, 훨씬 다양하게 세분화하여 제시한 논의도 있다. 지나치게 간략화하면 의미구분이 추상적이겠지만 너무 지나치게 세분화해도 그 구분이 모호할 수가 있다. 따라서 본고에서는 실제 예문들을 통해 그 중 유의미한 차이를 보이는 유형들을 추출하여 유형화하고 두 언어 주어의 의미적 범주에 대해 정리해보고자 한다.

(2) a. <u>老鼠</u>被猫抓住了。(피동주어)

　　 b. <u>쥐가</u> 고양이에게 잡혔다. (피동주어)

(3) a. <u>这台电脑</u>我用来写论文。(도구주어)

　　 b. 이 컴퓨터로 <u>나는</u> 논문을 쓴다. (행동주주어)

(4) a. <u>下周</u>考期末考试。(시간주어)

　　 b. 다음주 기말고사를 본다. (행동주주어 생략)

(5) a. <u>这件事情</u>他自己最清楚。(대상주어)

　　 b. 이 일는 <u>그가</u> 제일 잘 안다. (행동주주어)

(6) a. <u>教室里</u>上着课。(처소주어)

　　 b. 교실에서 수업을 하고 있다. (행동주주어 생략)

　　 c. 교실에서 <u>수업이</u> 진행되고 있다. (피동주어)

　예문 (1)에서는 중국어와 한국어 문장 모두 행동주가 주어로 기능하고 있고, 예문 (2)의 경우에도 마찬가지로 중국어와 한국어 문장에서 모두 피동주가 주어의 역할을 담당하고 있다. 예문 (3)에서는 '논문을 쓰는 도구'인 '这台电脑'가 직접 주어로 기능하지만 한국어 예문에서는 '컴퓨터'가 '방식, 수단'의 부사어의 역할을 담당한다. 예문 (4)의 경우 중국어 예문 (a)에서 시간사 '下周'가 위치의 변화를 거쳐 문장의 앞 머리로 전치되면서 직접적 주어로 기능하는 반면, 한국어 예문 (b)에서는 시간사 '다음주'가 부사어의 역할을 담당하고 행동의 주체는 생략되어 있다. 예문 (5)에서 역시 동사의 대상이 되는 항목 '这件事情'이 직접적으로 주어의 기능을 하면서 대상주어의 의미를 가지지만, 한국어 예문에서 '이 일'은 목직어로 작용한다. 예문 (6)에서 중국어 문장은 장소를 나타내는 명사구 '教室里'가 주어로 기능하며 처소주어의 의미를 가지는 반면 한국어 예문 (b)에서는 행동주 주어는 생략되었고 처소를 나타내는 항목 '교실에서'는 부사어로 작용한다. 또한 번역의 차이가 있긴 하지만 예문 (c)의 경우는 중국어 예문 (a)의 목적어 '课'가 한국어에서는 피동 주어 '수업'이며 중국어 예문의 처소주어 '교실에서'는 부사어로 기능한 다.

이상 예문을 통해 보면 동사술어문에서 중국어와 한국어의 주어는 그 의미적 특성에 따라 아래 〈표 1〉같이 분류할 수 있다.

〈표 1〉 의미적 특성에 따른 중국어와 한국어의 주어

동사성술어문의 주어의 의미적 특성	중국어	한국어
행동주	있음	있음
피동주	있음	있음
시간	있음	없음
도구	있음	없음
대상	있음	없음
처소	있음	없음

〈표 1〉을 통해 알 수 있듯이, 중국어 주어는 한국어 주어에 비해 보 다 다양한 의미적 특성을 지닌다. 중국어 주어는 행동주, 피동주, 시간, 도구, 관여, 처소 등 다양한 의미적 특성으로 세분화되는 반면, 한국어 는 행동주와 피동주의 역할만 뚜렷할 뿐이다. 이는 한국어가 형태가 발 달한 언어인데 반해 중국어는 형태적 변화가 없이 어순이 주요한 역할 을 담당하기 때문이기도 하다.

한편 문맥상 돌출된 성분일수록 독자의 접근도가 높고 맥락속에서 쉽게 생략할지라도 의사소통에 큰 지장이 없게 된다. Ariel(1999)[45]에서

---

45 Ariel, M., The development of person agreement markers: from pronoun to higher accessibility markers. In M. Barlow & S. Kemmer(Eds.), *Usate-based models of language*. California: CSLI., 1999.

는 접근성에 영향을 주는 4가지 요소를 제기하면서 그 중 돌출성 조건에 대해 아래와 같은 요소들을 제시하였다.[46]

　　a. 화자>청자>제3자

　　b. 화제>비화제

　　c. 참여자>관찰자

　　d. 문법적 주어>비주어

　　e. 인간>동물>생물

　　f. 반복 언급 대상>언급 회수 적은 대상>처음 언급 대상

　　g. 간섭항 없는 대상>간섭항이 많은 대상

　상술한 기준 b, c, e를 참조한다면 중국어 주어는 그 의미적 특성이 상대적으로 다양할지라도 모두가 쉽게 생략이 되는 것이 아니다. 즉 위에 제시한 돌출성의 조건에 비추어 볼 때, 행동주와 피동주만이 문맥상 보다 돌출되며 언표화되지 않는다고 해도 그 빈자리를 복원하는 데에 방해가 되지 않는 것이다. 기타 유형의 주어들, 즉 시간주어, 도구주어, 처소주어, 대상주어들은 문맥 중 '돌출'의 조건을 만족할 수가 없기 때문에 일반적인 경우에 생략하기 어려운 것이다.

　따라서 본고에서는 중국어와 한국어의 주어 생략의 양상에 대해 고찰함에 있어서 동사성술어문에서는 행동주주어와 피동주어만 분석 대상으로 한다.

---

46 접근성 조건에 대해서는 본장의 2절에서 보다 자세하게 언급하고 있다.

2.2. 생략의 성격

2.2.1. 생략의 개념

생략에 대한 구체적인 분석과 논의를 하기 전에 우선 생략의 개념을 분명히 할 필요가 있다. 본장에서는 기존 연구들에서의 생략의 정의에 대해 살펴보고, 본 연구의 생략의 정의를 내리고자 한다.

우선, 중국에서의 생략에 대한 논의를 살펴보자.

马建忠(1898)은 《马氏文通》에서 처음으로 생략문에 대한 견해를 제시하였는데 중국어의 생략 현상에 대해 대화할 때 1, 2인칭 주어가 생략되는 경우, 선행절의 모종의 성분과 동일한 성분이 후행절에서 생략되는 경우, 명령문의 주어가 생략되는 경우, 중복되는 명칭을 피하기 위한 경우로 나누어 설명하였다. 이 연구의 기초상에서 많은 학자들이 생략 현상에 대해 언급해 왔으나 학자들마다 생략문의 본질에 대해서는 견해가 일치하지 않았다. 대표적인 학자들의 생략에 대한 대표적인 견해를 살펴보면 아래와 같다.

王力(1943)의 《中国现代语法》[47]에서는 생략 현상과 '본래 쓰지 않는 것'과의 구분을 명확히 하면서, 생략 현상은 문장의 기본 구조의 일부 성분이 결여된 것이라고 정의하였다. 즉 생략문은 표준 구조 속에 존재하는 일부 항목이 나타나지 않는 현상이고, 일부 요소가 생략된 것처럼 보이지만 실제로는 그 요소가 표준 구조에 실현될 수 없거나 또는 중국어의 상용적 표현에 맞지 않는 문장은 생략문이 아니라는 것이다.

黎锦熙(1955)[48]에서는 영어 문법을 이상적인 기준으로 하여 중국어의

---

47 王力, 《中国现代语法》(王力文集第二卷, 山东教育出版社, 1943年.

생략 현상에 대해 폭넓은 해석을 시도했는데 내포한 의미가 문장 표층 구조에 실제로 나타나지 않은 통사적으로 불완전한 문장을 모두 생략문에 포함시켰다. 하지만 중국어의 생략 현상을 논함에 있어서 지나치게 영어 문법을 기준으로 하였다는 점과, 단지 표준적인 통사 구조 안에서 생략 현상을 규명하였다는 한계를 가지고 있다.

吕叔湘(1979)에서는 최초로 생략 조건에 대해 아래와 같이 명확히 제시하면서 이 두 가지 조건을 동시에 만족하는 현상만 생략 현상이라고 주장하였다. 첫째, 한 문장이 앞 뒤 문장이나 대화의 상황과 분리될 경우 의미가 불명확해지므로 반드시 특정한 항목을 추가하여야 한다. 둘째, 생략 항목이 복원된 문장은 실제 언어생활에서 사용되는 문장이어야 하며, 복원된 항목은 유일해야 한다.

朱德熙는 《语法讲义》에서는 구조상 없어서는 안되는 성분이 일정한 문법적 조건 하에 실현되지 못한 것을 생략 현상이라고 정의하였다. 이는 통사적으로 불완전한 구조에서 일부 항목이 실현되지 않은 모든 현상을 생략으로 간주하는 관점이다. 따라서 완벽한 통사 구조를 기준으로 하면서 원형을 복원할 수 없는 현상까지도 생략 현상에 포함시키게 되었는데 이는 생략의 범위를 지나치게 확대했다는 한계가 있다.

廖秋忠(1992)은 동사와 그 지배 성분 간의 의미적 관계를 기준으로 생략 현상에 대해 고찰하였다. 즉 문장에서 동사는 일정한 수량의 지배 성분을 의무적으로 갖추고 있는데 표면구조상 나타나야 할 지배 성분의 수량이 부족한 경우 이 성분은 생략된 성분이라고 주장하였다. 이 연구는 생략문 연구의 새로운 방법론을 제시하였다.

王维德(1997)에서는 생략 현상을 고찰함에 있어서 三个平面이론을

---

48 黎锦熙, "主宾小集", 《汉语的主语宾语问题》, 中华书局, 1955年.

적용하여 통사, 의미, 화용의 3가지 충위를 모두 포괄적으로 고려해야만 한다고 주장했다. 즉 통사적 측면에서 필수적인 필요한 성분이 부재한 경우, 생략된 성분으로 인해 문장이나 발화의 의미가 완전하지 않은 경우, 생략된 성분을 파악하기 위해서는 선행절이나 후행절에까지 범위를 확대하여야 하는 경우, 이 세 가지 경우를 모두 생략 현상에 포함시켜야 한다고 주장하였다.

郑远汉(1998)[49]에서는 담화론적 입장에서 생략의 본질을 규명하고자 하였는데 생략은 일종 언어 행위로서 언어 사용의 결과라고 하였다. 또한 생략문은 담화적 성분이나 의미적 성분이 결여된 화용적 문장이라고 했다. 한편 张国宪(1993)[50]에서는 "생략 현상은 담화적 맥락과 소통적 맥락에 의존하는, 언어표현 충위의 현상으로서 언어 사용자의 의식적인 화용적 행위이다"라고 하였다.

생략의 정의에 대한 한국 학자들의 논의를 살펴보면 아래와 같다.

심인섭(1985)에서는 생략이란 문장이나 성분이 기본적으로 갖추어야 할 요소가 나타나지 않거나 필수 요소가 아니더라도 앞선 문장이나 위치에서 통어적으로 되풀이될 때 나타나지 않는 현상이라고 정의하였다.

김일웅(1986)에서는 풀이말을 중심으로 하는 개념 구조나 앞선 월 또는 따위와 같은 기준월에 있었던 또는 있어야 했던 요소에 대하여 그것의 개념이 듣는 이에게 알려져 있다고 판단될 때 그 꼴을 실현시키지 않는 현상을 생략 현상이라고 정의하였다.

김성훈(1993)에서는 텍스트론적 입장에서 생략에 대해 정의하였는데 생략이란 텍스트 안에서 어떤 문장 성분이나 품사가 되풀이 될 때, 혹

---

49 郑远汉, "省略句得性质及其规范问题",《语言文字应用》, 1998年 第二期.
50 张国宪, "谈隐含",《中国语文》, 1993年 第二期.

은 그 성분이 없더라도 언어적 맥락이나 상황 맥락, 배경 지식 등으로부터 추론될 수 있을 때, 그 성분이 텍스트 표층에서 어휘화되지 않은 경우라고 정의하였다.

전성희(2000)에서는 생략은 일반적으로 반복되는 성분을 줄이는 것으로 문장을 간결하게 만들려는 경제성에서 출발하는 현상이라고 정의하고, 강연임(2005)에서는 생략을 텍스트 맥락 안에서 동일어의 반복을 피하기 위해 사용되거나, 청자와 화자 사이에 생략해도 의사소통에 무리가 없는 요소를 발화하지 않는 것이라고 정의하였다.

박청희(2013)에서는 표면구조에 나타나지 않아도 담화참여자들 간의 의사소통에 지장이 없는 요소를 실현하지 않는 현상을 생략 현상이라고 정의하면서, 생략은 문장의 심층구조에 존재했던 어떤 요소가 표면구조에서 실현되지 않는 것으로, 보이지 않게 된 요소는 의미의 변화를 초래하지 않고 복원될 수 있다고 주장하였다.

이상 논의들을 살펴보면, 전통 문법적 관점에서는 문장의 완전한 구조를 설정하고 이들 구성요소가 나타나지 않을 때를 생략으로 보았고, 생성 문법 관점에서는 이론적 가상 구조인 심층구조에서 표면구조로의 변형과정으로 파악하였다. 생성 문법적인 시각에서 언어 현상을 고찰하면 언어외적인 원인에 의해 발생하는 생략 현상을 포함할 수 없으므로 많은 제약을 가지게 되고 텍스트론적인 입장만으로만 접근한다면 언어내적인 원인에 의한 생략 현상을 배제할 수밖에 없다. 따라서 생략의 성격을 규명함에 있어서는 생성문법적인 입장과 텍스트론적인 입장을 모두 받아들여야 한다. (박청희, 2013)

앞선 논의들을 정리해보면, 생략 현상이란 문장의 표층구조에서 특정 항목이 결여되었지만 특정된 언어 맥락 속에서 원형의 추리가 가능하고 복원할 수 있는 현상을 말한다. 또한 생략은 보편적 언어 현상으로 의사소통 상황에서 특정된 의사소통의 목적을 효과적으로 실현하기 위하여 취하는 언어적 수단이다. 따라서 일부 항목이 표층구조에서 실현되지 않았더라도 특정된 맥락 속에서 그 문장은 완전한 의미를 나타낼 수 있으므로 의사소통에 지장을 초래하지 않는다. 즉 생략된 요소는 문장의 필수적 구성 성분이고, 앞뒤 문맥이나 상황적 맥락 속에서 유일하게 복원되며 복원 전후의 의미에는 변화가 없다.

2.2.2. 생략의 조건

생략은 일정한 조건 하에 일어나는 현상이다. 생성 문법적 관점과 담화론적 관점에 의해 생략의 조건에 대해 살펴보면 아래와 같다.

呂叔湘(1979)에서는 생략의 조건에 대해 논하면서 한 문장이 앞뒤 문장 또는 화용 맥락을 떠나면 의미 전달이 불분명해져 일정한 성분이나 단어를 보충해야 의미가 명확해지는 경우를 생략 현상으로 규명하면서 생략된 성분이 복원되기 전후 문장의 의미가 변하지 않고 복원 가능한 성분 또는 단어가 유일해야 한다고 제시하였다. 즉 생략의 조건을 회복가능성과 동일성으로 규정하였다고 할 수 있겠다.

심인섭(1985)에서는 의미보존성, 회복가능성, 선행성, 되풀이성, 동일성, 일반성 등 6가지를 생략의 조건으로 규정하였다. 의미보존성이란 문장이 갖추고 있어야 할 성분의 일부 또는 전부가 특정한 장면에서나 문장의 구조상 표면에 나타나지 않는 현상이므로 생략이 일어나기 전과 후에 의미 상의 변화가 있어서는 안 된다는 조건이다. 회복가능성이란 심층구조가 표면구조로부터 유일하게 복원된다는 조건이다. 한편 선행성은 앞서 제시된 성분이 되풀이 될 때, 되풀이 되는 성분은 이미 제시된 구정보이므로 필수 요소가 아니기 때문에 생략될 수 있다는 조건이다. 되풀이성은 이미 앞에서 제시된 성분이 되풀이되는 경우에 생략할 수 있다는 조건이며, 동일성은 동일한 요소이거나 동일한 지시물을 가리키는 요소가 있을 때 생략이 된다는 조건이며, 일반성이란 비통어적 생략에서 생략되는 요소를 청자가 상식적으로 알 수 있는 일반적인 요소라면 생략된다는 조건이다.

전성희(2000)에서는 회복가능성, 구정보조건, 형태적 동일성 등 3가지를 생략의 조건으로 제시하였다. 구정보조건은 생략된 요소가 문맥상 실현되었던 성분이라는 것이고 형태적 동일성은 생략된 정보가 유일하게 복원된다는 조건이다. 김영주(2001)에서는 맥락의존성, 복원가능성, 동일성, 선택성을 생략의 조건으로 규정하였다. 맥락의존성은 생략은 맥락과 밀접한 관계를 맺고 일어난다는 조건이고 선택성은 정보가치에 의하여 생략 현상이 일어난다는 조건이라고 하였다.

박청희(2013)에서는 회복가능성, 동일성 조건, 비초점 조건을 생략의 조건으로 제시하였다. 회복가능성은 생략이 되어 표면구조에 실현이 되지 않은 요소가 심층구조에서는 어떠한 형태로 존재했는지 혹은 어떤 의미를 가진 요소였는지 추론하여 복구할 수 있는 가능성으로 회복가능성을 전혀 가지지 않는 요소는 생략될 수 없다고 하였다. 동일성 조건은 형태적 동일성, 지시적 동일성, 개념적 동일성을 포함한다. 비초점 조건은 동일한 요소 혹은 회복가능한 요소는 그것이 비초점일 경우에만 생략할 수 있다는 조건이라고 하였다.

생략의 조건에 대한 이상의 논의들은 의미보존성, 회복가능성, 선행성, 되풀이성, 동일성 조건, 일반성, 구정보조건, 형태적 동일성, 맥락의존싱, 선택성, 비초점 조건 등을 생략의 조건으로 규정하였다. 그 중 의미보존성과 맥락의존성은 앞서 논의한 생략의 성격으로 규정함이 더 합리적이라 판단이 되어 생략의 조건에서 배제한다. 되풀이성은 이미 앞에서 제시된 성분이 되풀이되는 경우에 생략할 수 있다는 특징이고 동일성은 동일한 요소이거나 동일한 지시물을 가리키는 요소가 있을 때 생략이 된다는 조건이다. 본고에서는 동일성 조건에 형태적으로 동일한 경우와, 의미적으로 동일한 경우를 포함시켜 되풀이성을 '형태적 동일성'으로 간주하고자 한다. 일반성이란 비통어적 생략에서 생략되는 요소를 청자가 상식적으로 알 수 있는 일반적인 요소라면 생략할 수 있다는 주장인데, 이 역시 본고에서는 '의미적 동일성'의 한 유형인 '인지정보의 생략'으로 범주화하고자 한다. 한편 비초점 조건과 선행성은 구정보조건의 부분집합으로 간주하여 구정보조건에 포함시켜 고찰하고자 한다. 따라서 본고에서는 회복가능성 조건, 동일성 조건, 구정보조건을 생략 현상의 기본적인 조건으로 간주하고 생략의 유형과 범주를 설정한다.

2.2.2.1. 회복가능성

생략은 심층구조에 있던 특정 성분이 표층구조에 나타나지 않는 현상이다. 따라서 회복가능성은 생략 현상의 가장 기본적인 조건이라고 해도 과언이 아니다. 즉 회복가능성이란 생략이 되어 표층 구조에 나타나지 않은 요소의 심층구조에서의 원형 및 그 의미까지도 추론하여 복원할 수 있는 가능성을 말한다.

하지만 심층구조에 존재하였다고 하여 반드시 표층 구조에 원형을 실현시킬 수 있는 것은 아니다. 중국어에는 심층구조에 존재하는 특정 성분이 표층구조로의 변형 과정에서 회복이 불가능하여 공백으로 표현되는 현상이 있는데 이런 현상에 대해 吕叔湘(1979)에서는 함축(隐含)의 개념을 도입하였다.[51] 이 현상은 생략 현상과 비슷한 양상을 보이기 때문에 반드시 생략 현상과 구분되어 논의되어야 하는 현상이다. 생략은 원형을 복원할 수 있고 원형이 유일하게 존재하지만, 함축에서 부재 성분은 의미만 있고 구체적인 원형을 복원할 수가 없으며 굳이 복원한 다고 해도 다양한 성분으로 복원할 수 있다. 즉 중국어에서 함축은 언어 구조에서 의미 내용만 있고 실질적인 형식이 없는 성분을 가리킨다. 따라서 구조적 성분의 부재가 아닌 의미 성분의 결여라고 할 수 있는데 주로 표어, 속담, 대칭성 술어문등에서 나타난다.

(7) 欢迎各位来宾。

(8) 抽烟有害于健康。

(9) 中秋月饼, 端午粽子。

예문 (7)에서 "来宾"을 "欢迎"하는 주체가 분명 존재함에도 불구하고 임의적인 성격을 띠기 때문에 특정된 원형을 복원하기가 어렵다. 예문 (8)의 "抽烟"의 주체도 마찬가지다. 그 주체들의 자리에는 행동주의 의미적 특성을 가지고 있는 항목을 넣을 수 있는데 "我们"을 넣을 수 있고 "他们"을 넣을 수도 있으며 특정된 인물, 예하면 "小王" 등을 넣을 수도 있다. 즉 함축은 표층구조에서 내포된 의미정보의 삭제로 나타나기 때문에 이것은 의미상 불명확하며 임의적인 성격을 띤다. 이 점에서 함축된 성분은 생략된 성분과 의미적 속성을 달리 한다고 볼 수 있다. 즉, 생략된 성분은 언어 상황에 의해 제시되기 때문에 명확한 의미적 속성을 지니나 함축된 요소는 그렇지 못하다. 부재하는 성분을 억지로 보충해 넣는다면 문장의 의미 구조나 통사적 구조가 바뀔 수도 있다.

---

51 在我们面前存在着 "省略" 和 "隐含" 这两种不同的现象 : 省略的词语可以补出来, 而且只有一种补法;隐含的词语却只是意思上有, 但实际上是补不出来的。这的确很不相同, 理应区别开来。

(10) 你(说, 来)一言, 我(说, 来)一语。(심층구조)

(11) 你一言, 我一语。(표층구조)

위의 예문 (11)에는 동사 성분이 결여되어 있고 목적어인 "言, 语"과의 의미적 관계에 의해 예문 (10)처럼 "说"류의 동사에 한해 결합이 가능하다. 이처럼 함축된 성분은 다른 담화 맥락의 도움 없이 문장 내에서 다른 성분들과의 의미적 관계에 의해 일정한 항목으로 복원시킬 수 있다. 그러나 함축된 성분이 확정적이지 않아 함축 성분을 복원했을 때, 그 문장은 통사 구조나 의미구조가 일대다의 대응관계를 가진다.

한편 공범주는 의미 내용은 있으나 구체적인 형태와 어음 형식이 없다는 점에서 생략이나 함축과 동일한 특성을 가진다. 중국어의 공주어(空主语)문은 공범주의 일종으로 다음과 같은 예문들을 들 수가 있다.

(12) 下雨了。

(13) 有这么一种人, 专门吃里扒外。

상술한 예문 (12)와 (13)은 모두 주어가 결여되어 있지만 주어가 어떤 성분인지 의미가 명확하다. 예문 (12)의 경우 굳이 주어를 추가한다면 "天下雨了"가 되지만 전혀 그럴 필요 없이 충분히 명확한 의미를 나타내는 문장이다. 예문 (13) 역시 후행절에 주어를 언표화하지 않아도 완전한 문장 구조를 이루고 있고 문장의 의미 역시 아주 명확하다.

한편 공범주는 심층구조에 존재하던 잉여정보이고 허구적인 가공성분으로, 이런 성분이 표층구조에 그대로 나타날 경우에는 비문이 된다. 따라서 심층구조에서 표층구조로 변환할 때에는 반드시 삭제해야 한다. 이런 현장은 주로 중국어의 겸어문과 연동문에서 나타난다.

(14) 老师让班长(班长)点名。(심층구조)

　　삭제　↓

老师让班长点名。　(표층구조)

(15) 小明买花(小明)送妈妈。(심층구조)

　　삭제　↓

小明买花送妈妈。(표층구조)

　공범주를 포함한 겸어문과 연동문에서 결여된 성분을 보충할 때, 함축과 마찬가지로 기타 언어 내적 맥락이나 언어 외적 맥락의 도움을 필요로 하지 않는다. 문장 내의 선행어에 의해 충분히 복원 항목을 추리해 낼 수 있다. 따라서 위의 예문 (14)의 삭제된 성분이 "班长"이고 예문 (15)의 삭제된 성분이 "小明"임을 확정적으로 예측할 수 있다. 공범주 성분은 이처럼 그 의미가 가리키는 바가 매우 명확하지만 표층구조에서 언표화되면 비문을 형성하기 때문에 심층구조에서 표층구조로 변환하는 과정에서 반드시 삭제해야 한다.

　이상 논의를 정리해 보면, 생략, 함축, 공범주는 모두 문법상 일정한 구조를 가지고 있으나 표층구조에서는 빈자리로 표현된다. 하지만 생략은 표층구조상의 변이이고 함축과 공범주는 심층구조에서 변형을 거쳐 형성된다는 차이점이 있다.

　중국어는 의미화합적(意合) 특성이 강한 언어이다. 이런 언어의 특징은 통사상의 독립성이 강한 것으로 표현이 되어 의미의 전달과 이해에 방해가 되지 않는다면 문장의 주요 성분들까지도 생략이 가능하고 또 가능한 한 생략하려는 경향이 있다. 따라서 중국어의 문장을 분석할 때 이상적인 통사적 심층구조를 기준으로 해서 표면적으로 구조가 완전하지 않은 문장을 모두 생략문으로 규정해서는 안된다. 함축이나 공범주는 모두 통사적으로 일정한 구조를 가지고 있으나 표층 구조에서는 빈 자리로 표현이 되기 때문이다.

한국어에서 생략과 삭제는 모두 문장 구조 내에서 어떠한 요소를 탈락시키는 현상이고 표면적으로도 유사한 양상을 보인다. 따라서 생략과 삭제는 문법 연구 영역에서 오랫동안 비교되어 논의가 이루어졌다. 기존의 논의들을 살펴보면, 생략과 삭제는 독립적인 언어 현상이어서 구분하여야 한다는 관점과, 양자는 동일한 양상을 나타내므로 하나의 현상으로 간주하는 관점이 대립되고 있다. 한국어에서 삭제는 표면상 반복적으로 제시되는 잉여 정보에 의한 것이 아니라 심층구조에 존재하던 요소들이 표층구조로의 변형 과정에서 필수적으로 탈락되는 언어 현상이다. 따라서 삭제된 항목은 심층구조에서는 분명 일정한 형태로 존재하지만 표층구조에서는 존재하지 않으며 복원할 수도 없다. 심층구조에서 탈락시킨 요소를 억지로 표층구조에 복원해 넣으면 이 문장은 비문이 된다.

생략과 삭제에 관한 기존의 논의들을 살펴보면, 삭제는 의무적인 현상이고 생략은 수의적인 현상이므로 서로 독립적인 현상이라는 주장이 다수 존재한다. 김일웅(1982)에서는 삭제는 의무적이나, 생략은 수의적이라고 하여 다른 현상으로 간주하였다. 김언주(1985)에서는 생략은 임의적으로 적용되지만 삭제는 필수적으로 적용되는 현상이라고 하였다. 따라서 삭제는 통사적으로 의무적인 현상이므로 구별되어야 하는 개념이라고 주장하면서 다음과 같은 예문을 통해 그의 주장을 증명하였다.

(15) a. 철수는 강에서 수영하기를 좋아한다.

b.* 철수는 철수가 강에서 수영하기를 좋아한다.

위의 예문에서 보면 (15)a의 표층구조의 문장이고 (15)b는 심층구조의 문장이다. 표층구조에서 실현되지 않은 요소를 회복해서 언표화하면 비문이 되는 삭제 현상이다. 표면적으로는 생략 현상과 유사한 양상을 보이지만, 이는 생략의 특성 중 생략된 성분을 복원시키기 전후 문장은 의미가 변하지 않는다는 원칙에 어긋나기에 생략 현상으로 간주할 수가 없다.

김옥(1998)에서는 서술어를 중심으로 하여 선행절 또는 심층 구조에 있어야 했던 어떤 요소의 형태를 실현시키지 않는 문법 현상으로 생략을 규정하고, 원래 존재했던 어떤 언어 형식이 표층에 드러나지 않는 현상이 임의로 적용되는 경우를 생략으로, 필수적으로 적용되는 것을 삭제로 구분하였다. 그러나 다음과 같은 예문을 들면서 생략이 반드시 필수적으로 적용되어야 하는 문장이 존재한다고 하였다.

(16) a. 수미는 밥을 먹으며 음료수를 마셨다.

　　 b.? 수미는 밥을 먹으며 수미는 음료수를 마셨다.

연구에서는 (16)a와 같은 생략문에서 (16)b와 같이 생략되었던 주어를 실현시키면 어색한 문장이 된다고 하였다. 또한 한국어의 주어는 대체로 생략되려는 힘이 강하여 유사한 문장 구조에서 목적어나 서술어는 생략되지 않아도 자연스러운 문장이 되지만, 주어가 생략되지 않으면 어색한 문장이 되는 경우가 많다고 하였다.

정승영(2002)에서도 삭제와 생략을 독립적인 현상으로 구별하여 보았다. 심층구조 속에 있는 문장을 더 깊게 변형시키면 다른 문장이 돌출되게 되는데 기준이 되는 심층구조의 문장도 문법적인 문장이었을 때 생략이 가능한 것이라고 보면서 아래와 같은 예문을 들었다.

(17) a. 서연이는 요리하기를 즐긴다.

　　b. *서연이는 서연이가 요리하기를 즐긴다.

(17)a는 (17)b와 같은 심층구조에서 파생되었는데 동일한 주어가 의무적으로 삭제되는 변형을 겪은 것이다.

이상의 논의를 정리해 볼 때 삭제와 생략은 모두 심층구조에 어떠한 요소가 의미적으로, 형태적으로 존재하고 있었지만 표면구조로 나타나는 과정에서 실현되지 않은 현상이다. 삭제는 심층구조의 요소들이 표층구조로 나타날 때 구조 변형에 의해 일어나는 필수적 현상이며 표면구조에 언표화되면 그 문장은 비문이 된다. 반면, 생략은 심층 구조에 존재하던 항목의 반복적인 출현을 피해 표면구조에서 그 형태를 실현시키지 않는 수의적인 현상이다.

(18) a. 他有两个孩子, 两个孩子都在国外。(심층구조)

　　b. 他有两个孩子, (　　)都在国外。(표층구조1)

　　c. 他有两个孩子, 两个孩子都在国外。(표층구조2)

예문 (18)과 같이 생략된 성분 '两个孩子'는 '표층구조1'과 같이 언표화되지 않을 수도 있고 '표층구조2'에서처럼 표면구조에 복원할 수도 있으며 복원 전후의 문장들은 동일한 의미를 가진다. 이러한 생략 현상이 발생된 문장은 선행절이나 후행절, 언어적 맥락 또는 발화의 상황적 맥락에 의미적 지시대상이 있어야만 그 의미와 구조가 대응되어 완벽해진다.

의사소통 참여자들이 생략된 요소의 형태와 의미를 정확히 이해하기 위해서는 우선 생략된 요소가 기본적으로 표층구조로의 회복가능성이 있어야 한다. 하지만 이런 회복가능성은 일정한 문맥 속에서 유일한 항목으로 복원되는 것을 전제로 한다.

(19) 挺好看的, 又很舒服!

예문 (19)의 경우 독자가 이러한 문장을 접했을 때 그 의미를 올바르게 해석하기 어렵고 생략 항목을 정확히 복원할 수 없을 것이다. 이 문장은 일부 정보가 결여되어 있어 생략된 성분이 발화 상황이나 맥락에 따라 다양하게 복원될 수가 있기 때문이다. 기존의 연구들은 무한한 회복가능성이 존재하는 경우에는 생략된 요소를 명확하게 추론할 수 없고 생략 현상이 아니라고 했다. 따라서 상술한 문장은 생략문으로 볼 수 없는 것이다. 하지만 텍스트적 맥락이 개입되면 해당 문장은 의미가 명확해지며 생략 성분은 유일하게 복원된다.

(20) 网上买了双鞋, 挺好看的, 又很舒服!

예문 (19)에 '网上买了双鞋'라는 정보를 추가하면 문장의 의미는 보다 명확해지고 생략된 요소는 '那双鞋'로 유일한 회복가능성을 가지게 된다. 이처럼 텍스트 맥락적 정보가 충분히 제시되면 전후 맥락에 의해 생략된 요소를 쉽게 추리해낼 수 있다.

이렇게 생략 현상은 통사적 층위에서만 충분히 해석할 수 있는 언어 현상이 아니다. 생략문을 성확히 이헤하려면 의미-화용적 층위, 나아가서 인지론적인 관점에서까지 확대하여 고찰하야 한다. 왜냐하면 생략 현상은 통사적 구조에서의 탈락이 가능해야 하고, 의미적으로 허락이 되어야 하며, 가장 적절하고 효과적인 화용적 효과를 목표로 하기 때문이다. 즉, 표준적인 통사적 구조라는 기준 자체가 결국 의미 층위를 바탕으로 하고 있으며, 생략된 성분은 통사구조적 층위에서의 문장성분의 결여로 나타난다. 또한 생략된 성분은 화용적 맥락에 의해 충분히 복원이 가능하므로 의사소통이 원활히 진행될 수 있다. 이처럼 생략 현상은 다양한 층위에서 각각의 분석 방법을 적용하여야 보다 충분하고 전면적인 해석을 할 수 있는 현상이다. 따라서 본고에서는 생략의 기본 조건인 회복가능성을 단순히 통사적 층위에서만의 회복 가능성이 아니라 보다 폭넓은 범위에서의 복합적 요소들에 의존하는 조건으로 간주한다.

2.2.2.2. 동일성 조건

앞서 논의한 생략의 성격 중 생략의 조건에는 생략이 일어난 후의 문장이 생략이 일어나기 이전의 문장과 의미 상의 변화가 없어야 한다는 전제가 있다. 즉 생략 현상에서 회복가능성 조건을 논할 때 생략 전후 문장의 의미적 동일성을 전제로 하는 경우가 많다. 동일 문장이나 맥락 속에서 주어진 지식, 혹은 형태가 반복되어 나타나는 것을 피하여 생략이 일어나므로 동일성이 전제되지 않으면 의미보존에 문제가 생겨서 다른 문장이 되는 경우가 많기 때문이다. 呂叔湘(1979), 郑远汉(1998), 심인섭(1985), 정승영(2002) 등에서도 생략된 항목이 유일하게 복원 가능한 경우에 생략 현상이 발생한다는 유일 복원가능성을 주장하였다.

(21) a. 나는 영화를 봤고, 수미도 봤다.
    b. 나는 영화를 봤고, 수미도 영화를 봤다.

모어 화자라면 어감상 문장 (a)가 일상적인 표현이라고 판단할 수 있다. 예문 (16)의 경우 문장 (b)는 문장 (a)의 심층구조이고 표층구조에서는 '영화를'이 생략되었다. 문장 (b)의 선행절과 후행절의 목적어가 동일하여 반복 사용을 피하고자 생략 현상이 발생하였다. 이는 동일한 성분의 반복적인 출현을 피하는 언어 사용의 경제성 원칙에 의한 것인데, 반복적으로 출현한 성분이 없어도 언어적 문맥에 따라 심층구조로 회복하는 데에는 크게 어려움이 따르지 않는다. 이처럼 선행절과 후행절, 또는 선행문과 후행문에 동일한 성분이 있을 때 그 중의 하나는 흔히 생략된다. 생략의 동일성 조건은 선행절과 후행절의 형태적 동일성, 지시적 동일성, 구조적 동일성, 의미적 동일성 등등 여러 가지로 나누어지며 학자들마다 견해가 다양하다.

기존의 연구들은 대부분 구어체 텍스트를 분석 대상으로 하여 형태적 동일성, 의미적 동일성, 지시적 동일성, 개념적 동일성 등등 다양한 유형의 조건들을 제시하고 있다. 본고는 문어 텍스트에서의 생략 현상에 대해 분석하며 이런 연구의 전제를 구성할 수 있는 생략의 조건으로 그 중 아래와 같은 두 가지를 추출하고 문어 텍스트의 특성에 맞게 범주화시키고자 한다. 우선 기존의 연구들에서 제시하는 '형태적 동일성'과 '의미적 동일성' 조건에 대해 알아보자. 그중에서 본고는 강영임(2005)의 분류에서 시사점을 얻었고 아래 해당 연구의 분류 방식에 대해 살펴보겠다.

첫 번째, 형태적 동일성에 의한 생략은 선행문과 후행문의 문장에 형태가 동일한 성분이 있으면 그 항목을 생략한다는 현상이다. 강영임(2005)에서는 아래와 같은 실례를 들어 형태적 동일성에 의한 생략을 범주화했다.

(22) A: 막내며늘애가 첫아길 가졌는데.
    B: 축하해요, (   ) 언제가 출산이오?

예문의 두 번째 문장에서는 주어가 생략 되었다. 하지만 생략된 이 주어는 앞선 문장에서 동일한 형태인 '막내며늘애'를 찾아낼 수 있다. 이렇게 실제 텍스트에서는 선행 발화에서의 정보와 후행 발화에서 생략된 정보가 형태적으로 동일한 경우를 흔히 찾아볼 수 있다. 이런 경우에도 또한 다양한 양상이 나타날 수 있는데 본고의 3장에서는 이에 대한 구체적인 논의를 진행하겠다.

두 번째, 의미적 동일성에 의한 조건이 있다. 강영임(2005)에서는 의미적 동일성에 의한 생략은 선행 발화에서 구정보화된 요소를 후행 발화에서 생략할 때 의미적인 동일성만을 충족할 뿐 형태적인 면에서는 그렇지 못하다고 하였다. 즉 의미적 차원에서는 동일 범주에 넣을 수 있지만, 형태적으로는 다른 경우를 말한다. 그 실례로 아래와 같은 대화문을 들었다.

(23) A: 김선생, 오늘 출근했어?

　　 B: (　　) 오셨다가 잠시 외출하셨는데요.

예문에서 생략된 빈자리에는 생략된 상대 '김선생'과 대화 참여자 B의 관계에 의해 그 복원 형태가 결정된다. 동년배거나, 손위, 또는 직급이 높은 경우 '김선생'으로 회복할 수 있을 것이며, 반대의 경우에는 '김선생님'으로 회복해야 할 것이다.

생성 문법의 관점을 따르는 논의에서는 유일 회복가능성의 조건을 주장하면서 형태적으로 동일한 항목으로 복원 가능한 경우만 생략 현상으로 간주하였다. 하지만 본고는 생략 현상에 대하여 생성 문법적인 접근 외에도 텍스트론적인 접근도 포함하여야한 충분한 고찰이 가능하다고 본다. 지나치게 다양한 항목으로 복원이 가능하다고 하면 그 요소는 생략되기가 어렵겠지만, 형태적으로 유일한 회복가능성으로만 한정되어서도 안 된다.

가령 여러 가지 회복가능성이 존재하더라도 생략 전후 문장의 의미가 동일하고 텍스트 참여자가 의사소통을 하는데 무리가 없다면, 생략의 조건으로 보아야 한다. 따라서 본고에서는 심층구조에서 표층구조로의 생략 항목의 복원은 형태적으로 동일한 항목의 복원뿐만 아니라, 의미적으로 동일한 항목의 복원까지도 포함시켜 보다 넓은 범위의 동일성 조건에 접근해 보고자 한다.

2.2.2.3. 구정보조건

앞서 살펴본 바와 같이 高更生(1980), 黄南松(1996), 김일웅(1986), 김성훈(1993) 등 연구들에서는 생략의 조건으로 구정보조건을 제시하고 있다. 즉 문맥 중에 생략된 항목과 동일한 요소 혹은 회복가능한 요소가 있고 그것이 신정보가 아니라면 표면구조에서 언표화하지 않아도 된다는 것이다.

(24) A: 这次考试谁排名第一?

　　 B: 小红。

위의 대화문에서 발화 B에서는 발화 A에서 이미 출현한 구정보인 "这次考试"와 "排名第一"는 모두 생략하고 "谁"의 물음에 해당하는 신정보인 "小红"만을 발화하였다. 의사소통 상황에서의 구정보의 반복적인 출현을 피함으로써 언어 사용의 경제성 원리를 실현할 뿐만 아니라, 의사소통 참여자들이 신정보에 집중하게 함으로써 정보를 신속하게 전달할 수 있다. 이는 의사소통의 효율을 높이고 특정된 목적을 실현하는 데에도 효과적이다.

생성문법적 관점에서는 언어 내적인 측면에서 생략 현상에 대해 고찰하기에 언어 문맥 상 출현한 적이 있는 구정보는 쉽게 생략이 된다는 결론을 내리고 구정보조건을 생략 현장의 필수 조건으로 제시하였다. 본고는 텍스트론과 인지론적인 시각에서 생략 현상에 접근하고자 한다. 텍스트-인지론적 관점에서 생략 현상에 접근할 경우 생략된 항목이 반드시 언어 문맥상의 구정보여서 초점을 상실하는 경우에만 한정되는 것이 아니다.

(25) A: 환경도 그렇고 맛도 참 별루야, 넌?

B: 다시는 안 올거야.

A: 나도.

위의 대화(25)에는 많은 언어적 정보가 생략되어 있다. 생략된 정보들 중에는 선행 발화에서 출현한 구정보가 있는가 하면, 출현한 적이 없는 신정보도 포함되어 있다. 따라서 대화가 발생한 상황적 맥락을 고찰하지 않으면 이 대화의 내용을 정확히 이해할 수가 없게 된다. 하지만 이 대화가 식당에서 식사를 마치고 발생한 대화라는 상황적 요소를 추가하여 제시한다고 할 때, 이 대화 내용은 이 식당의 환경과 음식 맛에 대한 평가라는 것을 큰 어려움 없이 판단할 수가 있다. 생략된 항목들을 모두 복원해 넣으면 아래와 같다.

(25)′ A: 이 음식점은 환경도 그렇고 음식 맛도 참 별루야, 넌 음식 맛이 어땠어?

B: 나도 이 음식점의 환경도 그렇고 음식 맛도 참 별루였어, 나는

다시는 이 음식점에 안올거야.

A: 나도 다시는 이 음식점에 오지 않을거야.

(25)′에 복원해 넣은 언어적 항목들은 이들 대화에 처음으로 출현하는 신정보들이다. 원칙적으로 언어적 맥락에 출현하지 않은 항목들을 생략할 경우 내용의 이해에 방해가 되지만 상술한 예문과 같이 대화가 발생한 상황적 정보를 개입한다고 할 때 선후 맥락에 언표화되지 않은 신정보들도 쉽게 이해할 수가 있다.

(26) 两张动物园。

마찬가지로 중국어 예문 (21) 역시 단일한 문장만을 놓고 보면 어떤 내용에 대한 기술인지 판단하기가 어렵다. 하지만 티켓을 구매하는 상황에서 발생한 발화라는 점을 고려한다면 이 문장의 생략 요소들을 복원하여 심층구조 '我要两张去动物园的票'로 이해할 수 있겠다.

(27) 一下雨, 心里就打鼓, 周围几百户年年淹, 这一回屋里(   )齐腰眼。 (《红瓦》)

(28) 信手翻着一张中英文对照的广告, 是美国纽约什么 "克莱登法商专门学校函授部"等的, 说学校特设函授班, 将来(   )毕业, 给予相当于学士, 硕士或博士之证书。(《围城》)

예문 (27)도 전후 맥락에 출현하지 않은 신정보가 부재한 경우이다. 하지만 문장 속의 단어 '雨, 淹' 등을 통해 추리하면 생략된 빈자리에 홍수('洪水')와 관련된 단어가 채워져야 함을 판단할 수 있다. 마찬가지로 예문 (28) 역시 문맥 중 '学校, 毕业' 등을 단서로 '학교에서 졸업하는 주체'는 '학생'이라는 연관을 통해 복원할 수 있다. 이는 독자의 경험적 지식, 세계적 지식 등 인지적 배경에 의해 복원할 수 있는 경우이다.

이렇게 생략된 항목은 언어적 맥락에 이미 출현했던 구정보에만 국한되는 것이 아니라, 상황적 맥락 또는 독자의 인지적 맥락과의 상호작용하에 능동적으로 복원할 수 있는 신정보도 그 대상이 될 수 있다. 따라서 본고에서 정의하는 구정보는 언어적 맥락에서 출현한 적이 있는 언어적 항목 외에도 상황적 맥락, 나아가서 의사소통 참여자들의 인지적 맥락 속에 존재하거나 나타났었던 요소까지도 구정보에 포함시킨다.

2.3. 생략의 유형 및 범주의 설정

생략의 유형에 있어서 중국의 기존 연구들에서는 생략 현상을 대체적으로 구조적 측면에서의 순행생략과 역행생략, 문체적 측면에서의 자술적(自述性)생략, 의미적 측면에서의 泛指생략 등으로 분류하고 있다. 이렇게 문어체와 구어체의 구분이 없고, 또한 서로 다른 층위에서 분류됨으로써 체계화된 분류가 이루어지지 않고 있다.

한국의 기존 연구들은 크게 언어적 문맥에 의한 생략, 화용적 상황에 의한 생략으로 나누어 연구가 진행되고 있다. 하지만 이 역시 대체적으로 구어 텍스트에 한한 분류로 문어 텍스트의 특징에서 출발한 체계적인 분류는 이루어지지 않고 있다.

전통문법에서는 생략을 문법적인 탈락이나 삭제의 개념으로 인식하면서 문장단위를 중심으로 그 현상을 고찰하였다. 그러나 앞서 논의한 바와 같이 생략 현상은 문장 차원에서의 논의로는 그 본질을 구명하는 데에 한계가 있다. 이에 생략에 대하여 문장을 넘어선 텍스트 차원에서의 논의가 수반되어야 한다. 생략이 일어나는 맥락을 바탕으로 한 인지 정보의 활용을 고려해야만 생략의 본질을 정확히 밝힐 수가 있기 때문이다. 이러한 점을 감안할 때 생략 유형의 분류 역시 텍스트 화용적인 견지에서 인지적인 배경에까지 이르는 폭넓은 범위에서 이루어져야 한다. 이는 텍스트 자체의 언어적 맥락뿐만 아니라, 그에 따른 소통적 맥락, 나아가서 능동적인 텍스트 참여자인 인간의 정신적 활동까지를 고려한 인지적 맥락, 이 세 가지 맥락을 모두 고려하여만 가장 넓은 의미에서의 생략 현상에 접근할 수 있음을 말해 준다.

생략 현상에 대한 기존의 연구들은 구어 텍스트의 생략 현상에 대해서는 순수 언어학적 연구에서 벗어나 화용적 상황에까지의 확대된 범위에서 분석하는 흐름이 관찰되었다. 하지만 문어 텍스트에 대한 연구는 아직도 언어 체계 중심의 징적(靜態的)인 연구에서 벗어나지 못하는 경향을 보인다. 본고에서는 구어적 담화뿐만 아니라 문어체 텍스트 역시 필자의 일방적인 표현이 아닌, 필자와 독자 사이의 의사소통의 매개체라고 간주한다. 즉, 비록 문자로 표현된 언어일지라도 필자는 텍스트 작성 과정에서 잠재적 독자를 염두에 두고 맥락을 전개해 나가며, 독자는 자신의 인지적 배경을 바탕으로 능동적인 이해 과정을 거쳐 텍스트에 접근하게 된다. 생략은 특정한 정보를 담고 있지만 텍스트 문맥에 나타나지 않은 현상이다. 이러한 특성 때문에 문어 텍스트의 생략 현상은 더구나 문장 차원에서 벗어나 보다 많은 정보를 담고 있는 텍스트의 맥락 속으로 확대하여 관찰해야 하며, 뿐만 아니라 필자와 독자의 의사소통을 전제로 하여, 이러한 생략 현상을 이해하는 과정에 필요한 독자의 인지적 배경, 인지적 부담 등 능동적인 활동에 주목하여야만 가장 넓은 범위에서 포괄적인 연구를 진행할 수 있겠다. 본고는 이러한 측면에서 문어 텍스트의 생략 현상에 대해 동적인(動態的) 연구를 진행하고자 한다.

이를 위해서는 우선 문어 텍스트의 생략 현상의 유형에 대해 새롭게 범주화할 필요가 있다.

본 절에서는 앞서 언급한 기존의 생략 유형에 대한 연구를 기초로 인지언어학의 '원형이론'과 '적합성이론' 및 인지심리학의 '스키마이론'에 입각하여 생략의 유형을 범주화하고자 한다. 우선 '원형이론'을 바탕으로 어떠한 현상들을 생략의 범주에 포함시킬 수 있는지 알아보고, '적합성이론'과 '스키마이론'의 제시 하에 독자들의 인지적 활동과 배경지식이 생략된 성분을 복원하는 과정 중에서 중요한 역할을 함을 받아들여, 본 연구의 전제가 되는 주어 생략 유형을 범주화[52]하고자 한다.

원형이론(Prototype theory)은 1975년 로쉬(Rosch)의 범주 내부구조에 대한 심리언어학적 연구에서 비롯되었다. 여기서의 원형(prototype)은 그 범주를 대표할 만한 가장 '전형적', '적절한', '중심적', '이상적', '좋은' 보기를 말한다. 생략 현상의 분석에서 원형이론은 생략 현상의 범주에 '중심'과 '주변'이 있다는 가설을 세울 수 있게 해준다. 생략의 여러

---

52 인지언어학에서 '범주'는 극히 모호하고 추상적인 개념일 뿐만 아니라 널리 응용되는 개념이기도 하다. 범주는 언어기호와 그것이 나타내는 인간경험의 구획을 분류하는 과정 또는 결과로서, 주로 개인의 경험을 일반적 개념으로 추상화하는 과정이다. 언어의 의미는 인류가 세계에 대한 범주화와 개념화의 결과이다. 범주화는 인류가 세계만물을 분류하는 일종 고차원적인 인지 활동이며 인류가 자신의 경험을 여러 가지 일반 개념과 상관된 언어부호로 전환하는 과정이다. 인간이 세계를 인식하기 위해서는 반드시 세상의 각종 사물에 대하여 분류하여 범주화를 진행해야 한다. 범주화 능력이 없다면 인류는 자기의 생활환경에 적응할 수 없고, 경험을 처리하고 재구조화하여 기록할 수가 없다. 이 기초상에서 인류는 개념화의 능력을 획득하게 되며 이렇게 형성된 경험은 고정된 언어 부호로 남겨져야 비로소 의미를 가지게 된다. 인지적 범주는 인지적 개념으로 인간의 대뇌에 저장되는데 그 외적 표현 형식 형태소, 어휘, 구, 문장 등등 다양한 형식이 있다. 임지룡 (1998)에 의하면 범주화는 인간이 환경세계를 의미 있는 분절로 나누어 파악하는 장치이며, 그 결과로 이루어진 언어적 분절단위가 '범주'이다. 따라서 이러한 논의를 바탕으로 본 연구에서는 범주를 같은 속성이나 의미관계 또는 비슷한 속성이나 의미 기능을 수행하는 것들의 합집합이라는 뜻으로 사용하고자 한다.

가지 유형 중 가장 전형적이고 이상적인 유형은 중심적인 전형적 생략 현상으로서 '원형'의 역할을 하며, 나머지 덜 전형적이고 덜 이상적인 의미는 '주변'의 역할을 하고 있는 것이다.

생략의 여러 가지 유형에 대해서 화용론의 층위에서 분석을 진행한다고 할 때 전형적인 생략과, 비전형적인 생략의 두 가지로 분류할 수 있다. 전형적인 생략에서 생략된 정보는 명시적인 것이다. 텍스트의 맥락이나 표현의 구조로부터 쉽게 복원할 수가 있을 뿐만 아니라 이러한 언어 항목은 언어적 맥락에 의하여 유일하게 복원된다. Quirk(1985)에서는 이를 엄밀생략(strict ellipsis)라고 했다. 하지만 비전형적인 생략은 의미적인 측면으로부터 추리를 통해 복원할 수밖에 없다. 이런 경우 언어적 맥락뿐만 아니라 필요한 경우에는 언어 외적인 상황적 맥락과 구조적인 측면으로부터 생략된 항목을 복원해야 한다. Quirk(1985)에서는 이를 약생략(week ellipsis)라고 했다. 하지만 전형적인 생략이건 비전형적인 생략이건 모두 '가족 닮음'의 특성을 가지고 있다.

한편 생략 항목의 복원은 맥락[53]을 떠나 실현될 수 없다. 즉 생략 현상은 오직 맥락을 통해서만 이루어질 수 있고, 생략 항목의 복원 역시 언어적, 비언어적 맥락을 통해서만 실현될 수 있다. 언어적 맥락은 텍스트에 명시적으로 언표화되어 있는 맥락이며 생략 항목의 복원 과정에 중요한 단서로 작용한다. 하지만 이 과정 중에서의 독자의 인지적 활동을 간과해서는 안된다. 전형적인 생략이건 비전형적인 생략이건, 이런 항목들을 복원하는 과정에서 독자들은 자신의 통사적·의미적 배경지식, 나아가서 인간 세계에 대한 지식들을 포함한 배경지식에 의존

---

[53] 맥락은 화용론과 언어적 의사소통 이론들의 기본 개념이며 핵심적 개념이다. Halliday(1964)에서는 맥락이란 모든 자연언어의 표현이 의존하는 언어지식과 비언어지식의 총합이며 텍스트 참여자들의 공동한 인지적 배경은 의사소통의 전제라고 하였다.

하게 된다. 이런 것들은 인간의 인지적 체계에 존재하는 인지적 맥락[54]으로, 인간의 언어 사용과 관련된 개념화된 지식이며 의사소통 과정에 능동적으로 활용되는 배경지식이다. 1980년대에 들어서서 언어학자들은 인간의 인지적 세계에서의 언어의 작용 및 언어 사용 중에서의 인간의 인지적 심리에 점차 관심을 가지게 되었고 언어학은 새로운 발전 단계에 들어서게 되었다. "적합성이론(Relevance theory)"은 1986년 스퍼버(Sperber)와 윌슨(Wilson)에서 처음 주장된 이론으로, 의사소통을 인지적 차원에서 접근하는 방법이다. 이로부터 언어학자들은 텍스트 생성과 이해 과정의 인지적 배경과 화용적 추리를 중시하게 되었다. 적합성이론은 인지적인 측면에서 출발하여 의사소통 과정 중에서의 맥락의 중요성을 강조하였다. 일종의 심리적 활동으로서의 생략 현상은 언어 사용자의 인지적 세계와 직접적인 연관을 가지고 있다. 맥락을 떠나서 존재할 수 없고, 회복할 수도 없는 생략문은 맥락과 밀접한 의존 관계를 가지고 있는 것이다.

'적합성이론'은 어떻게 청자가 화용론적 의미를 유도하기 위하여 문맥적 정보를 가진 청사진을 비출 수 있는지를 보여 주는 발화 해석 이론이다. 청자는 문맥 정보와 연결하여 화자에 의해 제공되는 언어학적 단서를 사용해야 하는 것이다. 그러므로 언어학적 형태와 문맥적 가정을 적합성 의론에 의한 발화 해석의 본질적인 요소로 보는 것이다.[55] 적합성 이론에 의하면 의사소통의 성공은 의사소통 참여자들 사이에 '최

---

54 스퍼버(Sperber)와 윌슨(Wilson)이 1986년에 제기한 "적합성이론(Relevance theory)"은 의사소통을 인지적 차원에서 접근하는 방법으로 이 이론에서 언급하는 맥락은 주요하게 인지적 맥락(cognitive context)이다(黃荔辉, 2001). 인지적 맥락은 인간의 언어 사용과 관련된 지식이며 이는 이미 개념화되고 도식화된 지식구조이다.
55 적합성 이론에 의하면 청자는 문맥 정보와 연결하여 화자에 의해 제공되는 언어학적 단서를 사용해야 한다는 것이다.

대의 적합성'[56]이 형성되어야 한다고 하였다. 따라서 화자는 청자가 자기와 동일한 지식구조를 소유하고 있다는 전제하에서 일부 항목에 대한 인지적인 처리 능력을 가지고 있다고 판단함으로써 청자가 이미 알고 있거나 이해할 수 있다고 판단되는 기본적인 정보들을 언표화하지 않는 것이다. 즉 간결한 표현 형식을 선택하는 것이다. 다시 말해서 화자는 자기와 청자 사이의 공동의 인지적 맥락을 정확히 파악해야만 의도했던 대로 효과적인 의사소통을 진행할 수 있다.

한편 텍스트 독해 과정에서 스키마는 인간의 인지적 맥락을 이루는 핵심적인 요소이다. 스키마이론(Schema Theory)은 머리 속에 존재하는 선험 지식(스키마)이 새로운 내용을 이해하는 데에(학습하는 데에) 도움이 된다는 이론이다. 스키마는 대상에 대한 개요 혹은 전체적 대상을 묘사하여 기억 속에 재생한 지각의 형태이다. 즉 객관적 실체가 아닌 기억 속의 인식체계라 할 수 있다. 텍스트를 읽으면서 스키마는 독자들에게 새로운 정보를 받아들일 수 있는 틀을 제공하며, 상황에 따라 그것들을 적절히 수정하여 새로운 지식의 동화를 용이하게 한다. 글쓴이가 독자가 알고 있을 것이라 여기고 생략한 것들을 독자 스스로 추론할 수 있는 능력을 갖게 하는 것도 스키마이다.[57]

종합하면, 문어체 텍스트에서의 생략 현상은 필자가 자신이 독자와 동일한 인지적 맥락을 공유하고 있다는 가정하에, 맥락 속에 반복적으로

---

56 박영순(2007)에서는 적합성 이론은 화자가 '최대의 적합성(optimal relevance)'을 가지고 의사소통되기를 바란다는 가정이 하나의 결정적인 역할이라고 주장한다고 하였다. 여기서 '최대의 적합성'이란 '인지적 효과'라는 관점에서 규정되는데, 즉 하나의 발화가 청자에게 최소의 인지적 노력으로 분명히 이해될 때 최대로 적합한 것이라는 것이다.

57 브라운(2006)에서는 스키마는 글을 읽을 때에 세 가지 측면에서 영향을 미친다고 하였다. 첫째는 글 속의 정보와 독자가 갖고 있는 지식과의 통합이고, 둘째는 문맥 속에서 낱말의 정확한 의미를 선택하도록 돕는 일이며, 셋째는 어떤 메시지가 전개될 것인지를 예측할 수 있게 한다는 점이다. 스키마는 내용 스키마와 형식 스키마로 구분된다.

제시된 항목 또는 언어적으로 제시된 단서를 활용하여 독자가 자신의 인지적 맥락 속에 내재되어 있는 스키마를 활성화시켜 충분히 추론 가능하다고 판단되는 정보를 언어적 맥락에 언표화하지 않은 현상이다. 따라서 생략의 유형을 범주화하는 작업에 있어서 순수 언어학적 측면에서 전형적인 생략과 비전형적인 생략의 제반 유형을 추출해야 할 뿐만 아니라, 이런 생략 현상들을 복원하는 과정에서의 독자의 인지적 활동까지를 포괄적으로 고려한 범주화를 진행해야 한다. 왜냐하면 의사소통은 필자와 독자의 상호작용이며, 생략 항목의 이해 과정은 필자가 표현한 언어적 맥락과 독자의 인지적 맥락의 상호작용 속에서 진행되는 인지적이고 능동적인 과정이기 때문이다. 따라서 독자의 인지적 배경까지 고려한 생략 현상이야말로 그 본질에 대한 깊이 있는 분석이 가능하겠다.

이를 바탕으로 본고에서는 생략의 유형을 '형태적 동일성에 의한 생략', '의미적 동일성에 의한 생략', '의미적 연관성에 의한 생략', '인지정보의 생략'의 네 가지로 분류한다.

2.3.1. 형태적 동일성에 의한 생략

형태적 동일성에 의한 생략은 문장 중 생략 항목의 원형을 전후 언어적 맥락에서 찾아낼 수 있고 동일한 형태로 복원이 가능한 생략 현상이다.

(29) 我们学着他们的样子, (　　)把煤块砸碎, (　　)捡起来, (　　)用门牙先啃一下, (　　)品尝滋味。(《蛙》)

(30) 승우는 신음도 탄성도 아닌 짧은 소리와 함께 황급히 책을 접으며 (　　) 부리나케 일어났다. (〈국화꽃향기〉)

상술한 예문들은 모두 주어가 생략된 절들을 포함하고 있다. 이들 생략된 주어들은 언어적 문맥에서 동일한 형태를 찾아 복원할 수 있는 가장 전형적인 생략이다. 그 중, 예문 (29)는 생략된 항목의 원형이 먼저 제시되고 동일한 항목이 되풀이되면서 생략되는 순행생략이 이루어졌다. 5개의 절로 구성된 (29)는 첫 번째 절에서 주어 '我们'을 제시하였고 이어 나타나는 후행절들에서는 동일한 항목의 반복을 피하기 위해 같은 항목을 생략하였다. 마찬가지로 (30)에서도 동일한 형태의 주어의 반복을 피해 후행절의 주어 '승우'를 생략하였다. 생략된 주어들을 보충하여 문장을 재구성하면 아래 (29)′, (30)′과 같다.

(29)′ <u>我们</u>学着他们的样子, (我们)把煤块砸碎, (我们)捡起来, (我们)用门牙先啃一下, (我们)品尝滋味。

(30)′ <u>승우</u>는 신음도 탄성도 아닌 짧은 소리와 함께 황급히 책을 접으며 (승우는) 부리나케 일어났다.

아래 예문들은 반대인 경우이다.

(31) (   )在姑姑的科学态度和威严风度的感召和震撼下, 产妇艾莲看到了光明, 产生了勇气, 那撕肝裂肺的疼痛似乎减轻了许多。(〈국화꽃 향기〉)

(32) 지난 가을 (   ) 여동생에게서 엄마가 이상하다는 전화를 받고서도 그는 아무런 조치를 취하지 않았다. (〈엄마를 부탁해〉)

예문 (31)과 (32)에서는 역행생략이 이루어졌다. 비록 앞선 절에서 주어가 먼저 생략되고, 생략된 주어의 원형이 뒤에 제시되어 생략의 지시 방향이 순행생략과 반대인 경우이지만, 이런 경우 역시 언어적 맥락 속에서 직관적으로 동일한 형태를 찾아 회복할 수 있는 전형적인 생략이다. 다만, 생략의 원형이 뒤에 제시됨에 따라 순행생략에 비해 생략된 항목의 원형을 추리하는 데에 인지적 부담이 더 부가될 뿐이다. (31)에서는 두 번째 절의 주어 '产妇艾莲'와 호응하여 첫 번째 절의 주어 '产妇艾莲'가 생략되었고, (32)에서도 역시 앞선 절의 주어 '그가'가 생략되었다. 역행생략이 이루어진 예문 (31)과 (32)에 생략된 주어를 복원하여 재구성하면 아래와 같다.

(31)′ (产妇艾莲)在姑姑的科学态度和威严风度的感召和震撼下，<u>产妇艾莲</u>看到了光明，产生了勇气，那撕肝裂肺的疼痛似乎减轻了许多。

(32)′ 지난 가을 (그는) 여동생에게서 엄마가 이상하다는 전화를 받고서도 <u>그는</u> 아무런 조치를 취하지 않았다.

의미적인 측면으로부터 볼 때, 상술한 예문들의 생략된 요소는 모두 텍스트 맥락 속에서 동일한 형태를 찾아 복원할 수가 있다. 따라서 맥락 의존도가 낮을 뿐만 아니라 독자가 생략 요소를 판단하는 추리 과정에 필요한 인지적 부담도 상대적으로 적다. 이들은 다만 생략의 지시 방향에만 차이가 있을 뿐이다. 원형이 앞서 제시되고 뒤에서 생략 현상이 발생하는 순행생략의 경우, 독자가 해독 과정에서 언어적 맥락 속에 앞서 제시된 성분을 뒷부분의 생략된 자리에 복원하는 순차적인 활동이다. 반면에 역행생략은 먼저 생략된 자리를 확인하고 그 자리에 들어갈 수 있는 항목을 계속되는 독해 과정에서 찾은 뒤 다시 앞의 빈자리에 생략된 성분의 원형을 회복하는 과정으로, 순행생략에 비해 다소 복잡한 복원 과정을 거치게 된다. 즉 순행생략에 비해 역행생략을 회복하는 과정에 인지적 부담이 조금 더 부가된다는 차이점이 있다.

한편 생략된 요소를 정확히 추리하는 과정 중에 생략의 자리에 복원할 수 있는 항목으로 보이는 간섭항들이 여럿 존재하므로 원형의 복원에 상대적으로 많은 인지적 노력이 필요한 경우도 있다.

(33) 그는 <u>엄마</u>한테 <u>졸업증명서</u>를 보내달라고 할 수밖에 없었다. (   )
졸업증명서를 보내라는 편지를 받고 나서 (   ) 우편으로 부치면
(   ) 원서 마감일이 되어서야 도착할 수 있다. (《엄마를 부탁해》)

(34) 什么叫讨债鬼呢?就是说, 这个家庭前世欠了别人的债, <u>那个债主就
转生为小孩来投胎</u>, 使得(   )饱受苦难, <u>他</u>或者与<u>产妇</u>一起死去,
或者等涨到一定年龄死去。(《蛙》)

예문 (33)에서 첫 문장에는 세 개의 명사항 '그', '엄마', '졸업증명서'가 출현한다. 이어 후행 절들에서는 이런 명사항들과 호응되는 주어가 생략되었다. '그가 엄마한테 졸업증명서를 보내달라고'고 부탁했다는 첫 번째 문장의 내용과 연결시켜 볼 때, '그'가 편지를 써서 '엄마'한테 이런 부탁을 전해야 할 것이고, '엄마'가 이 편지를 받게 될 것이며, 나아가서 '엄마'가 부탁을 받고 '졸업증명서'를 우편으로 부치게 될 것이고, '그'가 '부탁 편지'를 쓰고, '엄마'가 편지를 받고 나서 '우편'으로 '졸업증명서'를 부치면, '시간이 많이 필요하게 되어', 결국 '졸업증명서'는 '원서 마감일이 되어서야 도착할 수 있다'는 내용을 전달하고 있다. 앞선 예문들과 달리 예문 (34) 역시 문맥 중에 생략된 주어의 원형으로 보이는 명사항들이 여러 개 출현함으로써 이들 간섭으로 인해 생략된 요소를 정확히 추리할 때 맥락을 통해 보다 많은 정보들을 추출해야 하고 생략된 정보의 복원 과정에 상대적으로 많은 노력을 들여야 한다. 문장에서 생략된

빈자리에 복원할 수 있는 항목에는 후행 절에 나타난 '他'와 '产妇'가 있다. 이들 간섭항들 중 생략된 항목을 판단하려면 문맥에 제시된 기타 언어적 요소들을 살펴보아야 한다. 생략절의 선행절은 '那个债主就转生为小孩来投胎' 이다. '출산의 특권'이 여자한테 있음에 비추어 볼 때, 고통을 겪는 주체가 '他'가 아닌 '产妇'임을 명확히 해준다. 또한 문장은 생략된 주어의 원형이 뒤에 출현하는 '후행생략'이라는 특징도 순행생략에 비해 생략 성분의 복원에 어려움을 더하게 된다. 이런 추리 과정을 바탕으로 생략된 주어들을 복원하면 아래 (33)′, (34)′와 같다.

(33)′ 그는 엄마한테 졸업증명서를 보내달라고 할 수밖에 없었다. (엄마가)졸업증명서를 보내라는 편지를 받고 나서 (엄마가) 우편으로 부치면 (졸업증명서는) 원서 마감일이 되어서야 도착할 수 있다.

(34)′ 什么叫讨债鬼呢?就是说, 这个家庭前世欠了别人的债, 那个债主就转生为小孩来投胎, 使得(产妇)饱受苦难, 他或者与产妇一起死去, 或者等涨到一定年龄死去。

상술한 예문들은 실현 양상에 다소 차이가 있을 뿐 모두 '형태적 동일성에 의한 생략'이다. 즉, 문맥 속에 생략된 항목의 동일한 형태가 제시되어 있다는 공통점을 가지고 있다. 다만 순행생략인가 역행생략인가, 간섭항이 있는가 간섭항이 없는가에 따라 독자가 독해 과정에 들여야 하는 인지적 노력의 크기에 차이가 있을 뿐이다.

생략의 유형	생략의 방향	간섭항의 유무	독자 인지적 부담
형태적 동일성에 의한 생략	순행생략	없음	
	역행생략	있음	커짐

2.3.2. 의미적 동일성에 의한 생략

생략된 요소를 정확히 추리함에 있어서 맥락 속에 직관적으로 동일한 형태들이 존재하고 생략된 항목은 의미적으로 이들의 합집합이거나 또는 이들 항목을 구성하는 부분 집합인 경우가 있다.

우선 생략된 항목이 문맥에 제시된 항목들의 합집합인 경우이다.

〈그림 1〉 합집합인 경우

(35) 그가 목청을 돋워 큰 소리를 내자 두세 개의 방문이 열렸다. 짧은 머리의 여자아이 둘은 열살쯤 돼보였고, 남자아이 둘은 열일곱살이나 되었을까 싶었다. 그가 나타나자 (　　) 얼굴을 내밀고 그를 쳐다보았다. 그는 안으로 들어갔다. (〈엄마를 부탁해〉)

(36) 最后, 马水清竟然领我们进了小酒馆, (　) 要了一大盘猪头肉, (　) 吃得油光光的。(《红瓦》)

예문 (35)에는 5명의 인물들이 등장한다. '여자아이' 두 명과 '남자아이' 두 명, 그리고 '그'이다. 문맥을 통해 의미를 파악해 보면 그가 소리를 내자 한 지붕 밑의 두 세 칸 원룸에 살던 네 명의 아이들이 문을 열고 얼굴을 내밀어 그를 쳐다본 것이다. 따라서 빈자리에는 '여자아이 둘과 남자아이 둘'이라는 주어를 복원할 수 있다. 하지만 언어 경제성 원리와 표현의 간결성 원칙을 적용하면 의미적 등가 형태인 '아이들은/그들은' 등으로 회복하는 것도 바람직하다. 예문 (36)의 문맥에 제시된 내용은 '马水清'이 '我们'한테 돼지머리고기를 사주는 내용이다. 식당에 들어간 뒤에는 '马水清'을 포함한 '我们'이 같이 식사를 하게 된다. 따라서 빈자리에는 '马水清和我们' 또는 '我们'을 복원해 넣을 수 있겠다. 하지만 '马水清和我们' 중의 '我们'과 단일한 복원 항목 '我们'은 서로 다른 의미를 가지고 있는데, 후자는 '马水清'까지 포함한 '我们'이다. 즉 '马水清'과의 '我们'의 합집합인 것이다. 생략된 주어를 복원하면 아래 (35)′, (36)′와 같다.

(35)′ 그가 목청을 돋워 큰 소를 내자 두세 개의 방문이 열렸다. 짧은 머리의 여자아이 둘은 열살쯤 돼보였고, 남자아이 둘은 열일곱살이나 되었을까 싶었다. 그가 나타나자 (여자아이 둘과 남자아이 둘은/아이들은/그들은) 얼굴을 내밀고 그를 쳐다보았다. 그는 안으로 들어갔다.

(36)′ 最后，马水清竟然领我们进了小酒馆，(马水清和我们/我们)要了一大盘猪头肉，(马水清和我们/我们)吃得油光光的。

다음 예문 (37)과 (38)은 생략된 항목과 제시된 항목의 의미가 동일하지만, 이때 제시된 항목은 단편적인 어휘가 아니라 하나의 절 또는 그 이상의 단위인 경우이다.

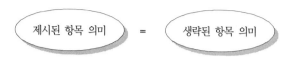

〈그림 2〉 의미가 동일한 경우

(37) 그는 운이 좋았을 뿐이라며 웃어 넘겼으나 술이 몇 잔 더 들어가자 K는 <u>그 비상한 머리를 다른데 썼으면 아마도 검사장은 했을 거</u>라고 했다. K가 하필 검사장이라고 빈정댄 것은 그가 법대 출신이며 사시 공부를 한 적이 있다는 것을 알고 한 소리였다. 하지만 (　　) 회사 내의 주류세력인 Y대도 K대도 아닌데 무슨 수를 썼기에 승진이 빠른지 모르겠다는 비꼼이 섞인 말이기도 했다. (〈엄마를 부탁해〉)

(38) 马水清的身体被娇惯得太不中用，在不到一个小时的时间里，往小路旁边摔倒了<u>两次</u>，爬坡时，<u>后面的笼没有抬起，前面的笼滑过来</u>，（　①　）又使他倒了<u>一次</u>，还因为两腿一软，扑通，往前跪倒了<u>一次</u>，（　②　）几次遭到了众人哈哈大笑。(《红瓦》)

예문 (37)의 맥락의 흐름을 살펴보면, '그'의 라이벌인 'K'가 자신의 성과에 비해 월등히 앞선 '그'를 '부당한 수법으로 잔머리를 굴려 성과를 올린 것이 아니냐고 빈정대는 내용이다. 생략된 주어를 포함한 문장의 술어 '비꼼이 섞인 말이다'는 빈자리를 '그 비상한 머리를 다른데 썼으면 아마도 검사장은 했을 거'라는 K의 말로 채워 넣어야 함을 뒷받침해 준다. 하지만 긴 문장 대신 의미적 등가 형태인 '이는/그 말은/그의 말은' 등등 간략한 형식으로 표현하는 것이 더 매끄러운 표현이 되겠다. 예문 (38)에서는 곱게 자란 马水清이 체질이 약해서 이 한 시간도 안되는 시간 동안 샛길에서 두 번 넘어지고, 오르막에서 한 번 넘어졌으며, 걷다가 다리가 풀려 무릎 꿇고 주저앉음으로써 여러 번 웃음거리가 됐다는 내용을 진술하고 있다. 서술어인 '又使他倒了一次'를 단서로 추리해 보면 생략된 주어 ①은 그를 또다시 넘어지게 한 원인이 되며, 그 원인은 바로 앞의 두 절인 '后面的箩没有抬起, 前面的箩滑过来'가 된다. 여기에서도 긴 주어 대신 의미적 등가 표현인 형식적 주어 '这' 등으로 복원하는 것이 바람직하겠다. 마찬가지로 마지막 절의 생략된 주어 ②는 의미적으로 '그가 여러 번 사람들의 웃음거리가 된 대상'이 되겠다. 즉 '여러 번 넘어진 바보같은 모습' 또는 여러 번 넘어진 주체인 '그' 등으로 회복할 수 있겠다. 주어를 복원하면 아래 (37)', (38)'와 같다.

(37)' 그는 운이 좋았을 뿐이라며 웃어 넘겼으나 술이 몇 잔 더 들어가자 K는 그 비상한 머리를 다른데 썼으면 아마도 검사장은 했을 거라고 했다. K가 하필 검사장이라고 빈정댄 것은 그가 법대 출신이며 사시 공부를 한 적이 있다는 것을 알고 한 소리였다. 하지만 (이는/그 말은/그의 말은) 회사 내의 주류세력인 Y대도 K대도 아닌데 무슨 수를 썼기에 승진이 빠른지 모르겠다는 비꼼이 섞인 말이기도 했다.

(38)' 马水清的身体被娇惯得太不中用，在不到一个小时的时间里，往小路旁边摔倒了两次，爬坡时，后面的箩没有抬起，前面的箩滑过来，(这)又使他倒了一次，还因为两腿一软，扑通，往前跪倒了一次，(他/他的样子/他的狼狈相)几次遭到了众人哈哈大笑。

2.3.3. 의미적 연관성에 의한 생략

생략 항목을 복원함에 있어서 독자들은 언어적 맥락에서 보다 많은 정보들을 추출해야 하며 이런 정보들과 의미적인 연관을 가지고 있는 항목들을 추리하여 생략된 정보를 복원해야 하는 경우도 있다. 夏日光 (2010)에서는 생략의 언어학 기초 관련 연구는 주요하게 의미장과 의미적연상장의 어휘망에 대한 연구와 관련이 깊다고 하면서[58] 문맥에 제시된 단어는 별자리의 중심과도 같아서 그 주변에는 이와 병렬된 항목들이 집합관계를 형성한다고 하였다. 의미장은 개개의 단어로 구성된 어휘망이다. 같은 의미장의 단어들은 서로 의미적 연상 관계를 가지고 있다. 이런 관계는 생략 항목을 복원함에 있어서 문맥에 제시된 단어들 사이의 공통적 특징을 단서로 할 수 있음을 시사한다. 단어와 단어들은 의미적으로 연관되어 있는 경우가 있을 뿐만 아니라 특정된 연어적 관계를 가지고 있는 경우도 흔히 찾아볼 수 있다. 이런 경우 그 중 하나가 출현하면 다른 하나가 굳이 언표화되지 않는다고 해도 독자가 기본적인 언어 사용의 경험만 있다면 능동적으로 복원할 수가 있다. 본고의 '의미적 연관성에 의한 복원'은 이런 맥락에서 범주화된 것이다. 아래 구체적인 실례를 통해 그 유형에 대해 알아보자.

우선 단어들 사이에 의미적으로 연관성을 가지고 있는 경우와 관련된 예문이다.

(39) 我们那地方曾有一个古老的风气, (　　)生下孩子, 好以身体部位和人体器官命名。(《蛙》)

(40) 一下雨, 心里就打鼓, 周围几百户年年淹, 这一回屋里(　　)齐腰眼。[59](《红瓦》)

---

58 夏日光(2010)의 원문: 省略的语言学基础研究, 主要涉及到语义场和语义联想词汇网络的研究。

59 夏日光(2010)에서 재인용.

예문 (39)에서 애를 낳는 일은 '산모'에게만 해당되는 일이라는 것은 일반적인 상식이다. 따라서 원문에서는 필요한 정보만을 제시하고 빠른 전개를 실현하기 위하여 독자들이 알고 있을 거라고 판단되는 정보를 생략하였다. 이런 내용은 문맥상 굳이 출현하지 않아도 일반적인 배경 지식을 가지고 있는 독자라면 단어들 사이의 연관 관계로부터 추리하여 복원이 가능한 정보이다. 예문 (40)에서도 마찬가지로 문장 속의 단어 '雨, 淹' 등은 생략된 빈자리에 홍수와 관련된 단어가 채워져야 함을 시사한다. 생략된 주어를 복원하면 아래(39)′, (40)′와 같다.

(39)′ 我们那地方曾有一个古老的风气, (孕妇)生下孩子, 好以身体部位和
    人体器官命名。

(40)′ 一下雨, 心里就打鼓, 周围几百户年年淹, 这一回屋里(洪水)齐腰眼。

(41) ( ) 여름 해변에 온 한 남자와 한 여자의 이별 해프닝을 그린 단편
    영화 〈지구 탈출〉을 촬영하는 데는 꼬박 2주일이 걸렸다. (《국화꽃
    향기》)

(42) 남대문과 중림동, 서대문까지 가족들은 번갈아가며 보상금으로 오
    백만원 주겠다는 전단지를 돌리고 붙이고 뿌렸다. 신문광고를 보고
    는 전화 한통 없더니 전단지를 보고는 전화를 걸어오는 사람들이 있
    었다. 한번은 ( ) 자기네 집에서 보살피고 있으니 주소를 또박또박
    불러주기에……(《엄마를 부탁해》)

마찬가지로, 예문 (41)에서 주어진 단서는 '영화'와 '촬영'이다. 즉 생략된 주어는 영화를 촬영하는 주체가 되겠다. 흔히 영화 촬영은 스태프들과 출연자들이 참여한다는 사실은 누구나 다 알고 있다. 따라서 주어의 빈자리는 '스태프와 출연자' 등으로 채울 수가 있겠다. 예문 (42)는

엄마가 가출한 뒤에 가족들이 엄마를 찾기 위해 신문에 광고를 올리고 길가에 전단지를 돌리는 내용을 진술하고 있다. 문맥에 제시된 단어 '보상금, 전단지, 신문광고, 전화' 등으로 비추어 추리하면 가족들은 목격자들의 제보를 기다린다고 판단할 수 있다. 따라서 문장의 빈자리는 전화를 걸어온 주체이며 이를 '제보자' 또는 '목격자'라고 복원할 수 있겠다. 생략된 주어를 복원하면 아래 (41)′, (42)′와 같다.

(41)′ (스태프와 출연자들이) 여름 해변에 온 한 남자와 한 여자의 이별 해프닝을 그린 단편 영화 〈지구 탈출〉을 촬영하는 데는 꼬박 2주일이 걸렸다.

(42)′ 남대문과 중림동, 서대문까지 가족들은 번갈아가며 <u>보상금</u>으로 오백만원 주겠다는 <u>전단지를</u> 돌리고 붙이고 뿌렸다. <u>신문광고</u>를 보고는 전화 한통 없더니 전단지를 보고는 <u>전화</u>를 걸어오는 사람들이 있었다. 한번은 (제보자/목격자가) 자기네 집에서 보살피고 있으니 주소를 또박또박 불러주기에……

다음의 예문 (43)과 (44)는 단어들 사이에 특정된 연어적 관계를 가지고 있는 경우이다.

(43) (　)该<u>轮</u>到我了。我一路走，一路在担心：乔安这狗日的又将如何对待我?(《红瓦》)

(44) 미주는 무엇인가를 천천히 그려 보는 듯 미소를 지었다. (　) 근육 이완제도 투여된 <u>뒤</u>였다. (〈국화꽃향기〉)

예문 (43)의 첫 문장에서 '<u>轮</u>'은 이와 연결 관계를 가지는 문법적 항목이 '차례'의 의미를 가지고 있는 요소여야 한다는 단서를 제공한다. 따라서 생략된 주어는 '这一下/这一回/下一个'로 복원하는 것이 적절하겠다. 예문 (44)에서 역시 두 번째 문장의 술어 '뒤였다'는 '시간적' 또는 '공간적' 의미를 나타내는 단어와 결합하여야 한다. 텍스트의 앞뒤 맥락에 비추어 추리하면 빈자리는 '때는/그때는' 등으로 채워 주는 것이 바람직하다. 생략된 주어를 회복하면 아래 (43)′, (44)′와 같다.

(43)′ (这一下/这一回/下一个)该轮到我了。我一路走，一路在担心：乔安这狗日的又将如何对待我？

(44)′ 미주는 무엇인가를 천천히 그려 보는 듯 미소를 지었다. (때는/그때는) 근육 이완제도 투여된 뒤였다.

2.3.4. 인지적 정보의 생략

생략 현상 중에는 생략 항목과 관련되는 구체적인 어휘적, 의미적 요소들이 존재하지 않는 경우도 흔히 발생한다. 독자들은 텍스트에 제시된 언어적 맥락 속에서 그 어떤 명시적, 암시적인 단서도 얻을 수 없다. 상술한 생략 현상들을 복원함에 있어서 언어적 맥락과 인지적 맥락이 공동으로 작용했다고 할 때, 이런 유형의 생략 현상은 전적으로 독자의 인지적 맥락에 의거하게 된다. 독자들은 자신의 인지 구조에 내재되어 있는 스키마(schema)를 활성화시켜 기존의 경험적 정보들을 선택적으로 활용함으로써 명시적으로 제시되지 않은 내용들까지 보충하여 능동적인 독해를 진행하게 된다. 이런 경우 과연 어떤 항목이 생략의 대상이 되는지 판단하는 데에는 상대적으로 큰 인지적 부담이 부가되게 되는 것이다. 아래의 예문을 보자.

(45) 그런데 더이상 시간을 지체하면 돌이킬 수 없는 상황을 맞을 수도 있다. (   ) 산모와 아이, 둘 다 잃게 되는 것일지도 모른다. (〈국화 꽃향기〉)

(46) 몇해 전까지만 해도 명절에 여행 가는 것에 비판적인 시각도 있었는데 (   ) 이젠 대놓고 조상님 잘 다녀오겠습니다 인사까지 하고 (   ) 공항으로 나선다. (〈엄마를 부탁해〉)

(47) 那年是六月初七, 胶河里发了一场小洪水, 桥面被淹没, 但(   )根据桥石激起的浪花, (   )大概可以判断出桥面所在。(《蛙》)

(48) 大约过了一年, 校园里便有了风声 : 老光棍王儒安养起那母女俩是深藏心机的。(   )还有鼻子有眼睛地说出许多事来。(《红瓦》)

예문 (45)는 응급실에 들어간 산모의 최악의 상황을 말해주고 있다. 텍스트의 앞뒤 문맥 어디에도 '최종의 결과'와 관련된 단어를 찾아볼 수 없지만, 독자의 입장에서는 이것이 '산모와 아이 둘 다 잃게 되는' 최악의 '결과'를 의미하고 있다는 것을 판단할 수 있다. 예문 (46)의 경우 빈자리의 주어는 소설 속에 나오는 그 어떤 인물도 아니다. '요즘엔 이런 사람들도 있다'는 사회 현상을 말하는 내용이라 이 빈자리는 그 어떤 특정 인물도 아닌 형식적 주체인 '사람들은'을 넣어야 한다. 마찬가지로 예문 (47)에서 생략된 주어는 언어적 정보로부터 추출해낼 수 있는 요소가 아니라, 언어적으로 제시된 상황을 통해, 일반적인 경우에 이 사건이 터졌을 때 이를 목격했던 '사람들'이 이에 대한 판단이라고 간주할 수 있다. 따라서 생략된 주어는, 당시 그 상황을 목격한 '사람들/주민들' 정도로 복원할 수 있겠다. 예문 (48) 역시 언어적 문맥 그 어느 곳에도 빈자리의 주어와 호응할 수 있는 성분이나 그 단서가 되는 항목을 찾아볼 수 없었다. 이런 경우, 소문을 퍼뜨린 주체가 그 어떤 특정되거나 한정된 인물이 아닌 '大家/有些人/有人' 또는 문맥에 나타난 단서 '校园里'에 비추어 '同学们' 등으로 회복 가능하겠다.

(45)′ 그런데 더이상 시간을 지체하면 돌이킬 수 없는 상황을 맞을 수도 있다. (최악의 결과는) 산모와 아이, 둘 다 잃게 되는 것일지도 모른다.

(46)′ 몇해 전까지만 해도 명절에 여행 가는 것에 비판적인 시각도 있었는데 (사람들은) 이젠 대놓고 조상님 잘 다녀오겠습니다 인사까지하고 (사람들은) 공항으로 나선다.

(47)′ 那年是六月初七, 胶河里发了一场小洪水, 桥面被淹没, 但(人们/村民们/大家)根据桥石激起的浪花, (人们/村民们/大家)大概可以判断出桥面所在。

(48)′ 大约过了一年, 校园里便有了风声：老光棍王儒安养起那母女俩是深藏心机的。(大家/同学们/有些人/有人)还有鼻子有眼睛地说出许多事来。

상술한 예문들은 언어적 맥락과 언어적으로 제시한 상황에 대한 다양한 의존 정도를 보여 준다. 하지만 문맥 정보로부터 추리해낼 수 있는 양상이 다른데, 문맥을 통해 명확하게 원형을 복원해낼 수 있는 경우가 있는가 하면, 문맥의 정보를 바탕으로 독자의 생활 경험, 또는 인지적인 추리 과정을 거쳐 적절한 형태를 찾아내야 하는 경우도 있으며, 언어적으로 제시된 문맥적 상황을 떠나 독자의 인지적 배경지식으로부터 추출해내야 하는 보다 추상적인 형태도 있다. 이런 현상들은 생략 현상의 '가족 닮음' 양상을 나타낸다. 이들 모두 생략이라는 큰 '가족'의 성원이며, 각자 생략 현상의 다양한 양상을 보여 준다. 이들은 동일한 범주에 속하는 동일한 속성을 가지고 있는 다양한 실현 형식이다. 이들 사이에는 전형적인 것과 비전형적인 구분만 있을 뿐 긍정과 부정의 차이는 없다.

이상 논의들을 바탕으로 본고의 주어 생략 양상을 범주화하면 아래와 같다.

<표 3> 생략 유형 및 범주

생략의 범주	생략정보 복원방식	대표 예문	복원 가능항목	인지적 활동	맥락 의존	인지적 부담	전형 여부
형태적 동일성에 의한 생략	동일 항목에 의한 복원	(29)(30) (31)(32) (33)(34)	단일 (한정성)	통사적 의미적 배경 지식 필요	언어적 맥락에 의존	약	전형 범주
의미적 동일성에 의한 생략	의미적 동일성에 의한 복원	(35)(36) (37)(38)	다양 (영활성)				
의미적 연관성에 의한 생략	통사적 의미적 스키마활성화를 통한 복원	(39)(40) (41)(42) (43)(44)	다양 (영활성)	화용적 의미 보충 과정 필요	인지적 맥락에 의존	중	중간 범주
인지적 정보의 생략	의미적 경험적 스키마 활성화를 통한 복원	(45)(46) (47)(48)	다양 (영활성)			강	주변 범주

2.4. 분석 참조항과 주어 생략 현상

2.4.1. 분석 참조항의 설정

'형태적 동일성에 의한 생략'은 언어적 맥락 속에 동일한 형태의 선행어를 포함하고 있는 경우이다. 구체적인 형태가 존재하기 때문에 상대적으로 생략 항목의 복원이 쉽지만 이런 유형의 생략은 그 양상이 매우 다양하다. 본고에서는 Ariel(1990)의 접근성이론(accessibility theory)을 바탕으로 형태적 동일성에 의한 생략 분석의 참조항을 설정하고자 한다. 陈伟英(2009)에서는 '접근성'이란 지시선택의 결정적 원칙으로 이는 인지 기억속에서 특정된 언어 단위 또는 기억의 단위를 추출할 때 편의 정도로 여겨진다고 했다. 이를테면, 특정한 시점에서 대뇌중의 수없이 많은 기억의 절점들은 동시에 활성화되는 것이 아니다. 상대적으로 빠르고 많은 양의 기억들이 활성화되는 항목이 있는가 하면, 그 정도가 비교적 약한 경우도 있고 수없이 많은 중간 정도의 상태도 존재하는 것이라고 했다. 대화 과정에서 화자는 청자의 인지적 접근성 정도에 대한 판단에 근거하여 지시 방식을 선택하여 사용하게 된다. 즉 지시 방식은 심리적 접근 정도의 척도로도 작용할 수 있다. 지시 방식은 청자가 해당 텍스트 속에서 정보에 대한 접근을 유도하며 청자가 기억 속에 저장되어 있는 구정보를 활성화시키는데 도움을 준다. 따라서 지시어 또는 지시 방식에 대한 이해 과정은 선행어에 대한 청자의 추적 과정이기도 하다.[60] Ariel(1990)에서는 접근도가 높은 지시 대상은 상대적으로 적은 언어자료로 구성된 지시어를 사용할 수 있고, 접근도가 낮은 지시 대상은 비교적 많고 구체적인 언어자료로 구성된 지시어를 사용해야 한다고 했다. 즉 생략적 기제와 대명사는 접근도가 비교적 놓은 지시 대상에 사용될 수 있고, 전칭 명사, 명사구 등은 지칭 대상이 접근도가 낮음을 암시한다고 하였다. 따라서 화자나 필자는 특정 지시 방식을 선택하기에 앞서, 청자나 독자의 해당 항목에 대한 인지적 접근도를 향한 고려가 선행되어야만 효과적인 의사소통이 이루어질 수 있다. 독자에 있어

---

60 陈伟英(2009)에서 재인용.

서 인지적 접근도가 낮은 항목임에도 불구하고 생략 기제를 사용한다면 독자의 이해에 불리한 결과를 초래하여 성공적인 의사소통을 실현하지 못하는 경우가 발생할 수 있을 것이다. 반면, 독자들이 보편적으로 쉽게 접근할 수 있는 항목임에도 반복적으로 접근도가 높은 전칭 명사를 사용한다면 매끄럽고 간략한 문맥을 형성하는 데에 불리하게 된다. 뿐만 아니라 이런 경우는 독자의 인지적 노력의 낭비를 초래하게 되고 글의 초점을 두드러지게 하는 데에 실패함으로써 효과적인 의사소통을 실현할 수 없게 된다.

본고에서는 접근도의 개념을 생략 현상에 접목시켜 선행어의 접근도가 생략 항목을 판단하는 과정에 중요한 요소로 작용한다는 가설을 제기하고자 한다. 접근도의 개념을 생략 현상에 접목하여 해석한다면, 지시 방식이 정해져 있는 경우, 즉 지시 방식이 대명사나 명사, 명사구가 아닌 생략 기제로 확정이 되어 있는 상황에서 선행어의 접근도가 높으면 생략 항목의 복원 과정에 필요한 인지적 노력이 덜할 것이고, 반대로 선행어의 접근도가 낮다면 생략 항목을 복원하는 데에 필요한 인지적 부담이 크게 되는 것이다. 따라서 효과적인 의사소통을 실현할 수 있는 텍스트라면 선행어의 접근도가 높은 항목은 생략 빈도가 높을 것이고, 선행어의 접근도가 낮은 항목은 생략 빈도가 낮을 것이다.

Ariel(1990)에서는 접근성에 영향을 주는 4가지 요소를 제기하였다.

> (1) 거리: 선행어와 지시어의 거리가 멀수록 접근성 정도가 낮아진다(이런 거리에는 동일한 문장내, 앞 문장, 동일한 단락, 다른 단락 등 여러 가지가 있다)
>
> (2) 간섭: 하나 또는 그 이상의 선행어로 보이는 여러 가지 간섭항이 존재한다. 간섭항이 많으면 많을수록 접근성 정도가 낮아진다.

(3) 돌출: 지시 대상이 텍스트의 화제이면 비교적 돌출 되었고 접근도가 높다.

(4) 통일: 선행어와 지시어가 동일한 세계, 관점, 텍스트와 단락 속에 있으면 그전 텍스트나 단락 속에 나눠져 있는 경우에 비해 접근도가 높다.

다시 말하면, 전체 텍스트의 화제이며, 바로 전에 언급되었으며(거리가 가까운), 두 항목 사이에 간섭항이 존재하지 않은 언어적 실체가 접근도가 높은 것이다. 그 중 (3)번에 해당하는 '돌출성'과 관련하여 아래와 같은 조건을 제시하였다.

a. 화자>청자>제3자
b. 화제>비화제
c. 참여자>관찰자
d. 문법적 주어>비주어
e. 인간>동물>생물
f. 반복 언급 대상>언급 회수 적은 대상>처음 언급 대상
g. 간섭항 없는 대상>간섭항이 많은 대상

본고는 생략 현상을 단순히 언어 체계에서의 정적인 현상으로 간주하는 것이 아니라 필자와 독자 사이의 능동적인 의사소통 과정으로서의 인지적 활동까지의 넓은 범위에서 살펴본다. 따라서 상술한 연구 성과들과 본고의 분석 대상인 주어 생략의 특징적인 요소들을 추출하여 형태적 동일성에 의한 생략 현상 분석의 참조항을 설정하고자 한다.

〈표 4〉 참조항의 설정

생략의 유형	참조항	
형태적 동일성에 의한 생략	생략의 방향	순행생략
		역행생략
	생략의 거리	순차식생략
		도약식생략
	간섭항의 유무	없음
		있음
	화제 여부	화제
		비화제
	선행어의 속성	주어
		목적어
		관형어
		겸어
		술어

2.4.2. 참조항을 적용한 주어 생략의 실제

기존의 연구들에서 생략 현상을 흔히 순행생략과 후행생략으로 나뉘었다. 순행생략은 선행절의 어떠한 성분이 후행절의 생략된 주어의 원형이 되는 현상을 말한다. 반면 역행생략은 후행절의 어떤 성분이 선행절의 생략된 주어의 원형인 경우를 말한다. 본절에서는 생략 방향의 기존의 틀 안에서 앞서 설정한 참조항들을 적용하여 실제 문어 텍스트에서 발생하는 생략 현상에 대해 구체적으로 살펴보겠다.

2.4.2.1. 순행생략

기존 연구들에서 생략 현상을 분석함에 있어서 가장 널리 설정하고 있는 참조항은 생략 항목의 선행어가 문장 중에서 담당하는 문법적 역할, 그리고 선행어와 생략 항목의 상대적인 위치, 이 두 가지 요소가 있다. 아래 '순행생략'의 틀에서 어떤 문법적 항목이 생략된 주어의 선행어가 될 수 있는지에 대해 알아보자. 우선, 선행어가 주어인 경우이다.[61]

(49) **大爷爷**到了晚年, ( )经常怀念那段日子。(《蛙》)

(50) **苏小姐**一向瞧不起这位寒碜的孙太太, 而且( )不喜欢孩子, 可是
( )听了这些话心上高兴。(《围城》)

(51) **这地方上的人**都用一种看殿堂庙宇的目光, ( )站在大门外, ( )
远远地看着红瓦房与黑瓦房。(《红瓦》)

(52) 혼이 떠서 나갈 지경이 된 **천수**는 길을 벗어난 줄도 모르고/ ( )
그저 뛰고 또 뛰었다. (〈대장금〉)

(53) 한 무리의 대학생들이 골목 끝으로 몰려오자/ **승우**는 춤과 노래를
멈추고/ ( )경쾌한 손놀림으로 팸플릿과 책자를 나누어 주었다.
(〈국화꽃향기〉)

(54) 엄마는 그길로 집에 들어와/ ( ) 여자를 부엌에서 밀어내고/ ( )
밥을 지었다. (〈엄마를 부탁해〉)

예문 (49)~(54)는 모두 선행절의 주어를 이어 받아 후행 절에서 같은 주어가 생략된 경우이다. 이는 주어 생략 현상의 가장 기본적인 형식으로 이는 언어 사용의 경제성과 직접적으로 관련된 문법 현상이다. 예문 (49)에서는 두 번째 절의 주어가 바로 앞의 선행절의 주어 '大爷爷'와

---

61 기존의 연구들에서는 선행어의 문장 성분을 주어, 목적어, 관형어, 겸어, 술어, 보어, 부사어 등 모든 성분들에 한해서 분석이 이루어졌다. 하지만 본질적으로 보면, 선행어의 문법적 역할이 술어라고 할지라도 실제 선행어로 작용하는 성분은 술어 중의 체언 성분이 된다. 즉 주술술어문의 경우 주술구조의 주어가 생략 성분의 선행어이다. 따라서 본고에서는 선행어의 문장 성분을 주어, 목적어, 관형어, 겸어에만 한해서 분석한다.

호응하여 문맥에 출현하지 않았다. 예문 (50)에서도 마찬가지로 문장의 첫 시작에 주어 '苏小姐'가 출현하였고, 후행하는 두 개 절에서는 모두 동일한 주어를 생략하였다. 예문 (51)에서 역시 첫 문장에 주어가 출현하였고 후행하는 두 개 절에는 주어가 생략 되었다. 문맥으로부터 후행하는 두 개 절의 생략된 주어도 의미상 첫 번째 절의 주어와 동일함을 판단할 수 있다. 하지만 '这地方上的人'을 후행 절들의 주어로 복원할 때, 이미 언급된 구정보이므로 한정적인 표현을 선택하고 문맥 중에 출현한 '都'를 단서로 하여 복수의 항목으로 복원하는 것이 바람직하다. 즉 '这些人/他们' 등 한정적이고 복수인 표현을 사용하는 것이 보다 자연스러운 문맥을 형성할 수 있어서 언어 표현의 원칙에 맞게 된다. 따라서 "人们" 등의 복수 표현으로 복원이 가능하다. 예문 (52)에서는 두 번째 절의 주어가 생략되었는데 첫 번째 절의 '천수'가 생략된 주어임을 알 수 있고 예문 (53)에서 세 번째 절의 주어는 두 번째 절의 주어 '승우'를 이어 받아 생략되었음을 알 수 있다. 마찬가지로 예문 (54)에서 두 번째와 세 번째 절의 주어는 첫 번째 절의 주어를 이어 받아 생략되었다.

생략된 항목을 복원하여 재구성하면 아래와 같다.

(49) <u>大爷爷</u>到了晚年, (大爷爷)经常怀念那段日子。《蛙》

(50)′ <u>苏小姐</u>一向瞧不起这位寒碜的孙太太, 而且(苏小姐)不喜欢孩子, 可是(苏小姐)听了这些话心上高兴。《围城》

(51)′ <u>这地方上的人</u>都用一种看殿堂庙宇的目光, (人们)站在大门外, (人们)远远地看着红瓦房与黑瓦房。《红瓦》

(52)′ 혼이 떠서 나갈 지경이 된 <u>천수</u>는 길을 벗어난 줄도 모르고/ (천수) 그저 뛰고 또 뛰었다. (〈대장금〉)

(53)′ 한 무리의 대학생들이 골목 끝으로 몰려오자/ <u>승우</u>는 춤과 노래를

멈추고/ (승우)경쾌한 손놀림으로 팸플릿과 책자를 나누어 주었다.
(〈국화꽃향기〉)

(54)′ 엄마는 그길로 집에 들어와/ (엄마) 여자를 부엌에서 밀어내고/ (엄마)밥을 지었다. (〈엄마를 부탁해〉)

이 외에도 문장의 기타 성분 중의 주어로 작용하는 항목이 생략된 주어의 원형인 경우가 있다.

(55) 扁担两头的框里各放一块方方正正的大泥块，　压得他满脸红得发紫，（　　）仿佛被一个残暴的人狠狠地勒着脖子。(《红瓦》)

(56) 电是煤发的, 煤是<u>人</u>挖的, （　　）挖煤不容易, 地下三千尺, 如同活地狱。(谓语的主语成分)(《蛙》)

(57) <u>当我</u>想起姑姑的时候,（　　）都会自然而然的回忆起那段话。(《蛙》)

예문 (55)에서는 두 번째 절의 보어 중 주어 '他'가 주어 생략절 주어의 선행어이다. 예문 (56)에서는 동사 '是'의 목적어의 주어 '人'이 후행 생략문 주어의 원형이며, 여기에서는 '석탄을 캐는 사람들'이라고 해석이 되어 의미적 등가 표현인 형식적 주어 "人们"으로 복원하는 것이 바람직하다. 예문 (57)은 문두의 부사어 중 주어 성분인 '我'로 생략의 빈 자리를 복원하면 된다.

생략된 항목을 복원하여 재구성하면 아래와 같다.

(55)′ 扁担两头的框里各放一块方方正正的大泥块, 压<u>得他满脸红得发紫</u>, (他)仿佛被一个残暴的人狠狠着脖子。(《红瓦》)

(56)′ 电是煤发的, 煤是<u>人挖的</u>, (人们)挖煤不容易, 地下三千尺, 如同活

地狱。(谓语的主语成分)(《蛙》)

(57)′ <u>当**我**想起姑姑的时候</u>, (我)都会自然而然的回忆起那段话。(《蛙》)

아래는 생략된 주어가 관형어와 호응하는 경우이다.

(58) <u>**姑姑的**脸上虽然还是怒冲冲的神情</u>, 但(　)显然已经消了气。(《蛙》)

(59) <u>**野兔的**身子几乎沉默在水中</u>, (　)只露出一颗脑袋来。(《红瓦》)

(60) <u>**胖人**身体给炎风吹干了</u>, 身上蒙上一层汗结的盐霜, 仿佛(　)刚在巴
勒斯坦的死海里洗过澡。(《围城》)

(61) 그러자 <u>**그녀**의 표정</u>이 묘해졌다. (　) 웃음도 울음도 아닌 미간과
코의 주름을 살풋 잡았다가/ (　)천천히 다림질하듯이 폈다. (〈국화
꽃향기〉)

(62) 아직도 이 집이 남아 있네, <u>**그**의 눈</u>이 커졌다. (　) 엄마를 찾아
/(　)골목골목을 기웃거리다보니/ (　)삼십년 전에 살았던 그 집
앞에 서 있었다. (〈엄마를 부탁해〉)

(63) 그러면서 장금을 앞세우는데 <u>**아이**의 울음소리</u>가 들려왔다. (　)홀로
내버려져서/ (　)두려웠던 모양이다. (〈대장금〉)

예문 (58)은 선행절 주어의 관형어 '姑姑'를 후행절의 주어로, 예문
(59)는 선행절 주어의 관형어 '野兔'를 후행절의 주어로, 예문 (60)은 선
행절의 관형어 '胖人'을 후행절의 주어로 복원할 수 있다. 마찬가지로
예문 (61)에서는 관형어 '그녀'가 후행절의 생략된 주어의 원형이고 예
문 (62)와 (63)에서는 첫 문장의 관형어 '그'가 후행 문장의 일련의 절들
의 생략된 주어의 원형이다.

생략된 항목을 복원하여 재구성하면 아래와 같다.

(58)' <u>姑姑的</u>脸上虽然还是怒冲冲的神情, 但(姑姑)显然已经消了气。(《蛙》)

(59)' <u>野兔的</u>身子几乎沉默在水中, (野兔)只露出一颗脑袋来。(《红瓦》)

(60)' <u>胖人</u>身体给炎风吹干了, 身上蒙上一层汗结的盐霜, 仿佛(胖人)刚在巴勒斯坦的死海里洗过澡。(《围城》)

(61)' 그러자 <u>그녀</u>의 표정이 묘해졌다. (그녀는) 웃음도 울음도 아닌 미간과 코의 주름을 살풋 잡았다가/ (그녀는) 천천히 다림질하듯이 폈다. (〈국화꽃향기〉)

(62)' 아직도 이 집이 남아 있네, 그의 눈이 커졌다. (그는) 엄마를 찾아/(그는)골목골목을 기웃거리다보니/ (그는) 삼십년 전에 살았던 그 집 앞에 서 있었다. (〈엄마를 부탁해〉)

(63)' 그러면서 장금을 앞세우는데 <u>아이</u>의 울음소리가 들려왔다. (아이가) 홀로 내버려져서/ (아이는) 두려웠던 모양이다. (〈대장금〉)

선행 목적어 호응 생략도 비교적 높은 빈도를 보여 주었다.

(64) 我看见了他白乎乎的裸着的<u>上身</u>, ( )真肥, 并且像女人的上身, 有一堆女人似的乳(《红瓦》)

(65) 大多数是职业尚无着落的<u>青年</u>, ( )赶在暑假初回中国, ( )可以从容找事。(《围城》)

(66) 后来姑姑曾多次提醒<u>我们</u>, 因此( )下定决心, 宁愿打光棍, 也不讨说话露牙床的女人做老婆。(《蛙》)

(67) 파란 슬리퍼를 신고 있었는데 얼마나 많이 걸었는지 슬리퍼가 엄지쪽 <u>발등</u>을 파고 들어갔고 살점이 떨어져나가 ( ) 패어 있었다고 한다. (〈엄마를 부탁해〉)

(68) 활달하게 골목 안으로 걸어 들어가는 그녀의 뒤를 승우는 **팸플릿 뭉치**를 두 손으로 집어들고 성큼성큼 뒤따랐다. (   ) 꽤 무거웠다. (《국화꽃향기》)

(69) 장금은 그 와중에도 **토끼**를 챙겨들었다. (   ) 깜짝 놀라서 몸통을 움츠렸다. (《대장금》)

상술한 예문 (64)에서는 '看见'의 목적어 '上身'이, 예문 (65)에서는 목적어 '青年'이, 예문 (66)에서는 '提醒'의 목적어 '我们'이 후행 절의 생략된 주어와 호응되고 있다. (67)~(69)에서도 마찬가지로 선행 목적어 '발등', '팸플릿 뭉치', '토끼'가 생략된 주어의 원형이다.

생략된 항목을 복원하여 재구성하면 아래와 같다.

(64)′ 我看见了他白乎乎的裸着的**上身**, (上身)真肥, 并且像女人的上身, 有一堆女人似的乳(《红瓦》)

(65)′ 大多数是职业尚无着落的**青年**, (那些青年)赶在暑假初回中国, (他们)可以从容找事。(《围城》)[62]

(66)′ 后来姑姑曾多次提醒**我们**, 因此(**我们**)下定决心, 宁愿打光棍, 也不讨说话露牙床的女人做老婆。(《蛙》)

(67)′ 파란 슬리퍼를 신고 있었는데 얼마나 많이 걸었는지 슬리퍼가 엄지쪽 **발등**을 파고 들어갔고 살점이 떨어져나가 (**발등이**) 패어 있었다고 한다. (《엄마를 부탁해》)

(68)′ 활달하게 골목 안으로 걸어 들어가는 그녀의 뒤를 승우는 **팸플릿 뭉**

---

62 예문 (65)처럼 생략된 항목을 복원하여 문장을 재구성할 때, 선행어 青年을 의미적으로 동일한 "那些青年"이나 "他们" 등으로 복원하는 것이 보다 자연스러운 문맥을 형성할 수 있다.

<u>치</u>를 두 손으로 집어들고 성큼성큼 뒤따랐다. (**팸플릿 뭉치는**) 꽤 무거웠다. (〈국화꽃향기〉)

(69)′ 장금은 그 와중에도 **토끼**를 챙겨들었다. (**토끼는**) 깜짝 놀라서 몸통을 움츠렸다. (〈대장금〉)

아래 예문 (70)~(72)는 중국어의 특수 구문 "有字句"의 주어 생략 양상이다.

(70) 挨着白杨树就是一道小水沟, 沟里<u>有水</u>, (　　)泡松了树根边的泥土。(《红瓦》)

(71) 村里有几个赤贫<u>光棍汉</u>, (　　)对陈额一人双妻极为不满, 曾半是戏说半是认真地要陈额让出老婆给他们用。(《蛙》)

(72) 当时<u>有</u>一个<u>男医生</u>, (　　)费了很大的力气, 把姑姑从黄秋雅的身上拖开。(《蛙》)

예문 (70)~(72)는 후행절의 주어가 선행절의 목적어와 호응하여 복원할 수 있다는 특징 외에도 이들 목적어를 지배하는 서술어가 모두 '有'라는 공통점을 가지고 있다. 실제 텍스트 분석 과정에서도 이에 해당하는 양상이 높은 빈도를 보여 주었다.

생략된 항목을 복원하여 재구성하면 아래와 같다.

(70)′ 挨着白杨树就是一道小水沟, 沟里<u>有水</u>, (水)泡松了树根边的泥土。(《红瓦》)

(71)′ 村里<u>有</u>几个赤贫<u>光棍汉</u>, (那些光棍汉)对陈额一人双妻极为不满, 曾半是戏说半是认真地要陈额让出老婆给他们用。(《蛙》)

(72)′ 当时**有**一个**男医生**，(那个男医生/他)费了很大的力气，把姑姑从黄
秋雅的身上拖开。(《蛙》)

예문 (70)은 선행절의 목적어 '水'가 후행절의 생략된 주어의 원형이
고, 예문 (71)은 선행절의 목적어 '光棍汉'이 후행절의 생략된 주어의 원
형이며, 예문 (72)의 생략된 주어의 원형은 선행절의 동사 '有'의 목적어
'男医生'이다.

아래 예문 (73)~(75)는 중국어의 특수 구문 "是字句"의 주어 생략 양
상이다.

(73) 每次传来的**是**一个没有成熟的女孩的**歌声**，(   )温馨，(   )带着几丝
婴孩的腔调。(《红瓦》)

(74) 宿舍里最愿意打扮自己的**是桥安**，(   )把头发梳得很整齐，(   )把牙
刷得很白。(《红瓦》)

(75) 第一个站起来的**是王胆**，(   )走到前排座位上举煤大喊：……(《蛙》)

마찬가지로 예문 (73)~(75)는 후행절의 주어가 선행절의 목적어와 호
응하여 복원할 수 있다는 특징 외에도 이들 목적어를 지배하는 서술어
가 모두 '是'라는 공통점을 가지고 있다. 이는 중국어 텍스트에서 흔히
나타나는 생략 현상이기도 하다.

생략된 항목을 복원하여 재구성하면 아래와 같다.

(73)′ 每次传来的**是**一个没有成熟的女孩的**歌声**，(歌声)温馨，(歌声)带着
几丝婴孩的腔调。(《红瓦》)

(74)′ 宿舍里最愿意打扮自己的**是桥安**，(桥安)把头发梳得很整齐，(桥安)

把牙刷得很白。(《红瓦》)

(75)′ 第一个站起来的是王胆，(王胆)走到前排座位上举煤大喊：……
《蛙》

아래 생략된 주어와 문장성분 중 겸어의 관계에 대해 알아보자. 중국
어에서 목적어와 주어의 성격을 동시에 가지고 있는 겸어는 생략된 주
어와 호응되는 경우가 빈번하게 발생한다. 즉 후행절의 생략된 주어가
선행절의 겸어인 경우가 흔하다.

(76) 这次是他去找管后勤的白麻子, (　)联系好借出一些扫帚, 水桶之类
的工具。(《蛙》)

(77) 这一次跌倒使我铭刻在心, (　)终身难忘。(《红瓦》)

(78) 它能让人失去自己, (　)处在一种很不清醒的状态里, 而在记忆里只
剩下某些食品的有人的气味。(《红瓦》)

겸어가 생략 성분의 선행어로 작용하는 경우 이들 겸어가 직접적으
로 지배 받는 동사가 '是, 使, 让'인 경우를 흔히 찾아볼 수 있다. 예문
(76)~(78)은 이런 경우의 생략 현상을 보여 주고 있다. 예문 (76)은 선
행절의 겸어 '他'가 후행절의 생략된 주어의 원형이고, 예문 (77)은 선행
절의 겸어 '我'이 후행절의 생략된 주어의 원형이며, 예문 (78)의 생략된
주어의 원형은 선행절의 동사 '让'의 목적어 '人'이다.

생략된 항목을 복원하여 재구성하면 아래와 같다.

(76)′ 这次是他去找管后勤的白麻子, (他)联系好借出一些扫帚, 水桶之类
的工具。(《蛙》)

(77)′ 这一次跌倒**使我**铭刻在心, (我)终身难忘。(《红瓦》)

(78)′ 它能**让人**失去自己, (人)处在一种很不清醒的状态里, 而在记忆里只剩下某些食品的有人的气味。(《红瓦》)

이 외에도 일반 동사의 지배를 받는 겸어가 생략된 주어의 원형으로 작용하는 경우가 있다. 아래 예문 (79)~(81)은 이런 경우의 생략 현상이다.

(79) 我**看到他**在龇牙咧嘴, ( )并用双手往上使劲顶着扁担, 一边让扁担轻些压在肩头上。(《红瓦》)

(80) 杉谷端着酒杯, 笑眯眯地**看着我**吃, ( )吃饱了, 双手放在桌布上一擦, 我的困劲就上来了。(《蛙》)

(81) 如果这次**改换**一个没有经验的**人**去接生, ( )肯定会镇不住场面, 后果不堪想象。(《蛙》)

예문 (79)는 선행절의 겸어 '他'가 후행절의 생략된 주어의 원형이고, 예문 (80)은 선행절의 겸어 '我'이 후행절의 생략된 주어의 원형이며, 예문 (81)의 생략된 주어의 원형은 선행절의 동사 '改换'의 목적어 '人'이 되겠다.

생략된 항목을 복원하여 재구성하면 아래와 같다.

(79)′ 我**看到他**在龇牙咧嘴, (他)并用双手往上使劲顶着扁担, (他)一边让扁担轻些压在肩头上。(《红瓦》)

(80)′ 杉谷端着酒杯, 笑眯眯地**看着我**吃, (我)吃饱了, 双手放在桌布上一擦, 我的困劲就上来了。(《蛙》)

(81)´ 如果这次**改换**一个没有经验的**人**去接生，(那个人)肯定会镇不住场面，后果不堪想象。(《蛙》)

2.4.2.2. 기타 참조항을 적용한 주어 생략의 실제

주어 생략에 대한 기존의 논의들은 대부분 상술한 분석과 같은 틀에서 선행어의 성분, 위치 등에 대한 논의가 주를 이루었다. 문장의 차원에서 생략 현상을 관찰하였기 때문에 연구 방법과 참조점이 상대적으로 한정이 되어 있는 것이다. 본고에서는 문장 차원에서의 분석을 기초로 하고 의사소통의 기본 단위로 작용하는 텍스트, 나아가서 텍스트[63]의 큰 맥락에서 생략 현상을 관찰하고자 한다. 아래에서는 본고에서 설정한 참조항을 적용하여 텍스트 속에서의 주어 생략 현상에 대해 살펴보겠다.

하나의 소설 텍스트는 수없이 많은 텍스트들로 구성이 되고 각각의 텍스트들은 하나의 통일된 화제에 대해 진술하게 된다. 따라서 텍스트를 단위로 생략 현상을 관찰해야만 생략 현상의 다양한 유형들을 보다 복합적으로 관찰할 수 있다.

(82) **我们**学着他们的样子。( )把煤块杂碎，( )捡起来，( )先用门牙啃下一点，( )品尝滋味。(《蛙》)

(83) **他**照高年级一个学生的指引，( )报道之后背着铺盖卷，( )走过稻地间百十米长的一条窄窄的砖路。( )到了后面的宿舍，( )朝其中一间探了探头，( )走了进去。(《红瓦》)

(84) **我**这个人的害羞毛病无处不在，( )明明憋了一泡尿，( )见了人却

---

63 하나의 텍스트는 통일된 화제에 대해 진술하고, 수없이 많은 이러한 텍스트들은 텍스트라는 큰 덩어리의 구성 부분으로 된다.

撒不出来。( )可已经解下裤子, ( )又不好意思当了人的面没有一个结果, ( )便只好很难为情地站着, ( )闭起双眼, ( )在心中默念……(《红瓦》)

예문 (82), (83), (84)에서는 모두 문장의 첫 번째 절에 주어 '我们'과 '我'가 나타났고, 일련의 후행 문장과 절들에는 모두 주어가 생략되어 있다. 문맥으로부터 판단할 때 후행 절들의 행동이나 상태의 주체와 상대는 모두 첫 번째 절에 나타난 항목이다. 또한 통일된 텍스트의 틀에서 볼 때 이런 항목들은 전체 텍스트의 진술의 대상인 화제에 해당하는 성분이다. 이렇게 화제의 연속적인 동작이나 상태를 나타내는 절들이 연속 출현할 때, 같은 성분의 반복적인 언급을 피해 언어 사용의 경제성 효과를 얻어 내고 있다. 뿐만 아니라 주어는 문장성분 중에서 가장 돌출된 항목이고, 문맥 중에 기타 간섭항이 존재하지 않으며, 순행생략 역시 진술의 대상을 이미 확인하고 나면 후행 술어들과의 연결을 보다 쉽게 실현할 수 있다. 이런 측면에서 이는 독자의 인지적 부담이 가장 적게 수요되는 생략의 유형이다.

뿐만 아니라 굳이 언표화하지 않아도 텍스트의 중심이 되는 화제로서, 전체 텍스트 중에서 상대적으로 돌출되어 있는 항목이라 추리가 용이하다. 이렇게 접근도가 높고 출현 빈도가 높은 성분들을 적절히 생략하면 독자의 정보 처리 속도도 빨라질 수 있어서 독해 과정에 불필요한 인지적 활동을 줄여줄 수 있다. 이렇게 동일한 주체 또는 화제가 연속적으로 출현할 때 뒤에 출현하는 항목들을 흔히 생략하는 것은 중국어 문어 텍스트의 하나의 특징이라고 할 수 있다. 실제로 본고의 통계 분석 결과 이런 유형의 생략 현상이 가장 많이 집계되었다.

(85) <u>他</u>的动作很熟练, (　　)又有一身好力气, (　　)干起活来, (　　)总让人
觉得他不是个学生, 而(　　)是庄稼地里的一个好劳力。(《红瓦》)

(86) 我奶奶认为一个**好的 "老娘婆"**就是多给产妇鼓励, (　　)等孩子生下
来, (　　)用剪刀剪断脐带, (　　)敷上生石灰, (　　)包扎起来即可。
(《蛙》)

(87) 我放<u>它们</u>到宽阔的地方, (　　)回到大自然的怀抱, (　　)尽情欢跳。
(《红瓦》)

　　상술한 예문은 선행어의 성분이 맥락 속에 존재하는 주어가 아닌 경
우이다. 텍스트 맥락에서 볼때 이런 경우 선행어는 텍스트의 화제로 작
용하지 못하며 맥락 속에서의 돌출된 항목이 아니다. 따라서 앞선 예문
과 비교하면 선행어를 판단할 때 직관적인 단서를 얻을 수 없고, 문맥
에서 보다 많은 정보를 도출해야 하기 때문에 접근도가 낮고 상대적으
로 많은 인지적 노력을 들여야 한다. 예문 (85)의 경우 생략 항목의 선
행어는 첫 번째 절의 관형어 '他'가 되겠고, 예문 (86)의 생략 항목은 첫
번째 절의 목적어 중의 핵심어(주어) '老娘婆'를 이어 받아 복원할 수
있겠으며, 예문 (87)에서는 첫 번째 절의 겸어 '它们'이 생략 항목의 원
형이 되겠다.

　　생략된 항목을 복원하여 재구성하면 아래은 맥락이 형성된다.

(85)′ <u>他</u>的动作很熟练, (他)又有一身好力气, (他)干起活来, (他)总让人觉
得他不是个学生, 而(他)是庄稼地里的一个好劳力。(《红瓦》)

(86)′ 我奶奶认为一个**好的 "老娘婆"**就是多给产妇鼓励, (老娘婆)等孩子
生下来, (老娘婆/她)用剪刀剪断脐带, (老娘婆/她)敷上生石灰, (老
娘婆/她)包扎起来即可。(《蛙》)

(87)′ 我放**它们**到宽阔的地方, (它们)回到大自然的怀抱, (它们)尽情欢跳。

《《红瓦》》

문어 텍스트에서 나타나는 순행생략 현상들은 모두 상술한 예문에서
처럼 선행어와 생략 항목이 연속된 절이나 문장에 자리하고 있으며 관
계가 긴밀한 것은 아니다. 앞서 선행어와 생략 항목의 거리가 가까우면
가까울수록 접근도가 높으며 독자의 이해에 용이하다는 관점을 제기한
적이 있다. 상술한 예문들은 모두 선행어가 동일한 문장에 있거나 바로
앞 문장에 자리하고 있어서 두 항목 사이의 관계가 비교적 긴밀한 경우
이다. 선행어와 생략 항목, 이 두 개의 호응 항목이 다른 단락에 나뉘어
져 있는 경우도 흔히 찾아볼 수 있다. 아래 예문 (88)과 예문 (89)는 선
행어와 생략 항목이 서로 다른 단락에 위치해 있는 실례이다.

(88) 那些天**我**很兴奋, 甚至有点疯。( ) 一会儿 "呼哧呼哧"地割草, ( )
一会儿大喊大叫, ( ) 一会儿又与刘汉林他们在大堤上达成一团。
( ) 也有安静的时候, 那就是在陶卉唱歌的时候, 声音很轻很细又很
纯净, 或是从金黄的麦地那边, 或是从绿汪汪的芦苇丛里传来。
( ) 正割着草, ( ) 响起了陶卉的歌, ( ) 听着歌动作一下子就会变
轻。如果只有一个人, ( ) 还会停住动作, ( ) 凝神倾听。(《红瓦》)

(89) **我**大喊: "竹蒿! 竹蒿!"
这时天色已晚, 船滑向核心十几米远, ( ) 就瞧不清岸上的人了。
( ) 跳进河里, ( ) 拼命向岸边游来。到了岸边, 用手抠了一把烂泥
就去追马水清, 可是他不知道跑哪儿去了。(《红瓦》)

예문 (88)에서는 첫 번째 절에 주어 "我"가 나타나고 그 뒤의 일련의

절들에서는 모두 주어가 생략되어 있다. 즉 선행어와 생략 항목이 다른 문장의 범위를 넘어 서로 다른 단락에 나뉘어져 있다. 이렇게 선행어와 생략 항목의 거리가 상대적으로 먼 경우에는 생략의 원형을 찾기가 상대적으로 어려워진다. 하지만 후행절들의 내용은 모두 "我"에 대한 진술이다. 즉 이 담화는 "我"를 화제로 하고 있다. 또한 텍스트 맥락 속에는 생략된 주어를 복원하는 과정 중에 해당 자리에 들어갈 수 있을 것으로 보이는 간섭항이 존재하지 않는다. 따라서 선행어와 생략 항목의 거리가 상대적으로 멀지만 생략의 원형에 대한 추리가 상대적으로 용이하다. 예문 (89)에서 역시 첫 번째 절에 주어 "我"가 나타났고 그 뒤의 일련의 절들에서는 모두 주어가 생략되어 있다. 예문 (88)과 같이 비록 원형과 생략 항목이 여러 단락에 나뉘어져 있지만, 간섭항이 존재하지 않고 선행어가 이 여러 개 단락을 아우르는 화제라는 점도 즉각적인 판단에 도움을 준다.

아래 선행어와 생략 항목의 거리가 비교적 멀 뿐만 아니라 그 사이에 생략 항목의 원형으로 보이는 간섭항들이 존재하는 경우에 대해 살펴보자.

> (90) ①<u>王脚</u>用一柄大铁锹，从车上往下铲煤。②卸煤时正逢下午放学，<u>大家</u>都背着书包，围看热闹[64]。③<u>煤块</u>落在煤块上，哗哗响。④脖子上有汗，(①)就接下腰间那块蓝布擦拭。⑤(②)擦汗时看到儿子王肝和女儿王胆，(③)便大声呵斥。《蛙》

---

[64] "卸煤时正逢下午放学, 大家都背着书包, ( )围看热闹"이 문장의 세 번째 절도 생략된 주어를 포함하고 있다. 하지만 해당 항목이 예문을 통해 본절에서 분석하고자 하는 내용의 중점이 아닌 경우, 논의의 초점을 두드러지게 표현하기 위해 이런 생략 현상은 표기하지 않기로 한다.

상술한 텍스트에서는 '王脚'가 석탄을 캐는 내용을 진술하고 있다. 네 개의 문장으로 구성된 이 텍스트에는 여러 개의 주어 '王脚', '大家', '煤块' 등이 출현하고 있다. 후행하는 세 개의 빈자리는 이들 항목 중에서 일부를 선택하여 채워 넣어야 한다. 문장 ②의 경우, 학교가 끝난 뒤에 다들 석탄 캐는 장면을 구경하고 있다는 내용을 진술하고 있고, 문장 ③의 경우 석탄의 상태를 말하고 있으며, 문장 ④와 ⑤에서부터는 다시 주체의 행위들이 출현하기 시작한다. 이로부터 ②와 ③ 두 문장은 화제인 주인공이 진행하고 있는 일을 주로 진술하고 있는 중에 주변 상황이나 상태에 대한 묘사를 삽입한 것임을 알 수 있다. 따라서 빈자리 ①, ②, ③은 맨 처음 절에 출현한 화제 '王脚'로 복원해야 한다. 해당 예문은 하나의 화제를 진술하는 과정에 이와 관련된 기타 여러 개의 주체를 포함한 상황을 삽입함으로써 생략 항목을 판단하는 데에 일정한 혼란을 초래한다. 뿐만 아니라 선행어가 포함된 절과의 사이에 간섭항을 포함한 절들이 여럿 삽입되어 절대적인 거리가 멀어졌다는 점도 독자의 판단에 어려움을 더한다.

생략된 항목을 복원하여 재구성하면 아래와 같은 담화가 형성된다.

(90)′ ①王脚用一柄大铁锹, 从车上往下铲煤。②卸煤时正逢下午放学, 大家都背着书包, 围看热闹[65]。③煤块落在煤块上, 哗哗响。④脖子上有汗, (王脚)就接下腰间那块蓝布擦拭。⑤(王脚)擦汗时看到儿子王肝和女儿王胆, (王脚)便大声呵斥。(《蛙》)

---

[65] "卸煤时正逢下午放学, 大家都背着书包, (　)围看热闹"이 문장의 세 번째 절도 생략된 주어를 포함하고 있다. 하지만 해당 항목이 예문을 통해 본절에서 분석하고자 하는 내용의 중점이 아닌 경우, 논의의 초점을 두드러지게 표현하기 위해 이런 생략 현상은 표기하지 않기로 한다.

다음 예문 (91)도 간섭항이 여럿 존재하여 원형의 복원에 간섭작용을 하는 경우이다.

(91) ①<u>桥安</u>始终是那样一副神色, 似乎永远能挖起火油桶那样大的泥块。②随着<u>我和马水清</u>一点一点地坚持不住, (①)却干得越来越潇洒, 越来越有派头。③挖出来的<u>泥块</u>四面光滑, (②)十分完整, (③)几乎不掉一点碎泥, (④)放筐, 动作都极为自如而准确。(《红瓦》)

마찬가지로 예문 (91)에서 문장 ①의 첫 시작에 문장의 주어이자 화제인 '桥安'이 출현하였고 연이어 이어지는 후행 절에서는 생략되었다. 문장 ②의 첫 번째 절에는 또 다른 인물 '我'와 '马水清'이 등장하였다. 따라서 빈자리 ①의 생략 항목을 판단할 때에는 역으로 앞선 두 개의 절을 건너 뛰어야만 선행어를 찾을 수 있다. 또한 주어 생략절의 바로 앞절에는 '我和马水清'이라는 간섭항도 존재한다. 하지만 내용의 흐름상 '我'와 '马水清'은 단순히 '桥安'과의 비교 상대로 출현했음을 알 수 있고 이 문장에서의 화제는 여전히 '桥安'이라는 것을 판단할 수 있어서 빈자리 ①은 '桥安'으로 채워 넣을 수 있다. 한편 문장 ③에는 또 다른 주어 '泥块'이 출현하였다. 새로운 간섭항의 출현과 선행어와의 거리가 한층 멀어짐으로써 후행하는 생략 항목들의 원형을 판단하는 데에 다소 혼란을 초래하지만 빈자리 ④와 호응하는 술어 '放'으로부터 판단할 때 이 빈자리에는 행동주가 와야 하며 비생명체인 '泥块'이 올수 없다고 확신할 수 있다. 따라서 빈자리 ②와 ③은 선행절의 주어 '泥块'을 이어 받아 회복하고 문장 ④는 해당 텍스트의 화제이자 행위의 주체인 '桥安'으로 회복하여야 한다.

생략된 항목을 복원하여 맥락을 재구성하면 아래와 같다.

(91)′ **桥安**始终是那样一副神色，　似乎永远能挖起火油桶那样大的泥块。

随着**我和马水清**一点一点地坚持不住，(桥安)却干得越来越潇洒，越

来越有派头。挖出来的**泥块**四面光滑，(泥块)十分完整，(泥块)几乎

不掉一点碎泥，(桥安)放筐，动作都极为自如而准确。(《红瓦》)

상술한 예문 (90)과 (91)은 비록 선행어와 생략 항목의 거리가 멀고
그 사이에 여러 가지 간섭항이 존재하지만, 이들 간섭항은 문맥을 통해
차요 정보의 삽입이라고 쉽게 판단할 수 있고, 또한 생략 항목이 시종
일관 전체 텍스트의 중심이 되는 화제라는 점은 독자의 판단과 추리에
단서를 제공해주고 있다. 텍스트에서는 종종 간섭항의 간섭 영향이 큰
경우도 출현한다. 이런 경우의 간섭항은 차요적이고 삽입적인 요소가
아니라 내용의 구성에 꼭 필요한 핵심적인 정보를 담고 있으며 문맥의
전개에 빠질 수 없는 존재로 동참하고 있다.

(92) ①<u>王儒安</u>不明不白，事情真假难辨，<u>上面</u>便来了一文，(①)将王儒
安调离油麻地中学。②(②)却死活不肯离开油麻地中学，(③)就与
上头闹翻了。③<u>上头</u>坚持硬调，<u>王儒安</u>坚持不走。最后，(④)惹恼
了上头，(⑤)向他摊牌了："要么，你到另一所学校继续当校长；要
么，就撤职，在油麻地中学当勤杂工。"(《红瓦》)

예문 (92)에서 문장 ①에는 주어에 해당하는 명사항 '王儒安'과 '上面'
이 출현하였다. 첫 번째 주어 생략절 '将王儒安调离油麻地中学'에는 '王
儒安'이 출현했기 때문에 빈자리 ①에 넣어야 할 항목은 '上面'임을 추
리할 수 있다. 한편 '死活不肯离开'를 단서로 하면 문장 ②의 주어는 단
체를 의미하는 항목인 '上面'이 될 수 없으므로 '王儒安'을 가리킨다. 빈

자리 ③의 뒤에는 앞서 출현한 간섭항 '上面'과 의미가 동일한 '上头'가 출현하였기에 생략된 주어는 '王儒安'임을 판단할 수 있다. 문장 ③에는 또 다시 명사항 '王儒安'과 '上头'가 동시에 출현하였고 독자는 이들 두 항목 중 적합한 항목으로 빈자리 ④와 ⑤를 채워넣어야 한다. 이 과정에서도 마찬가지로 빈자리 ④의 뒤의 '上头'와 빈자리 ⑤의 뒤의 '他'를 단서로 이 두 항목은 '王儒安'과 '上头'로 복원할 수 있다. 예문 (92)와 앞선 예문 (90), (91)을 비교해 보면, 예문 (90), (91)의 간섭항은 텍스트의 진술의 대상인 화제가 아닐 뿐만 아니라 이들 간섭항이 포함된 절이나 문장은 텍스트 전개 과정에 주변 상황이나 정보에 대한 삽입으로 텍스트의 전개에 설명을 더하거나 표현을 풍부히 하는 내용 전개에 필수적인 부분이 아니다. 반면, 예문 (92)의 간섭항은 텍스트의 진술 대상인 화제는 아니지만 문맥의 전개에 필수적인 요소로 작용한다. 이 간섭항을 포함한 절이나 문장이 없다면 전체 텍스트를 구성할 수 없는 것이다. 이렇게 화제와 간섭항이 나선형으로 교차적인 전개 구조를 이루기 때문에 생략된 항목을 복원하는 과정에 독자는 화제뿐만 아니라 간섭항에까지 보다 많은 인지적 판단을 가해야 하기 때문에 인지적 노력을 더 많이 들일 수밖에 없다.

생략된 항목을 복원하여 맥락을 재구성하면 아래와 같다.

(92)′ <u>王儒安</u>不明不白, 事情真假难辨, <u>上面</u>便来了一文, (上面)将王儒安调离油麻地中学。(王儒安)却死活不肯离开油麻地中学, (王儒安)就与上头闹翻了。<u>上头</u>坚持硬调, <u>王儒安</u>坚持不走。最后, (王儒安)惹恼了上头, (上头)向他摊牌了:"要么, 你到另一所学校继续当校长; 要么, 就撤职, 在油麻地中学当勤杂工。"(《红瓦》)

종합하면, 하나의 화제를 둘러싸고 텍스트가 전개될 경우, 화제의 연속되는 행동이나 상태의 진술 과정에서 반복적으로 출현하는 화제를 생략하는 경우가 흔히 발생한다. 왜냐하면 화제는 텍스트 중 가장 돌출된 항목이고 독자의 인지적 접근도가 가장 높은 요소로서 언어의 경제적인 표현과 독자의 불필요한 인지적 활동을 덜어주기 위해서는 이들 항목을 언표화하지 않는 것이 효과적인 경우가 많다. 이런 경우에도 선행어와 생략 항목의 절대적인 거리가 가까우면 가까울수록 독자의 추리, 판단에 유리하여 복원에 유리하다. 하지만 실제 텍스트에서는 하나의 화제에 대해 진술하는 과정에 해당 텍스트 속에 화제와 비슷한 역할을 수행하는 것으로 보이는 항목들이 늘 존재한다. 이런 항목들은 생략 항목을 판단하는 데에 있어서 간섭 역할을 하게 되는데 이러한 간섭도 그 정도에 있어서 차이가 있다. 간섭항을 포함한 문맥이 전체 텍스트의 전개 과정에 없어서는 안되는 핵심적 역할을 하는가 하지 않는가에 따라 복원의 난이도가 결정되게 되는데, 간섭항이 맥락의 전개에 결정적인 역할을 하면 간접 정도가 높게 되어 주어 복원 과정에서 인지적 노력이 많이 필요하고 반대의 경우에는 많은 노력을 들이지 않아도 상대적으로 쉽게 판단할 수 있다.

2.4.2.3. 후행생략

앞서 살펴본 예문들은 모두 선행어가 먼저 출현하고 후행하는 생략 성분은 이와 호응하여 복원되는 순행생략의 실례들이다. 아래 텍스트 중에 흔히 나타나는 '후행생략'에 대해 알아보자.

기존의 연구 성과들을 보면, 후행생략을 단순히 단일한 문장 안에서 관찰하면서 선행어의 성분과 문법적 역할에 대한 논의가 주를 이루고 있다. 하지만 본고에서는 이런 논의들과 관점을 달리 하고자 한다. 앞서 언급했듯이 문장 중 가장 돌출된 문장 성분은 주어이다. 또한 돌출된 성분일수록 접근도가 높고 생략 항목의 복원 과정에서 독자들이 가장 쉽게 인지할 수 있는 요소이다. 아래 예문을 살펴보자.

(93) (   )朦朦胧胧刚要睡着, 白麻子就推醒了**我**。(《红瓦》)

상술한 예문은 두 개의 절로 구성되었다. 첫 번째 절에서 주어가 생략되었는데 이 문장에서는 후행절의 목적어 '我'가 생략된 주어의 원형이다.

(94) 下午, 我们挑了几担以后, **我**实在撑不住了。(   )朦朦胧胧刚要睡着,
白麻子就推醒了**我**。(《红瓦》)

예문 (94)도 주어가 생략되어 있다. 텍스트 문맥으로 범위를 확대해서 보면, 주어 생략문 앞 문장의 마지막 절에 주어 '我'가 출현하였다. 본고에서는 참조항의 설정 과정에서 주어가 기타 문장성분에 비해 돌출도가 높고 거리가 멀 때보다 가까울 때가 독자의 입장에서 접근도가 높다고 하였다. 따라서 같은 형태를 가진 항목일지라도 기타 문장성분으로 작용할 때보다 주어로 작용할 때 보다 돌출되고, 거리가 먼 경우보다 거리가 가까운 경우 상대적으로 접근도가 높은 것이다. 이미 출현한 언급 대상일 경우 독자들은 해당 항목과 술어 사이의 주술관계를 보다 쉽게 형성할 수 있다. 뿐만 아니라 예문 (94)의 경우 선행 문장과 후행 문장 사이의 관계가 비교적 긴밀하다. 비록 앞서 제기한 접근도의 결정적 요소 중 '같은 문장〉다른 문장〉다른 단락' 순으로 접근도가 낮아지지만, 예문의 경우 가운데 마침표로 문장이 종결되었을지라도 이들 사이에 다른 화제가 삽입되거나, 두 문장이 서로 다른 화제를 진술하는 경우가 아닌 '내가 버티기 힘들어서, 내가 졸려오기 시작했다는' 의미적으로 비교적 긴밀하게 연결되어 있는 경우이기 때문에 독자의 판단에는 큰 어려움이 따르지 않는다. 이런 경우를 본고에서는 후행 문장의 목적어와 호응하는 후행생략이 아닌 앞선 문장의 주어를 이어 받은 순행생략으로 판단한다. 따라서 후행생략은 단지 단일한 문장의 차원에서 판단해야 하는 현상이 아니라 보다 넓은 범위의 텍스트 맥락으로 확대시켰을 때야만 비로소 정확히 판단할 수 있는 유형이다.

(95) ①他见陶卉快走进教室了，就大喊："林冰，外面有只鸽子."。②( ) 听了这话，我连忙往外跑，差点与陶卉撞个满怀。(《红瓦》)

예문 (95)는 문장 ①과 문장 ②로 구성되었다. 문장 ②의 첫 번째 절에는 주어가 나타나지 않았다. 문맥으로부터 보아 이 자리에 들어갈 수 있는 항목은 선행 문장의 '他'와 후행 절의 '我'이다. 하지만 의미적으로 볼 때 이 두 문장은 각기 서로 다른 화제에 대해 진술하고 있다. 따라서 빈자리에 들어갈 항목은 공동한 화제를 진술하고 있는 텍스트에서 찾아야 한다. 이는 바로 문장 ②이다. 즉 빈자리는 주어 '我'의 후행생략이다. 이렇게 화제를 단위로 하면 보다 정확하고 신속한 판단이 가능하다.

주어가 보다 돌출되었다고 해서 모든 후행 생략의 선행어가 전부 주어인 것은 아니다. 다만 텍스트 맥락 속에서 화제가 가장 돌출되며 주어가 화제로 작용하는 경우가 대부분이어서 선행어가 주어인 경우가 빈번하게 관찰되는 것이다. 아래 예문을 보자.

(96) 当时，村里正流行吃煤。课堂上听着老师讲课，在下面经常一边听课一边吃没。不但男生吃，女生在王胆的引导下也跟着吃。老师转过身

在黑板上写字, ( )就偷偷咬一口, 老师带**我们**读课文, 经常是满嘴乌黑, 跟着朗读。(《蛙》)

예문 (96)의 경우 생략된 주어의 선행어는 선행 문맥에 출현하지 않았다. 이런 경우 생략 성분의 복원 과정에서 그 원형을 후행 맥락에서 찾아볼 수밖에 없다. 이 예문의 경우 생략 항목은 후행절의 목적어인 '我们'과 호응관계를 이루고 있다. 이때 선행어는 텍스트의 화제가 아니라는 점에서 문맥에 덜 돌출되며 이로 인해 해당 항목에 대한 독자의 접근도 영향을 주게 되어 신속한 판단에 어려움을 더한다. 즉 인지적 부담이 상대적으로 많이 부가되는 결과를 초래한다.

(97) **桥安**能干活。**他**[66]很早就下地干活了。**他**干活已经很有几分样子了。**他**的动作很熟练, 很到位, 又有一身好力气, 干起活来, 总让人觉得**他**不是个学生, 而是庄家地里的好劳力。当**他**将大锹向泥中使劲蹬去时, ①我马上就知道：我今天绝对在劫难逃, 谁让我和马水清合穿一条裤子还嫌肥呢?果然, ②(①)用足劲挖了两块火油桶大小的泥块, **他**就稳稳地放在了我的担子里。(《红瓦》)

예문 (97)의 전체 단락에서는 텍스트의 화제인 '桥安/他'에 대해서 진술하고 있고 문장에는 '他'의 출현 빈도가 매우 높다. 진술 과정에서 '我'의 심리활동에 해당하는 문장 ①을 삽입했고 후행 문장 ②는 또다시 화제로 돌아와 '他'에 대해 진술하고 있다. 동일한 화제를 진술하고 있지

---

66 텍스트의 화제는 '桥安'이다. 하지만 이미 출현한 항목은 접근도가 비교적 높기 때문에 선행어의 접근도가 상대적으로 높은 경우 사용되는 지시 방식인 대명사 '他'를 선택하였다.

만 삽입항의 간섭 작용으로 인해 문장 ②는 앞선 문장들과의 연결이 긴밀하지 않게 되었다. 이런 경우 빈자리 ①의 주어 복원 과정에서 독자는 후행절의 주어와 호응관계를 건립하는 것이 훨씬 편하게 된다. 본고에서는 이런 생략은 후행생략으로 간주한다.

예문 (97)에서는 하나의 화제에 대해 진술하는 과정 중 하나의 삽입항이 출현하였다. 생략문 역시 화제에 대해 진술함에도 불구하고 선행문장들과의 연결이 긴밀하지 않아 후행절에서 원형을 복원한 경우이다. 하지만 전체 단락에서는 하나의 화제를 진술하고 있으며, 화제로 작용하는 항목의 출현 빈도가 비교적 높아서 직관적인 판단에 크게 어려움이 따르지 않는다.

(98) ①**刘汉林**投球的样子很难看, 双手端着求, 然后往上抛。②**我们**管这种姿势叫 "端大便桶"。③**刘汉林** "端打马桶"极有本领, 百发百中。④鉴于他这种本领, ( )每次打比赛, **我们**都要他与我们一起打。(《红瓦》)

예문 (98)의 경우, 해당 텍스트는 문장마다 서로 다른 화제인 '刘汉林'과 '我们'에 대해 교차적으로 진술하고 있다. 문장 ①과 ③에서는 '刘汉林'이, 문장 ②와 ④에서는 '我们'이 화제가 된다. 이런 경우 두 개의 화제가 동시에 돌출되고 있어서 직관적인 판단이 신속히 이루어질 수 없을 뿐만 아니라, 교차적인 진술로 인해 선행어를 앞선 문맥에서 찾기에는 거리가 비교적 멀다. 따라서 문장 ④의 생략 항목의 복원은 해당 문장 내에서 찾는 것이 인지적 부담이 덜하다. 이런 경우 역시 후행생략으로 분류한다.

이렇게 생략 현상은 텍스트를 단위로 전체 텍스트의 맥락에서 관찰해야 한다. 본고에서는 언어적으로 표현된 문자적 정보뿐만 아니라 이를 이해하는 과정에 필요한 독자의 인지적 배경까지도 고려한 다양한 참조항들을 설정하여 생략 현상을 보다 넓은 범위에서 위계적으로 범주화하였고 이를 언어 사용의 실제 현상과 연관시켜 보여 주었다. 이런 연구는 광범한 독자들의 텍스트 이해 과정에 도움을 줄 뿐만 아니라, 반대로 텍스트 작성 과정에 필자에게도 일정한 시사점을 제공한다. 필자는 문맥을 이해하는 과정에 필요한 인지적 노력을 충분히 감안하여 생략 항목의 처리 형식을 결정하여야 한다. 예를 들면, 독자들에게 반드시 명확하게 알리고 싶은 항목이나 내용은 인지적 부담이 많이 필요한 생략 기제를 사용하지 말아야 하며, 독자의 접근도가 비교적 높은 항목은 보다 매끄럽고 효과적인 문맥을 산출하기 위해 적절하게 생략 기제를 활용해야 하며, 독자의 이해를 어렵게 하여 텍스트 문맥에 대한 주의를 한층 더 유도하고자 할 때에는 전략적으로 생략 기제를 활용할 수도 있는 것이다.

3. 중한 문어 텍스트 주어 생략 대조

본 장에서는 앞서 분류한 주어 생략 유형에 따라 실제 텍스트에서의 주어 생략 양상에 대해 알아보겠다. 분석의 대상으로는 중국 소설 《蛙》(〈개구리〉)와 《红瓦》(〈빨간 기와〉), 한국 소설 〈엄마를 부탁해〉와 〈국화꽃향기〉이고 각 소설당 5000절의 유효절[67]을 추출하여 주어 생략 빈도와 실현 양상 및 번역 텍스트에서의 대응 형식에 대해 알아본다.

3.1. 중한 원문 텍스트 주어 생략 양상

3.1.1. 텍스트별 주어 생략 빈도

3.1.1.1. 중국어 텍스트 주어 생략 빈도

우선 소설 《蛙》(〈개구리〉)의 주어 생략 빈도이다.

---

[67] 본고에서 선정하는 유효절은 무주어문, 개사절, 문두의 부사어(句首状语) 등등 특수절을 제외하고, 대화나 독백 등 구어체 텍스트를 제외한, 주어와 술어를 온전히 포함하고 있는 절이나 주어가 문맥에 언표화되지 않았지만 그 빈자리가 있으며 술어는 분명 포함하고 있는 절을 가리킨다.

소설 《蛙》 (유효절: 5000절, 주어 생략절: 1715절, 생략절 비율: 34.3%)		
생략의 범주	생략 빈도	비율
형태적 동일성에 의한 생략	1590	92.7%
의미적 동일성에 의한 생략	57	3.3%
의미적 연관성에 의한 생략	24	1.4%
인지 정보의 생략	44	2.6%

중국 소설 《蛙》에서는 유효절 5000절 중, 1715절에서 주어 생략이 일어났다. 그 중 형태적 동일성에 의한 생략은 1590회로 전체 생략 현상 중 92.7%의 비율을 기록하였고, 의미적 동일성에 의한 생략은 57회로 전체 생략 현상 중 3.3%의 비율을 차지하며, 의미적 연관성에 의한 생략은 24회로 전체 생략 현상 중 1.2%를 차지하고 인지 정보의 생략은 44회로 2.6%를 차지한다.

다음은 소설 《红瓦》의 유형별 주어 생략 빈도이다.

〈표 6〉 소설 《红瓦》 유형별 주어 생략 빈도

소설 《红瓦》 (유효절: 5000절, 주어 생략절: 1880절, 생략절 비율: 37.6%)		
생략의 범주	생략 빈도	비율
형태적 동일성에 의한 생략	1778	94.6%
의미적 동일성에 의한 생략	55	2.9%
의미적 연관성에 의한 생략	17	0.9%
인지 정보의 생략	30	1.6%

중국 소설 《红瓦》에서는 유효절 5000절 중, 1880절에서 주어 생략이 일어났다. 그 중 형태적 동일성에 의한 생략은 1778회로 전체 생략 현상 중 94.6%의 비율을 기록하였고, 의미적 동일성에 의한 생략은 55회로 전체 생략 현상 중 2.9%의 비율을 차지하며, 의미적 연관성에 의한

생략은 17회로 전체 생략 현상 중 0.9%를 차지하고 인지 정보의 생략은 30회로 1.6%를 차지한다.

이렇게 두 소설은 모두 형태적 동일성에 의한 생략이 가장 많은 빈도를 보여 주었다. 이는 생략의 여러 가지 유형 중 형태적 동일성에 의한 생략이 가장 전형적인 유형임을 말해 준다.

형태적 동일성에 의한 생략은 전형적인 생략, 생략의 원형으로서 생략된 정보는 명시적이며 언어적 맥락에 의하여 유일하게 복원된다. 또한 이런 유형의 생략은 그 양상에 있어서 비교적 다양하다. 형태적 동일성에 의한 생략은 생략의 빈도, 생략의 거리, 간섭항의 유무, 선행어의 특징 등으로 나눌 수 있는데, 생략의 방향은 또한 선행어를 이어 받아 선행어가 출현한 다음 생략되는 '순행생략'과 선행어에 비해 앞서 생략되는 '후행생략'으로 나눌 수 있고 생략의 거리에서는 선행어가 제시된 절과 주어가 생략된 절이 나란히 있는 '순차식 생략'과 이들 두 절 사이에 하나 또는 그 이상의 기타 절이 끼어 있거나 또는 선행어와 생략 항목이 다른 단락에 나뉘어져 있는 경우인 '도약식생략'이 있다. 생략된 항목의 선행어를 판단함에 있어서 특별한 노력 없이 문맥 중에 제시된 유일한 선행어를 찾을 수 있는 경우가 있는가 하면, 얼핏 보아 생략된 항목의 선행어라고 판단할 수 있는 간섭항이 한 개, 또는 그 이상으로 존재하는 경우도 있다. 이를 본고에서는 '간섭항의 유무'로 유형화한다. 선행어의 특징에 있어서, 생략된 주어의 선행어가 해당 절에서 주어로 작용하는 경우, 목적어로 작용하는 경우, 관형어로 작용하는 경우, 겸어로 작용하는 경우, 술어로 작용하는 경우 그리고 이들 외의 다른 문법적 단위로 작용하는 경우가 있다.

우선 중국 소설《蛙》의 '형태적 동일성에 의한 생략'의 각 유형을 알아보자.

생략의 유형	참조항		빈도	비율	
형태적 동일성에 의한 생략	생략의 방향	순행생략	1240	78%	100%
		역행생략	350	22%	
	생략의 거리	순차식생략	1094	68.8%	100%
		도약식생략	496	31.2%	
	간섭항의 유무	없음	1332	83.8%	100%
		있음	258	16.2%	
	화제 여부	화제	975	61.3%	100%
		비화제	615	38.7%	
	선행어의 속성	주어	1423	89.6%	100%
		목적어	54	3.4%	
		관형어	59	3.7%	
		겸어	33	2.1%	
		기타	19	1.2%	
합계			1590	100%	

소설 《蛙》는 1715회의 주어 생략 중 '형태적 동일성에 의한 생략'이 1590회 발생하였다. '생략의 방향'에 있어서 '순행생략'이 1240회로 78% 를 기록하였고 역행생략은 350회로 22%를 차지하였다. '생략의 거리'에 있어서 '순차식생략'이 압도적으로 많은 1094회인 68.8%를 기록하였고, '도약식생략'은 나머지 496회를 기록하여 31.2%를 차지하였다. '간섭항 이 없는 경우'는 1332회로 83.8%였고 '간섭항이 있는 경우'는 258회로 16.2%를 차지하였다. 선행어가 화제인 경우는 975회로 61.3%를 기록 하였고 화제가 아닌 경우는 615회로 38.7%를 차지하였다. '선행어의 특 징'에 있어서 선행어가 주어인 경우가 압도적으로 많았는데, 총 생략 빈 도 1423회인 89.6%를 기록하였고, 그 다음은 목적어로 54회인 3.4%를 기록하였으며, 선행어가 해당 절에서 관형어인 경우는 59회로 전체 생 략 비율 중 3.7%를 기록하였다. 중국어 문법의 특징 중 하나인 겸어 성

분이 선행어인 경우는 33회로 2.1%를 차지하고 기타 항목의 경우는 19회로 1.2%를 차지하였다.

다음, 중국 소설 《红瓦》의 '형태적 동일성에 의한 생략'의 각 유형을 알아보자.

〈표 8〉 소설 《红瓦》의 '형태적 동일성에 의한 생략'의 각 유형

생략의 유형	참조항		빈도	비율	
형태적 동일성에 의한 생략	생략의 방향	순행생략	1494	84%	100%
		역행생략	284	16%	
	생략의 거리	순차식생략	1296	72.9%	100%
		도약식생략	482	27.1%	
	간섭항의 유무	없음	1481	83.3%	100%
		있음	297	16.7%	
	화제 여부	화제	1248	70.2%	100%
		비화제	530	29.8%	
	선행어의 속성	주어	1604	90.2%	100%
		목적어	59	3.3%	
		관형어	48	2.7%	
		겸어	52	2.9%	
		기타	16	0.9%	
합계			1778	100%	

소설 《红瓦》는 1880회의 생략 중 '형태적 동일성에 의한 생략'이 1778회 발생하였다. '생략의 방향'에 있어서 '순행생략'이 1494회로 84%를 기록하였고 역행생략은 284회로 16%를 차지하였다. '생략의 거리'에 있어서 '순차식생략'이 압도적으로 많은 1296회인 72.9%를 기록하였고, '도약식생략'은 나머지 482회를 기록하여 27.1%를 차지하였다. '간섭항이 없는 경우'는 1481회로 83.3%였고 '간섭항이 있는 경우'는 297회로 16.7%를 차지하였다. 선행어가 화제인 경우는 1248회로 70.2%를 기록

하였고 화제가 아닌 경우는 530회로 29.8%를 차지하였다. '선행어의 특징'에 있어서 선행어가 주어인 경우가 압도적으로 많았는데, 총 생략 빈도 1604회인 90.2%를 기록하였고, 그 다음은 목적어로 59회인 3.3%를 기록하였으며, 선행어가 해당 절에서 관형어인 경우는 48회로 전체 생략 비율 중 2.7%를 기록하였다. 중국어 문법의 특징 중 하나인 겸어 성분이 선행어인 경우는 52회로 2.9%를 차지하고 기타 항목의 경우는 16회로 0.9%를 차지하였다.

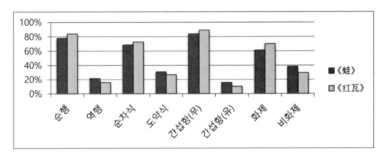

〈그림 3〉 참조항을 적용한 중국 소설 비교 1

그림을 통해 비교해 보면 중국어 문어 텍스트의 주어 생략 양상에 대해 알아볼 수 있다. 구체적인 수치에만 다소 차이가 있을 뿐, 두 소설 모두 순행생략이 역행생략에 비해, 순차식 생략이 도약식 생략에 비해 압도적으로 높은 빈도를 보였다. 또한 간섭항이 없는 경우에 생략 현상이 훨씬 많이 일어났다. 이는 중국어 문어 텍스트의 경우, 생략의 방향에 있어서 순행생략이 역행생략에 비해 보다 전형적이고, 필자의 표현 과정에 보다 익숙한 방식이며, 독자와의 의사소통을 염두에 두고 독자의 생략 현상에 대한 접근도를 고려했을 때 순행생략이 상대적으로 복원하기 쉽고 그 과정에 필요한 인지적 노력이 적다는 것을 의미한다. 같은 맥락에서 순차식 생략도 도약식 생략에 비해 보다 흔히 나타나는 생략 방식이며 이는 독자의 생략 항목의 복원을 고려한다고 할 때 상대적으로 인지적 부담이 덜한 생략 방식이다. 중국어 문어 텍스트에서는 간섭항이 없는 경우에 주어를 많이 생략한다. 이 역시 독자가 생략 항목의 원형을 정확히 판단하는 데에 유리한 생략 방식이다. 화제의 특성상 텍스트 맥락 속에서 가장 돌출된 부분일 뿐만 아니라 표현 과정에서 반복적으로 출현하는 항목이기 때문에 필자는 텍스트 작성 과정에 보다 매끄러운 맥락을 구성하기 위해 반복적 또는 연속적으로 출현하는 화제를 생략하는 경우가 빈번하게 발생한다. 실현 빈도에 다소 차이가 있을 뿐 두 텍스트에서 모두 화제인 경우가 비화제인 경우보다 많이 생략되었다.

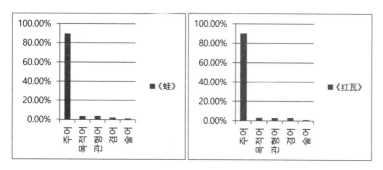

〈그림 4〉 참조항을 적용한 중국 소설 비교 2

생략된 주어의 원형은 해당 절이나 문장에서 다양한 문법적 역할을 하고 있다. 위의 그림을 통해 보면, 두 소설 모두 선행어가 주어인 경우 압도적으로 높은 생략 빈도를 보여 주었다. 소설 《蛙》에서는 '주어〉관형어〉목적어〉겸어〉기타'의 순으로 나타났고, 소설 《红瓦》에서는 '주어〉목적어〉겸어〉관형어〉술어'의 순으로 관찰 되었다. 이는 중국어 문어 텍스트에서 주어의 생략은 주로 텍스트 문맥에 언급되었던 주어를 중심으로 이루어진다는 것을 알 수 있다. 기타 성분들은 구체적인 수치에만 다소 차이가 있을 뿐 두 텍스트에서 차지하는 비율이 비슷하였다. 앞서 해당 항목이 텍스트에서 보다 돌출하면 해당 항목에 대한 독자의 접근도가 높고, 접근도가 높으면 생략 기제로 표현되는 경우가 많으며 문장성분 중 주어가 기타 성분에 비해 상대적으로 돌출하다고 언급한 것이 있다. 본고에서는 실제 텍스트 분석 결과도 이 논의와 일치하다는 것이 증명되었고, 필자는 텍스트 작성 과정에 접근도가 상대적으로 높은 주어를 흔히 생략한다는 것을 알 수 있었다. 이는 선행어의 성분이 기타 성분인 경우에 비해 독자가 복원 과정에 상대적으로 해당 항목에 쉽게 접근하여 판단할 수 있어서 성공적인 의사소통을 실현하는 데에 유리하다는 반증이기도 하다.

3.1.1.2. 한국어 텍스트 주어 생략 빈도

다음은 한국어 텍스트 주어 생략 빈도이다. 우선 소설 〈국화꽃향기〉에 대해 알아보자.

〈표 9〉 소설 〈국화꽃향기〉 유형별 주어 생략 빈도

소설 〈국화꽃향기〉(유효절: 5000절, 주어 생략절: 2040절, 생략절 비율: 40.8%)		
생략의 범주	생략 빈도	비율
형태적 동일성에 의한 생략	1907	93.5%
의미적 동일성에 의한 생략	47	2.3%
의미적 연관성에 의한 생략	37	1.8%
인지 정보의 생략	49	2.4%

소설 〈국화꽃향기〉에서는 유효절 5000절 중, 2040절에서 주어 생략이 일어났다. 그 중 형태적 동일성에 의한 생략은 1907회로 전체 생략 현상 중 93.5%의 비율을 기록하였고, 의미적 동일성에 의한 생략은 47

회로 전체 생략 현상 중 2.3%의 비율을 차지하며, 의미적 연관성에 의한 생략은 37회로 전체 생략 현상 중 1.8%를 차지하고 인지 정보의 생략은 49회로 2.4%를 차지한다.

다음은 소설 〈엄마를 부탁해〉의 유형별 주어 생략 빈도이다.

〈표 10〉 소설 〈엄마를 부탁해〉 유형별 주어 생략 빈도

소설 〈엄마를 부탁해〉(유효절:5000절, 주어 생략절:2230절, 생략절 비율: 44.6%)		
생략의 범주	생략 빈도	비율
형태적 동일성에 의한 생략	2165	97.1%
의미적 동일성에 의한 생략	36	1.6%
의미적 연관성에 의한 생략	4	0.2%
인지 정보의 생략	25	1.1%

소설 〈엄마를 부탁해〉에서는 유효절 5000절 중, 2230절에서 주어 생략이 일어났다. 그 중 형태적 동일성에 의한 생략은 2165회로 전체 생략 현상 중 97.1%의 비율을 기록하였고, 의미적 동일성에 의한 생략은 36회로 전체 생략 현상 중 1.6%의 비율을 차지하며, 의미적 연관성에 의한 생략은 4회로 전체 생략 현상 중 0.2%를 차지하고 인지 정보의 생략은 25회로 1.1%를 차지한다.

아래 〈표 11〉은 소설 〈국화꽃향기〉에서 '형태적 동일성에 의한 생략'의 각 유형의 실현 빈도이다.

생략의 유형	참조항		빈도	비율	
형태적 동일성에 의한 생략	생략의 방향	순행생략	1296	68%	100%
		역행생략	611	32%	
	생략의 거리	순차식생략	1248	65.4%	100%
		도약식생략	659	34.6%	
	간섭항의 유무	없음	1539	80.7%	100%
		있음	368	19.3%	
	화제 여부	화제	1508	79.1%	100%
		비화제	399	20.9%	
	선행어의 속성	주어	1830	96%	100%
		목적어	27	1.4%	
		관형어	33	1.7%	
		술어[68]	17	0.9%	
합계			1907	100%	

'국화꽃향기'는 '순행생략'이 '역행생략'보다, '순차식생략'이 '도약식생략'보다, '간섭항이 없는 경우'가 '간섭항이 있는 경우'보다, '선행어가 화제'인 경우가 '비화제'인 경우보다 생략이 더 많이 발생하였다. 생략 항목의 선행어는 '주어', '목적어', '관형어', '술어' 등 성분으로 나타났는데, 그 중 선행어가 주어인 비중이 압도적으로 높았다.

아래 〈표 12〉는 소설 〈엄마를 부탁해〉에서 '형태적 동일성에 의한 생략'의 각 유형의 실현 빈도이다.

---

68 한국어 텍스트에서는 술어를 이어 받아 주어가 생략되는 현상들이 나타난다. 이는 한국어의 '이다' 동사에 국한되어 나타나는 현상이다.
예: 사람들이 전단지를 받자마자 구겨서 바닥에 버리면 다시 주워 펼쳐서 다른 사람에게 나눠주는 이는 작가인 <u>여동생이었다</u>. ( ) 전단지를 한아름 안고 서울역에 나타나 그 옆에 섰다.
예문에서 두 번째 문장의 생략된 주어는 첫 번째 문장의 술어 '여동생이었다'와 호응하여 복원할 수 있다.

<표 12> 소설 〈엄마를 부탁해〉의 '형태적 동일성에 의한 생략'의 각 유형

생략의 유형	참조항		빈도	비율	
형태적 동일성에 의한 생략	생략의 방향	순행생략	1528	70.6%	100%
		역행생략	637	29.4%	
	생략의 거리	순차식생략	1443	66.7%	100%
		도약식생략	722	33.3%	
	간섭항의 유무	없음	1927	89%	100%
		있음	238	11%	
	화제 여부	화제	1479	68.3%	100%
		비화제	686	31.7%	
	선행어의 속성	주어	2104	97.2%	100%
		목적어	24	1.1%	
		관형어	31	1.4%	
		술어	6	0.3%	
합계			2165	100%	

　　소설 '엄마를 부탁해' 역시 '순행생략'이 '역행생략'보다, '순차식생략'이 '도약식생략'보다, '간섭항이 없는 경우'가 '간섭항이 있는 경우'보다, '선행어가 화제'인 경우가 '비화제'인 경우보다 생략이 더 많이 발생하였다. 생략 항목의 선행어도 '주어', '목적어', '관형어', '술어' 등 성분으로 분류 되었는데 이 텍스트에서 역시 중 선행어가 주어인 생략 현상의 비중이 압도적으로 높았다.

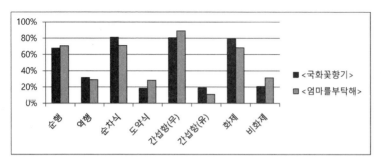

〈그림 5〉 참조항을 적용한 한국 소설 비교 1

그림을 통해 비교해 보면 한국어 문어 텍스트의 주어 생략 양상에 대해 알아볼 수 있다. 구체적인 수치에만 다소 차이가 있을 뿐, 두 소설 모두 순행생략이 역행생략에 비해, 순차식 생략이 도약식 생략에 비해 압도적으로 높은 빈도를 보였다. 또한 간섭항이 없는 경우에 생략 현상이 훨씬 많이 일어났다. 이는 중국어 문어 텍스트의 경우, 생략의 방향에 있어서 순행생략이 역행생략에 비해 보다 전형적이고, 필자의 표현 과정에 보다 익숙한 방식이며, 독자와의 의사소통을 염두에 두고 독자의 생략 현상에 대한 접근도를 고려했을 때 순행생략이 상대적으로 복원하기 쉽고 그 과정에 필요한 인지적 노력이 적다는 것을 의미한다. 같은 맥락에서 순차식 생략도 도약식 생략에 비해 보다 흔히 나타나는 생략 방식이며 이는 독자의 생략 항목의 복원을 고려한다고 할 때 상대적으로 인지적 부담이 덜한 생략 방식이다. 한국어 문어 텍스트에서 역시 간섭항이 없는 경우에 주어를 많이 생략한다. 이 역시 독자가 생략 항목의 원형을 정확히 판단하는 데에 유리한 생략 방식이다. 화제의 특성상 텍스트 맥락 속에서 가장 돌출된 부분일 뿐만 아니라 표현 과정에서 반복적으로 출현하는 항목이기 때문에 필자는 텍스트 작성 과정에 보다 매끄러운 맥락을 구성하기 위해 반복적 또는 연속적으로 출현하는 화제를 생략하는 경우가 빈번하게 발생한다. 실현 빈도에 다소 차이가 있을 뿐 두 텍스트에서 모두 화제인 경우가 비화제인 경우보다 많이 생략되었다. 이들 결과는 중국 소설의 분석 결과와 일치한다.

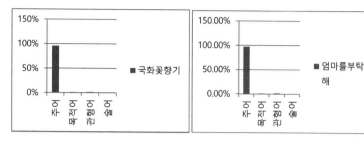

〈그림 6〉 참조항을 적용한 한국 소설 비교 2

〈그림 6〉을 통해 보면, 두 소설 모두 선행어가 주어인 경우 압도적으로 높은 생략 빈도를 보여 주었다. 한국 소설 〈국화꽃향기〉와 〈엄마를 부탁해〉에서는 모두 선행어가 '주어 〉 관형어 〉 목적어 〉 술어'의 순으로 생략 현상이 일어났다. 이는 한국어 문어 텍스트에서 역시 주어의 생략은 주로 텍스트 문맥에 언급되었던 주어를 중심으로 이루어진다는 것을 알 수 있다. 기타 성분들은 구체적인 수치에만 다소 차이가 있을 뿐 두 텍스트에서 차지하는 비율이 비슷하였다. 주어는 텍스트에서 가장 돌출된 항목으로 독자는 이에 대해 보다 쉽게 접근할 수 있기 때문에 문맥 중에 굳이 언표화하지 않아도 해당 항목을 판단하고 복원하는 데에 큰 어려움을 겪지 않게 된다. 따라서 필자는 텍스트 작성 과정에 접근도가 상대적으로 높은 주어를 흔히 생략하고 접근도가 상대적으로 낮은 기타 성분은 가급적으로 텍스트 맥락에 실현시킨다는 것을 알 수 있다. 이런 현상은 필자가 독자의 인지적 활동을 염두에 두고 원활한 의사소통을 실현하기 위한 전제하에 생략기제를 적절히 활용한다는 것을 말해 준다.

3.1.2. 중한 텍스트 주어 생략 빈도 대조

3.1.2.1. 중한 원문 텍스트 주어 생략 빈도 대조 분석

아래 네 편의 텍스트의 전체적인 수치를 통합하여 두 언어에서의 주어 생략 빈도에 대해 대조해보자.

〈표 13〉 중한 텍스트 주어 생략 빈도 대조

유형	분석절	주어 생략절	비율
중국어 텍스트	10000	3595	35.95%
한국어 텍스트	10000	4270	42.70%

본고의 분석 대상인 중한 소설 원문 텍스트의 주어 생략 비율은 〈표 13〉과 같다. 중국어 텍스트는 10000절 중 3595절에서 생략 현상이 일어나 35.95%의 비율을 나타냈고, 한국어 텍스트에서는 분석 대상인 유효절 10000절 중 4270절에서 생략 현상이 발생하여 42.70%의 생략 비율을 보여 주었다. 이런 결과는 중국어 텍스트에 비해 한국어 텍스트에서 주어 생략 현상이 더 많이 일어남을 말해준다.

이러한 차이는 중국어와 한국어의 언어적 특성에서 기인된 것이라고 판단된다. 본고에서는 '주어의 의미적 범주', '형태적 변화', '어순의 영향' 등 3가지 측면에서 주어 생략의 차이에 대해 알아보고자 한다.

① 주어의 의미적 범주

앞서 제시한 〈표 1〉을 통해 알 수 있듯이 중국어 주어의 의미적 범주가 한국어 주어에 비해 훨씬 다양하다. 하지만 중국어에서 생략되기 어려운 네 가지 유형의 주어인 시간주어, 도구주어, 처소주어, 대상주어는 마침 한국어에 부재하는 항목들이다. 그렇다면 이런 차이가 한국어에서 주어를 더 많이 생략하는 현상의 근거가 될 수 있을까? 이런 의문은 아래와 같은 실례를 통해 쉽게 해결될 것으로 보인다.

(1) 원문: 早餐刚过, <u>下面餐室里</u>已忙着打第一圈牌, 甲板上只看得见两个中国女人…《围城》)

번역문: 아침을 먹자마자, ①<u>**아래층 식당에서는**</u> (승객들이) 벌써부터 <u>판 돌리기에 바쁘다.</u> 갑판 위에는 두 명의 중국 여자가…

(2) 원문: 这是我们第一次见到女孩子穿裙子, <u>我们这地方</u>都不穿裙子。(《红瓦》)

번역문: 우리는 난생 처음 치마 입은 <u>여자</u>를 보았다. <u>**우리 마을에서는**</u> (여자들이/아무도) 치마를 입지 않았기 때문이다.

(3) 원문: 我们回头看, 正是姑姑走向这儿来, <u>手里</u>拿一块糖, 远远地逗着那孩子。(《蛙》)

번역문: 우리가 고개를 돌려보니 고모가 이쪽을 향해 걸어 오는데 <u>(고모는) **손에는**</u> 사탕 한줌을 쥐고 멀찌감치서 아이를 놀리고 있었다.

예문 (1), (2), (3)은 중국어 처소주어의 실례이다. 예문 (1)에서 중국어 원문에서는 장소를 나타내는 '下面餐室里'가 주어이지만, 번역문에서는 해당 항목이 사건 발생의 장소를 나타내는 부사어 '아래층 식당에서는'으로 대응된다. 따라서 한국어 번역문의 문장 ①에는 주어가 생략되었으며 생략된 주어는 텍스트 문맥을 통해서 '배에 타고 있는 승객'임을 추리해낼 수 있다. 예문 (2)에서도 중국어 문장의 처소주어 '我们这地方'이 한국어에서는 부사어 '우리 마을에서는'으로 대응되며 문맥 중에 나타나지 않은 주어는 앞선 문장의 목적어 '여자'를 이어 받아 복원할 수 있겠다. 마찬가지로 예문 (3)에서도 중국어 문장의 처소주어 '手

里'가 한국어에서는 부사어 '손에는'으로 대응되며 해당 문장에 생략된 주어는 앞선 절의 주어를 단서로 복원할 수 있다. 이렇게 중국어의 처소주어가 한국어에서 부사어 등 기타 성분으로 변화되면서 주어의 성격을 잃게 되고, 한국어 문장에서 새로 추가된 주어는 맥락을 통해 쉽게 복원할 수 있는 돌출된 항목이므로 흔히 생략되는 것이다.

(4) 원문: 这种机会并不太多, <u>一年里</u>就五六次, 人们的欲望便会随着时距的加大而变得强烈。(《红瓦》)

번역문: 마을 사람들이 공연을 관람할 수 있는 <u>기회는</u> 많지 않았다. (기회는) 일년에 고작 대여섯번이였다. 기회가 적을수록 사람들의 갈증은 커지게 마련이였다.

(5) 원문: 这一带放电影, <u>十有八次</u>在油麻地中学的操场上, 马戏团的演出自然是千载南风的事情。(《红瓦》)

번역문: 곡마단 공연은 좀처럼 만나기 힘든 기회였다. 우리 마을에서 영화를 상영하거나 연극을 공연한다면 (상영은/공연은) 십중팔구 유마디 중학교 운동장에서였다.

예문 (4), (5)는 중국어 시간주어의 실례이다. 이런 경우 역시 중국어의 시간주어가 한국어에서는 시간적 부사어로 변하면서 해당 문맥에 필요한 주어는 문맥 중에 상대적으로 돌출된 성분인 경우 흔히 생략되며 독자들은 전후 맥락에 대한 관찰을 통해 생략된 주어를 쉽게 복원할 수 있는 경우이다. 예문 (4)에서는 중국어 원문의 시간주어 '一年里'가 한국어 문장에서 부사어 '일년에'로 변하였고, 해당 문장의 주어는 선행 문장의 주어 '기회'를 단서로 복원할 수 있다. 마찬가지로 예문 (5)에서 역시 중국어 원문의 시간주어 '十有八九'가 한국어 문장에서 부사어 '십

중팔구'로 변하였고, 해당 문장의 주어는 선후 맥락에서 비교적 돌출된 항목인 '공연'으로 복원할 수 있다.

(6) 원문: 王小倜是个多才多艺的人, 据说除了会吹口琴, 还会拉手风琴, **钢笔字**写得十分秀丽… 《蛙》

번역문: 왕샤오티는 재능이 참 많았다. 하모니카에 아코디언도 연주하고 **(그는) 만연필 글씨**까지 아주 멋있게 썼다고 한다…

(7) 원문: 我一直准备以姑姑为素材写一部小说, **这本书**我已经准备了二十年, 我利用各种关系, 采访了许多当事人, 我专程去过王小倜工作的三个机场…《蛙》

번역문: 난 고모 이야기를 소설로 쓰려고 계획했었고, 이미 **(난)** 20년동안 **이 책을** 준비해 왔다. 이쪽저쪽 인맥을 동원해 당사자들을 만나 보기도 했고 …

예문 (6), (7)은 중국어 대상주어의 실례이다. 이런 경우 중국어의 대상주어가 한국어에서는 목적어로 변하면서 해당 문맥에 필요한 주어는 문맥 중에 상대적으로 돌출된 성분인 경우 흔히 생략되며 독자들은 전후 맥락에 대한 관찰을 통해 생략된 주어를 쉽게 복원할 수 있는 경우이다. 예문 (6)에서는 중국어 원문의 대상주어 '钢笔字'가 한국어 문장에서 목적어 '만년필글씨'로 변하였고, 해당 문장의 주어는 선행 문장의 주어를 단서로 복원할 수 있다. 마찬가지로 예문 (7)에서 역시 중국어 원문의 대상주어 '这本书'가 한국어 문장에서 목적어 '이 책'으로 변하였고, 해당 문장의 주어는 선행 문장의 주어 '난'으로 복원할 수 있다.

(8) 원문: **大桥**抬不下来, **绳子**准能困住, 先兵后礼, 摆大宴盛请。《蛙》

번역문: (　　)가마로 모셔오지 못하면 (　　)밧줄로라도 묶어오는데, 무례하더라도 일단 먼저 모셔오고 크게 대접을 하자고 했다.

(9) 원문: 煮好后, **大碗**盛满面条, 给大奶奶送过去。多年之后我才知道, 姐姐跑得急, 摔 了个狗抢屎, 那碗面条泼了, 碗也碎了。(《蛙》)

번역문: 국수가 삶아진후, (고모는) **큰 대접에** 국수를 가득 담아 큰 할머니에게 갖다 드렸다. 그런데 사실 그날 누나는 똥개처럼 허겁지겁 달려가다 넘어져서 국수도 다 쏟고 그릇도 깨뜨렸다고 한다.

(10) 원문: 他总是出现在我们的眼前：修剪树木花草, 下池塘去把要钻进板泥的藕藤小　心地转向池塘中间, **铁丝**固定住水头的木板…(《红瓦》)

번역문: 그는 늘 나뭇가지를 치거나 화초를 다듬었다. 때로는 물 빠진 연못에 들어가 말라비틀어진 등나무나 연뿌리를 파내서 연못 한가운데로 조심스럽게 옮겼다. 냇가 빨랫터에 걸쳐 놓은 나무판을 (그는) **철사로** 단단하게 고정시키거나 참새 쫓는 허수아비를 논 한가운데로 옮기기도 했다.

예문 (8), (9), (10)은 중국어 도구주어의 실례들이다. 이런 경우 중국어 문장의 도구주어는 한국어 문장에서 보어로 변화하고 생략된 주어는 전후 맥락을 통해 보다 돌출된 성분으로 복원할 수 있다. 즉 예문 (8)에서는 도구주어 '大桥'와 '绳子'가 한국어 문장에서 보어인 '가마로' 및 '밧줄로라도'로 변하였고, 예문 (9)에서는 도구주어 '大碗'이 보어 '큰 대접'으로, 예문 (10)에서는 도구주어 '铁丝'가 부사어 '철사'로 변하였다.

이렇게 중국어의 처소주어, 시간주어, 대상주어, 도구주어는 한국어에서 부사어, 목적어 등 성분으로 변화되면서 주어의 성격을 잃게 된다. 이런 변화를 거치면 한국어 문장에는 새로운 주어가 필요하게 되지만 해당 항목이 텍스트 맥락 중에 상대적으로 돌출된 항목이면 흔히 생략되어 언표화되지 않게 된다. 따라서 중국어 주어의 의미적 특성이 한국어에 비해 보다 세분화 되었다는 이러한 현상은 한국어 텍스트에서 주어를 더 많이 생략하는 근거로 작용할 수가 있겠다.

② **형태적 변화**

한국어는 조사가 많고 어미가 극도로 발달하였으며 경어법 또한 발달되어 있는 표현이 섬세한 언어이다. 이런 언어적 특성은 형태가 발달하지 않는 중국어에 비해 굳이 어휘적 장치가 출현하지 않아도 이에 대한 힌트로 작용하는 문법적 단서가 존재함으로써 독자가 내용을 이해하는 데에 혼란을 가져오지 않게 되는 것이다.

특정 어미를 단서로 생략된 주어를 복원하는 경우, 1인칭으로 작성된 문어체 텍스트에서 그 양상이 보다 뚜렷하게 나타난다.

> (11) 집의 샛문이 열려 있다. 마당에 들어서자 가축들이 일제히 기척을 낸다. 마루 밑에서 막 잠들려던 개가 기어나온다. 화단에서 떼를 지어 오종종거리고 있던 오리들이 푸드덕거리고, 되지막의 돼지가 뒷다리를 일으키려 꿀-부스럭거린다. 제비집이 매달려 있는 처마 밑도 잠시 소란스럽다. 마당에 책가방을 내려 놓고 빨랫줄에 걷지 않은 빨래를 걷어들고 엄마를 부른다. 누나다·엄마보다 **남동생이** 먼저 방문을 열고 튀어 나온다. ①(   )학교 다니는 사람들을 부러 **워 한다**. ②(   )꼭 출세해서 남 부럽잖게 공부를 시켜 주**겠**다 (《외딴방》)

예문 (11)의 문장 ①과 ②에는 주어가 출현하지 않았다. 하지만 해당 문장들에 나타난 특정 어미들과 텍스트 맥락에 출현한 인물들을 단서로 생략된 주어를 복원할 수 있다. 텍스트 속에는 '나', '남동생', '엄마' 등 인물들과 각종 동물들이 출현한다. 하지만 텍스트 맥락의 내용에 근거하면 문장 ①과 ②의 주어로 복원할 수 있는 항목이 '나'와 '남동생'임을 판단할 수 있다. 이들 문장에는 특정 어미 '-워 하다'와 '-겠'이 출현하였다. 한편 '-아/어/여 하다'의 현재 진행형은 2인칭 또는 3인칭에만 사용할 수 있다는 특성과 '-겠'은 1인칭에만 사용할 수 있다는 특징을 토대로 문장 ①의 주어는 '남동생'이고 문장 ②의 주어는 '나'임을 판단할 수 있다.

(12) <u>큰오빠</u>는 어떻게 해서인지는 모르겠으나 열여덟의 이연미라는 이름의 서류를 만들어와 <u>내</u>게 주었다. 결국 취직을 했고, 3공단에서 1공단으로 걸어다녀 교통비를 빼지 않아서 12시간의 정상업무시간 이외에도 잔업과 철야와 일요일 특근수당을 받아서, 그나마 1만9천4백원은 아니었던 것인가. 하루 일당은 칠백 얼마……삼 개월이 지나면 오백원이 올라 천이백 얼마가 된다고 <u>작업반장</u>은 말한다. ①(   ) 그 돈을 받아서 자취도 하고 시골로도 부치고 동생을 데리고 <u>살고</u> <u>싶었다</u>. (〈외딴방〉)

예문 (12)의 문장 ①에는 주어가 출현되어 있다. 마찬가지로 해당 문장들에 나타난 특정 어미와 텍스트 맥락에 출현한, 주어의 원형으로 추정되는 단서들로 생략된 주어를 복원할 수 있다. 텍스트 속에는 '큰오빠', '작업반장', '나' 등 인물들이 출현하여 사건의 맥락을 구성하고 있다. 이때, ①에 나타난 '-고 싶었다'가 1인칭에만 쓰일 수 있다는 특성을 염두에 둔다면 굳이 상황 맥락에 대한 관찰을 하지 않는다고 해도, 해당 빈자리의 주어는 '나'라는 것을 쉽게 판단할 수 있다.

(13) <u>유채옥</u>, 준비반 조장인 그녀는 풍속화 속에서 동적으로 그려질것이다. 강한 필치로. <u>생산장</u>은 나에게 사직서를 쓸 것을 강요했다. 유채옥은 잔업을 하지 않았다고 사직서를 쓰라고 강요하는 것은 부당하다며 옹호하고 나선다. ① (   ) 그제야 정신을 차리고 생각<u>해 보니</u> 종업원들은 개인사정에 따라 잔업을 빠질 수도 있는 것이었다. (《외딴방》)

예문 (13) 역시 문장 ①에는 주어가 출현되어 있다. 마찬가지로 해당 문장들에 나타난 특정 어미와 텍스트 맥락에 출현한, 주어의 원형으로 추정되는 단서들로 생략된 주어를 복원할 수 있다. 텍스트 속에는 '유채옥', '생산장', '나' 등 인물들이 출현하여 사건의 맥락을 구성하고 있다. 하지만 ①에는 '-해 보니'가 출현하였는데, '-아/어/여 보니'가 1인칭에만 쓰일 수 있다는 특성만 인지하고 있다면 상황 맥락을 파악하여 주어를 복원해야 하는 불필요한 인지적 부담을 덜 수가 있다. 즉 해당 빈자리에는 주어의 원형으로 가능한 여러 항목 중 1인칭인 '나'를 채워 넣어야 함을 쉽게 판단할 수 있다.

(14) 일곱살배기 어린 조카와 할머니를 모시고 점심을 사먹으러 나갔다. 겨울에 수영장에 다녀온 어린 조카는 봄이 무색하게 파릇했다. 오랜만에 할머니와 함께하는 나들이인 덕에 재래시장의 작은 골목이 우리의 목적지가 돼버리고 말았다. 녀석은 내 손을 내치면서 고모! 재래시장 싫어! 칭얼대기 시작했다. (   ) 어르신들과 연신 인사를 나누면서 오랜만에 진정으로 행복해 하<u>셨</u>다. 토란대 전을 부치는 구멍

가게 앞에서 잠깐 멈추**시**더니 빨갛게 부풀어 올라 금세라도 울음을 터뜨릴 것 같은 조카의 팔을 억지로 휘어 잡고 칼국수 가게로 발걸음을 옮기**신**다. (《외딴방》)

텍스트 층위에서 신정보는 텍스트 맥락에 처음으로 출현하는 정보이다. 텍스트 맥락에 출현한 적이 없다는 특성은 이를 추리해낼 수 있는 근거가 충분하지 못하다는 것을 의미한다. 하지만 형태적 변화가 발달된 한국어의 경우, 주어가 생략되어 있는 문장이라도 술어에 사용하고 있는 종결어미에서 독자들은 주어를 짐작할 수 있다. 한국어에는 주어를 존대하는 의미를 나타내는 어미 '-으시'가 있다. 말하는 사람이 어떤 행위나 상태의 주체, 즉 문장의 주어를 높이고자 할 때 서술어에 쓰는 어미 '-으시'가 문맥에 출현한다면 쉽게 해당 문장의 주어를 판별할 수 있는 것이다. 예문 (14)의 경우 문맥에 출현하는 '나', '조카', '할머니' 중에서 존대와 높임의 대상은 '할머니'밖에 없으므로 보다 쉽게 주어의 빈 자리를 복원할 수 있는 것이다.

반면, 중국어는 조사와 어미가 발달되어 있지 않기 때문에 전적으로 어순이 결정적인 역할을 하게 된다. 이런 문법적 특성은 어순을 엄격히 지킬 것을 요구하며, 언어 행위가 분명할 것을 요구한다. 따라서 텍스트 맥락에 처음으로 출현하는 신정보인 주어가 부재할 경우, 즉 선후 맥락 속에서 회복이 불가능한 경우 중국어는 필연적으로 행동주의 언급을 필요로 하게 되는 것이다. 이는 특정 인물을 가리키지 않는 형식적 주어의 경우 흔히 나타나는 현상이다.

(15) 원문: 가족들이 동원되어 서울역에서 남영동까지 식당이며 옷가게며 서점과 피시방 등에도 전단지를 뿌리고 붙여 놓았다. ①(   ) 불

법이라고 뜯어내면 그 자리에 다시 붙이기를 반복했다. 신문 광고를 보고는 전화 한통 없더니 전단지를 보고는 전화를 걸어오는 사람들이 있었다. 식당에서 본 것 같다는 제보를 듣고 쏜살같이 가보면 엄마가 아니라 그곳에서 일하는 엄마 또래의 사람이었다. 한번은 전화로 ②(   ) 자기네 집에서 보살피고 있으니 와보라며 주소를 또박또박 불러주기에 (   ) 기대를 품고 달려가 보았으나 주소 자체가 존재하지 않았다. (〈엄마를 부탁해〉)

번역문: 家人都动员起来了，从首尔站到南营洞，从饭店到服装店，从书店到网吧，到处都在贴寻人启事。①' 如果有人认为违法而死掉寻人启事，那就赶快在原位重贴。报纸广告也等了，一个电话都没有接到。寻人启事发出去了，倒是有人打电话来。有人说在饭店看见了妈妈，他箭一般冲了过去。原来不是妈妈，而是在饭店里工作的女人。还有一次，②' 有人打电话说妈妈正在自己家里，告诉他详细的地址。他满怀希望地去了，那个地址根本不存在。

위의 예문은 한국어 원문과 중국어 번역문이다. 가출한 엄마를 찾기 위해 가족들이 동원되어 수소문하는 과정이다. 한국어 원문의 문장 ①에는 주어가 생략되었다. 이 항목에 대한 단서는 전후 문맥에 나타나지 않았다. 하지만 해당 절에 사용된 어미 '-이라고'가 단서로 작용하는데 이는 누군가의 생각을 간접 인용한 형태이다. 따라서 문맥에 출현하지 않은 주어가 '불법이라고 생각하는 누군가'라고 추리할 수 있겠다. 즉 굳이 주어가 나타나지 않았어도 어미가 단서로 되어 독자들의 이해를 도울 수 있다. 한편 중국어 번역문을 보면, '-이라고 생각한다'의 뜻을 가진 어미 '-이라고'의 뜻을 어휘 '认为'로 번역했고, 이 항목의 주체는 텍스트 맥락 속에 출현한 적 없는 요소이기 때문에 '불법이라고 생각하는 누군가를 주어로 내세워 형식적 주어 '有人'으로 복원하였다. 문장 ②도 같은 경우이다. 한국어 원문의 '와보라며'가 단서가 되는데 이 역시 누군가의 말을 간접인용한 형태이다. 따라서 문맥에 나타나지 않은 주어는 '집에서 엄마를 보살피고 있다'고 하는 누군가가 되겠고 주어가 출현하지 않아도 기타 언어적 단서로 추리해낼 수 있는 경우이다. 중국어 번역문에서는 이 항목을 형식적 주어 '有人'으로 복원하였다.

3.1.2.2. 생략의 범주에 따른 빈도 분석

앞서 본고에서는 주어 생략의 네 가지 범주에 따라 중국어와 한국어 소설 텍스트에 나타난 구체적인 양상에 대해 언어별로 통계적인 분석을 진행했었다. 이들 결과를 비교해 보면 아래와 같다.

〈표 14〉 생략의 범주에 따른 빈도 대조

생략의 범주	중국어	한국어
형태적 동일성에 의한 생략	93.7%[69]	95.4%
의미적 동일성에 의한 생략	3.1%	1.9%
의미적 연관성에 의한 생략	1.1%	1.0%
인지 정보의 생략	2.1%	1.7%

그림으로 보면 아래와 같다.

---

[69] 이 수치는 소설 〈개구리〉와 〈빨간기와〉의 주어 생략절 1715절과 1880절을 합산한 3595절 중 두 '형태적 동일성에 의한 생략절'의 합 3368절의 비율이다. 즉(1590+1778)/ (1715+ 1880)=93.7%.

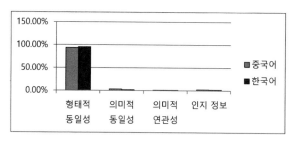

〈그림 7〉 생략의 범주에 따른 빈도 대조

〈그림 7〉을 통해 보면 생략의 범주에 따른 주어 생략의 빈도에는 유의미한 차이가 없다. 다만 주어 생략의 여러 가지 범주 중 '형태적 동일성'에 의한 생략이 압도적으로 높은 비율을 기록한 만큼 이 유형의 생략 현상이 주어 생략의 기본 유형이며 원형임을 보여 준다.

3.1.2.3. 참조항에 따른 빈도 분석

다음 '형태적 동일성에 의한 생략'의 각 참조항의 비율에 대해 비교해 보자.

〈표 15〉 중한 텍스트 형태적 동일성에 의한 생략 대조

참조항		중국어	한국어
생략의 방향	순행생략	81.2%[70]	69.4%
	역행생략	18.8%	30.6%
생략의 거리	순차식생략	71.1%	66.7%
	도약식생략	28.9%	33.9%
간섭항의 유무	없음	83.5%	85.1%
	있음	16.5%	14.9%
화제 여부	화제	66.1%	73.4%
	비화제	33.9%	26.6%
선행어의 속성	주어	84.3%	96.6%
	기타	15.7%	3.4%

중한 두 텍스트에서는 구체적인 수치에 다소 차이가 있긴 하지만, 모두 '순행생략'이 '역행생략'보다, '순차식생략'이 '도약식생략'보다, '간섭항이 없는 경우'가 '간섭항이 있는 경우'보다, '선행어가 화제'인 경우가 '비화제'인 경우보다 생략이 더 많이 발생하였다. 또한 두 언어 모두 선행어가 주어인 경우가 압도적으로 높은 비율을 보여 주었는데, 상대적으로 한국어 텍스트에서 선행어가 주어인 생략 현상이 더 많이 일어났다. 이는 한국어 텍스트에서 선행어의 종류가 중국어에 비해 더 단일하다는 것을 말해준다. 뿐만 아니라 선행어가 화제인 경우에 한국어에서는 생략이 더 많이 발생하였다.

① 생략의 방향

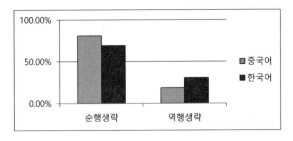

〈그림 8〉 생략의 방향에 따른 빈도 대조

〈그림 8〉은 생략의 방향에 따른 두 언어의 주어 생략 빈도를 보여준다. 생략의 방향에는 순행생략과 역행생략이 있다. 그림을 관찰하면, 중국어와 한국어 텍스트에서 모두 순행생략이 역행생략에 비해 절대적으로 높은 비율을 나타냈다. 이는 두 가지 생략 유형 중 순행생략이 보

---

70 이 수치는 소설 〈개구리〉와 〈빨간기와〉의 '형태적 동일성에 의한 생략'현상 1590회와 1778회를 합산한 3368회 중 두 소설의 순행생략 회수의 합 2734회의 비율이다. 즉 (1240+1494)/(1590+1778)=81.2%.

편적인 형식이고 상대적인 원형이며 필자가 비교적 선호할 뿐만 아니라 독자들의 독해 과정에서 인지적 부담이 덜 필요한 기본 유형임을 말해 준다. 반면, 역행생략의 경우, 중국어 텍스트에서는 18.8%인데 반해 한국어 텍스트에서는 30.6%를 기록하였다. 이는 한국어 문법 특성상 순행생략만 허용하는 경우가 있기 때문이다. 즉, 종속 접속문에서는 어떤 방향으로든지 생략이 가능하지만 대등 접속문에서는 선행문의 주어가 생략되면 매우 어색한 문장이 된다.

(16-1) **미주는** 계산대로 바구니를 들고 가면서도 연신 고개를 설레설레 흔들었다. (〈국화꽃향기〉)

(16-2) 계산대로 바구니를 들고 가면서도 **미주는** 연신 고개를 설레설레 흔들었다.

(16-3) *미주는 계산대로 바구니를 들고 가면서도 **미주는** 연신 고개를 설레설레 흔들었다.

예문 (16-1)에서는 후행문의 주어가 생략되었고 (16-2)에서는 선행문의 주어가 생략 되었다. 이렇게 두 문장이 종속적으로 접속이 되어 있는 경우 주어가 선행절과 후행절의 어느 위치에 실현되어도 표면적인 문장의 구조에도 영향이 없고 의미를 파악하는 것에도 무리가 없을 뿐만 아니라 한국어 사용의 습관상 어색한 문장도 되지 않는다. 다만 예문 (16-3)처럼 심층구조에 존재하는 두 개의 주어를 모두 언표화 시키지 않는다면 어떤 위치에든 허락할 수 있지만 선후행절에 동시에 모두 복원한다면 어색한 표현이 된다.

(17-1) **영은은** 발랄하고 건강한 데다 애교도 있었고 붙임성도 많았다.

(〈국화꽃향기〉)

(17-2) *발랄하고 **영은은** 건강한 데다 애교도 있었고 붙임성도 많았다.

(17-3) *발랄하고 건강한 데다 애교도 있었고 **영은은** 붙임성도 많았다.

반면 대등 접속문인 예문 (17)의 경우, 예문 (17-1)처럼 후행문의 주어가 생략되면 자연스럽지만, 예문 (17-2)와 (17-3)처럼 선행문의 주어가 생략되면 매우 어색한 표현이 된다. 따라서 한국어에서는 대등 접속문에서 후행문의 주어만이 생략될 수 있는 것이다.

중국어의 경우에는 이러한 통사적 제약이 존재하지 않는다. 다만 필자의 특정 의도에 의해 특정 내용을 강조하고자 할 때에는 흔히 후행생략을 선택하여 강조의 효과를 내고 있다.

(18-1) 桥安宿舍里的同学听了马水清说要请他们吃猪头肉，双眼顿时发亮。猪头肉！太棒了，太诱惑人了，更何况是在一天紧张的劳动之后而饥肠辘辘极需有水的时候呢？

马水清催促我们：“走吧!”

① 微微忸怩了一下，他们便跟我们走了。(《红瓦》)

(18-2) 猪头肉蘸酱油，一个个吃得满嘴油光光的。吃完猪头肉，我们就在小镇上东逛西逛，心里很开心。马水清和我都忘了肩头的疼痛。回到宿舍时，②我突然想起床单还没收回来，便出门去收。(《红瓦》)

중국어 예문 (18-1)의 문장 ①에서는 역행생략이 이루어졌고, 예문 (18-2)의 문장 ②에서는 순행생략이 실현되었다. 얼핏 보면 임의적인 선택인 듯 보이지만, 텍스트 맥락을 통해 관찰해 보면 엄연히 전략적 차이가 나타난다.

예문 (18-1)에서는 '马水清'과 대립적인 입장인 '桥安'의 친구들이 '马水清'이 그들에게 돼지머리 고기를 사주겠다는 말에 함께 먹으러 갔다는 사실을 진술하고 있다. 즉 문장 ①은 '돼지머리고기를 사주겠다'는 유혹을 이겨내지 못하고 '잠깐의 망설임 끝에' 결국 친구 '桥安'을 배반하고 '우리와 함께 갔다'는 행동을 강조하기 위한 것이다. 따라서 '망설임'을 묘사하는 선행절이 아닌 '우리와 함께 갔다'의 행동을 진술하는 후행절에 주어를 실현시킨 것이다. 즉 후행생략을 통해 강조하고자 하는 내용을 돌출시키는 전략적 목적을 실현하였다.

반면 (18-2)의 텍스트 내용은 다들 돼지고기 머리를 맛있게 먹고 여기저기 즐겁게 돌아다니다가 '내가 갑자기 빨래를 밖에 널어놓았다는 사실'을 떠올리게 되었고 걷어 들이러 밖에 나갔다는 이야기를 전하고 있다. 먹고 놀고 즐거운 분위기가 형성된 가운데 갑자기 뭔가가 떠올랐다는 사실이 텍스트 (18-2)에서 돌출시키고자 하는 내용이다. 따라서 문장 ②에서는 빨래를 들여오려고 '기숙사 밖에 나갔다'는 행동이 아닌, '빨래가 밖에 있다는 사실을 떠올린'것에 초점을 맞춰 순행생략을 선택하였다. 왜냐하면, 이런 사실이 떠올랐기 때문에 뒤따르는 행동이 있을 수 있기 때문이다.

② 생략의 거리

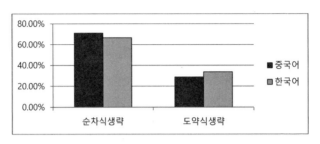

〈그림 9〉 생략의 거리에 따른 빈도 대조

생략의 거리에 있어서 두 언어에서 모두 순차식 생략이 도약식 생략에 비해 높은 빈도를 보여 주었다. 인간의 인지적인 측면에서 볼 때 선행어가 출현한 시간이 짧으면 짧을수록 기억을 활성화시키는 데에 유리하다. 이는 독자 입장에서 뿐만 아니라 필자의 작문 과정에서도 마찬가지로 작용한다. 따라서 순차식 생략은 도약식 생략에 비해 보다 기본적으로 사용되는 방식 즉 생략의 원형이라고 하겠다.

한편 언어적 특성에 따른 차이도 관찰되었다. 형태적 변화가 없는 중국어는 휴지로 하나의 절을 결정짓는 데에 반해 한국어는 어미가 발달되어 있어 다양한 연결어미를 사용하면 여러 개의 절이 휴지 없이도 하나의 문장을 구성한다. 휴지가 존재하지 않음으로 하여 설사 여러 개의 절로 하나의 문장이 구성되었을지라도 시각적인 차원에서는 절과 절 사이의 관계가 상대적으로 긴밀해 보일 수가 있다.

(19) 그가 양손에 단풍잎을 가득 따가 갖다주면 **엄마는** 수많은 문짝의 문고리 바로 옆마다 반듯하고 예쁜 것 두장을 마주보게 편 뒤 (①) 그 위에 양호지를 덧발랐다. / ( ) 문을 열 때마다 사람의 손이 타 찢어지지 말라고 창호지 한장을 덧바르는 자리였다. / (②) 그

가 쓰는 방 문짝엔 다른 문짝보다 세장이나 더 많은 다섯 장을 꽃처럼 펼쳐놓고 바른 뒤 정성스레 손바닥으로 꾹꾹 덧눌러주며 맘에 드냐! 물었다. / 그가 멋지다고 하자 (③) 얼굴에 함박 웃음을 피웠다. (《엄마를 부탁해》)

예문 (19)는 네 개의 문장으로 구성되었고 그 사이에는 세 개의 휴지가 존재한다. 하지만 이들 문장은 내부에 휴지가 없을 뿐이지 절과 절들이 연결어미로 긴밀하게 연결되어 있다. 휴지가 아닌 연결어미들로 연결되어 있어서 시각적, 심리적 측면에서는 심지어 독립적인 절과 절이 아닌 하나의 통일체와도 같은 착각을 불러 일으킨다. 따라서 몇 개 절을 사이에 둔 도약식 생략이 이루어졌다 할지라도 상대적인 거리가 너무 멀게 느껴지지 않는 것이다. 연결어미들로 연결된 절들 사이에 휴지를 넣으면 아래 (19-1)과 같다.

(19-1) **그**가 양손에 단풍잎을 가득 따가 갖다주면, **엄마는** 수많은 문짝의 문고리 바로 옆마다 반듯하고 예쁜 것 두장을 마주보게 편 뒤, ( ) 그 위에 양호지를 덧발랐다. / ( ) 문을 열 때마다 사람의 손이 타 찢어지지 말라고 창호지 한장을 덧바르는 자리였다. / ( ) 그가 쓰는 방 문짝엔 다른 문짝보다 세장이나 더 많은 다섯 장을 꽃처럼 펼쳐놓고, ( ) 바른 뒤, ( )정성스레 손바닥으로 꾹꾹 덧눌러주며, ( ) 맘에 드냐! 물었다. / **그**가 멋지다고 하자, ( ) 얼굴에 함박 웃음을 피웠다. (《엄마를 부탁해》)

절과 절 사이에 휴지(,)를 넣으면 (19-1)과 같다. 이렇게 살펴보면, 네 개의 문장으로 구성되었던 예문 (19)는 많은 절들로 구성되었고, 휴지를 추가한 결과 절과 절 사이의 거리가 원문에 비해 긴밀하지 않게 되었고, 도약식 생략이 이루어진 항목들을 복원함에 있어서 선행어와의 상대적인 거리가 원문에 비해 멀게 느껴진다.

한편 중국어는 문법적 특성상 절과 절 사이에 반드시 휴지가 존재한다.

(19-2) 他双手捧着枫叶递给妈妈，妈妈挑选两篇平整漂亮的枫叶对称贴在门把手两侧，然后贴上窗纸。考虑到靠门时会碰碎枫叶，于是**她**又在上面多贴了一层窗纸。他的房间门上，**妈妈**像贴花似的贴了五张窗纸，比其他方将的门足足多出了三张，然后精心地用手背压紧，问他，满意吗? 他说很美，**妈妈**立刻绽放出了笑容。

(19-2)와 같이 절과 절 사이에 휴지가 존재함으로 하여 이들 절들은 모두 독립적인 단위로 느껴지고 선행어와의 거리가 멀어지면 멀어질수록 생략 항목의 원형을 회복하는 데에 보다 많은 인지적 부담이 부가된다. 따라서 중국어 번역문은 한국어 원문에서 주어가 생략된 자리 ①, ②, ③에 각각 '她', '妈妈', '妈妈'를 복원해 넣었다. 두 언어의 이러한 문법적 특성의 차이 역시 한국어에서 주어를 더 많이 생략하는 근거로 작용한다.

③ 간섭항의 유무

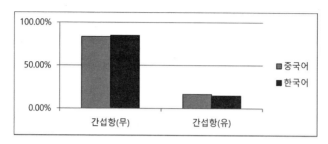

〈그림 10〉 간섭항의 유무에 따른 빈도 대조

〈그림 10〉은 간섭항의 유무에 따른 주어 생략의 빈도를 보여 준다. 중국어와 한국어 텍스트에서 모두 간섭항이 없는 경우 압도적인 빈도를 나타냈다. 이는 간섭항이 존재하지 않을 때 주어가 문맥 중에 보다 돌출되고 독자가 복원하는 과정에 필요한 인지적 부담이 적기 때문이다. 따라서 간섭항이 없는 경우의 생략 현상이 생략의 원형이라고 할 수가 있다.

④ 화제 여부 및 선행어의 속성

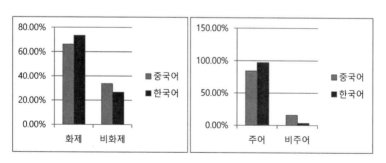

〈그림 11〉 선행어의 속성에 따른 빈도 대조

〈그림 11〉은 선행어의 속성에 따른 주어 생략의 빈도를 보여 준다. 우선, 중국어와 한국어 텍스트에서 모두 주어가 화제인 경우에 생략 빈도가 높게 나타났다. 이는 텍스트 맥락 속에서 화제가 가장 돌출된 항목이고 접근도가 높기 때문이다. 따라서 텍스트의 진술 대상인 화제가 주어인 경우 가장 쉽게 생략이 되며 독자의 이해에도 도움이 되는 것이다.

(20) 승우는 폭포처럼 울부짖고 싶었다. (   ) 폭풍의 언덕에 선 삼나무처럼 울고 싶었다. 하지만 (   ) 망연자실 흔들거리며 가물거리는 눈빛으로 흐르는 밤 강물을 언제까지나 굽어 보고 서 있을 뿐이었다. 그러나 (   ) 기실 아무것도 보고 있지 않았다. 그가 보는 것은 참담한 절망뿐이었다. (〈국화꽃향기〉)

예문 (20)에서 첫 번째 문장에 주어 '승우'가 나타나고 후행절들에서는 모두 주어가 생략되어 있다. 하지만 '승우'는 이 담화의 화제이고 전체 담화의 진술의 대상이며 가장 돌출된 성분이다. 이렇게 접근도가 가장 높은 성분은 생략되어도 내용을 이해하는 데에 방해가 되지 않을 뿐만 아니라 독자가 예문에서 묘사한 주인공의 슬픈 감정에 몰입하는 것에도 훨씬 도움이 된다. 문장마다 주어가 복원된다면 불필요한 구정보가 반복적으로 출현함으로써 감정의 흐름이 끊기는 부작용도 나타나게 되는 것이다. 따라서 텍스트에서 화제는 가장 쉽게 생략이 된다. 하지만 마지막 문장에서는 주어가 생략되지 않았고 화제 '승우'의 같은 형태의 반복적 사용을 피해 대명사로 대체되어 복원되었는데, 이로부터 두 가지 사실을 알 수가 있다. 우선, 텍스트 맥락 속에서 형태적으로 동일한 항목의 사용을 되도록 지양하여 의미가 동일한 다른 형태로 대체한다. 다음, 텍스트 맥락 속에서 화제가 가장 쉽게 생략되는 항목이고 보다 매끄러운 문맥을 형성하기 위해서는 최대한 생략기제로 처리되지만 강조하고자 하는 부분에서는 언표화하여 강조의 효과를 이룬다. 이 담화는 승우의 슬픈 감정에 대한 묘사와 슬픔에 잠긴 그의 행위에 대한 진술이다. 마지막 문장은 '참담한 절망뿐'이라는 강력한 표현으로 앞의 내용을 종합적으로 아우르는 문장이다. 필자가 이 문장에 주어를 언표화한 의도도 자명하다.

한편 선행어가 주어인 경우 한국어는 중국어에 비해 더 많은 생략이 이루어졌다. 이는 중국어 텍스트에서 생략된 주어의 선행어가 한국어에 비해서 상대적으로 다양하다는 것을 말해 준다. 문장 층위에서의 주어는 텍스트 층위에서의 화제의 역할을 한다. 생략된 주어의 원형이 화제인 경우가 중국어에 비해서 높은 수치를 기록했고, 생략된 항목의 원형이 주어일 때 한국어의 비율이 중국어에 비해 높게 나왔다. 따라서 이 두 결과는 일치하다.

3.2. 번역 텍스트에서의 대응 양상

본 절에서는 원문 텍스트에서의 생략 항목이 번역 텍스트에서 어떤 빈도와 양상으로 실현되었는지에 대해 알아보겠다.

3.2.1. 번역 텍스트에서의 실현 빈도[71]

우선 중국어 원문 텍스트가 한국어로 번역 되었을 때의 주어 생략 빈

---

71 본고에서는 원문 텍스트에서 생략된 항목이 번역문 텍스트에서 생략 형태로 실현되었는지에 대해서만 고찰하였다. 즉 원문에서 생략 형태로 나타나지 않은 항목이 번역문에 생략된 현상은 범위에서 제외한다.

도이다. 이를 중-한 번역 대응 빈도라고 하겠다.

<표 16> 중한 번역 대응 빈도

생략의 범주	중국어 원문 텍스트	한국어 번역 텍스트	복원 횟수	복원 비율
형태적 동일성에 의한 생략	3368[72]	3250	118	3.4%
의미적 동일성에 의한 생략	86	76	10	10.5%
의미적 연관성에 의한 생략	32	27	5	12.5%
인지 정보의 생략	61	42	19	29.5%
합계	3547	3395	152	4.3%

중국 소설 두 편은 모두 3547회의 주어 생략이 발생하였다. 그 중 번역 텍스트에서는 3395회가 생략의 빈자리 그대로 나타나고, 152회는 주어가 복원되어 주어 복원 비율은 4.3%에 달하였다. 그 중 '형태적 동일성에 의한 생략'은 원문의 생략 횟수의 3.4%인 91회가 복원되었고, '의미적 동일성에 의한 생략'은 원문의 생략 횟수의 10.5%인 9회가 복원되었다. '의미적 연관성에 의한 생략'은 원문의 생략 횟수의12.5%인 4회가 복원 되었고, '인지정보의 생략'은 원문의 생략 횟수의 29.5%인 18회가 복원되었다.

다음은 한국어 원문 텍스트가 중국어로 번역 되었을 때의 주어 생략 빈도이다.

---

[72] 이 숫자는 두 편의 소설 <개구리>와 <빨간기와>에서 실현된 '형태적 동일성에 의한 생략' 횟수의 합이다. 즉 1590+1778=3368.

<표 17> 한중 번역 대응 빈도

생략의 범주	한국어 원문 텍스트	중국어 번역 텍스트	복원 횟수	복원 비율
형태적 동일성에 의한 생략	4072	3808	264	6.5%
의미적 동일성에 의한 생략	83	76	7	9%
의미적 연관성에 의한 생략	41	35	6	14.6%
인지 정보의 생략	74	59	15	20.2%
합계	4270	3978	292	6.2%

한국 소설 두 편은 모두 4270회의 주어 생략이 발생하였다. 그 중 번역 텍스트에서는 3978회가 생략의 빈자리 그대로 나타났고, 292회는 주어가 복원되어 주어 복원 비율은 6.2%에 달하였다. 그 중 '형태적 동일성에 의한 생략'은 원문의 생략 횟수의 6.5%인 264회가 복원되었고 '의미적 동일성에 의한 생략'은 원문의 생략 횟수의 9%인 7회가 복원 되었으며, '의미적 연관성에 의한 생략'은 원문의 생략 횟수의 14.6%인 15회 복원 되었고, '인지정보의 생략'은 원문의 생략 횟수의 20.2%인 15회가 복원되었다.

〈표 16〉과 〈표 17〉을 통해 보면 한국어 소설이 중국어로 번역될 때 6.2%의 주어가 복원되었는데, 이는 중국어 소설을 한국어로 번역할 경우의 4.3%에 비해 높은 비율이다. 이는 앞서 원문 텍스트의 생략 비율의 통계와 같은 결과이다. 이를 통해서도 한국어 문어 텍스트에서 주어가 더 많이 생략된다는 것을 알 수 있다.

3.2.2. 번역 텍스트 주어 생략 대응 양상

앞서 중국어 원문과 한국어 번역본, 한국어 원문과 중국어 번역본에서의 주어 생략의 빈도에 대해 비교하였다. 원본과 번역본에서 나타난 주어 생략 빈도의 차이는 어떠한 원인들에 의한 것인지 아래 예문들을 통해 살펴보겠다. 본고에서는 번역 과정에서 원문의 생략 현상에 대한 처리 방식을 통사적 수단, 의미적 보충 및 텍스트-화용적 측면의 세 가지로 나누어 관찰하고자 한다.

3.2.2.1. 중-한 번역 텍스트 주어 생략 대응 양상

우선 중국어 텍스트를 한국어로 번역하는 과정 중에 나타난 생략 현상의 대응 방식에 대해 살펴보겠다.

(1) 통사적 수단

a. 중국어 원문의 주어 생략절 전체가 번역문에서 하나의 문장 구성
   성분으로 변하면서 생략 항목이 줄어든 경우

이는 원문의 생략된 주어를 포함한 생략절 전체가 번역문에서는 문장의 주어, 목적어, 관형어, 부사어 등 하나의 문장 성분으로 되면서 번역문에서의 주어 생략 빈도가 낮아지는 경우이다. 중국어 원문을 한국어로 번역할 때 주어 생략절은 부사어나 관형어로 전환되어 문장의 구성 성분으로 되는 현상이 발생하였다. 기타 성분으로 전환되는 경우는 나타나지 않았다.

아래 예문 (21)~(23)은 주어 생략절 전체가 부사어로 전환되는 경우의 예문들이다.

> (21) 원문: 我们抽动鼻子, (　　)像从废墟中寻找食物的狗。《蛙》
> 번역문: 우리는 **폐허에서 먹이를 찾는 개들처럼** 코를 벌름거렸습니다.
> (부사어로)

(22) 원문: 杉谷司令是学医出身, (   )惺惺相惜, 总想把大爷爷招降过去。
《蛙》)

번역문: 자신도 의학도였던 스기타니 사령관은 **남다른 애정으로** 큰
할아버지를 곁에 두고 싶어 했습니다. (부사어로)

(23) 원문: 吃完了饭, 碗很干净, (   ) **像狗舔的**。《红瓦》)

번역문: 밥을 다 먹고 난 후의 밥그릇은 **마치 개가 핥아 놓은 듯** 말끔
했다. (부사어로)

예문 (21)에서는 중국어 원문의 주어 생략절 '像从废墟中寻找食物的
狗'가 번역문에서 부사어인 '페허에서 먹이를 찾는 개들처럼'으로 전환
되면서 생략된 주어를 포함했던 원문의 생략절 전체가 한국어 번역문에
서는 부사절로 전환되었다. 예문 (22)에서는 중국어 원문의 주어 생략
절 '惺惺相惜'가 한국어 번역문에서 부사어 '남다른 애정으로'로 전환되
면서 생략된 주어를 포함했던 원문의 생략절 전체가 한국어 번역문에서
는 부사어로 전환되었고, 예문 (23)에서 역시 중국어 원문의 주어 생략
절 '像狗舔的'가 한국어 번역문에서 부사어 '마치 개가 핥아 놓은 듯'으
로 전환되었다. 이렇게 중국어 원문에서의 생략절인 '像, 如, 仿佛, 好
像...' 등 부사로 시작되는 비유적 표현은 한국어에서는 부사어인 문장
성분으로 전환되면서 주어 생략 횟수가 줄어들었다.

아래 예문 (24)~(26)은 주어 생략절 전체가 관형어로 전환되는 경우
의 예문들이다.

(24) 원문: 我们听到大爷爷肚子里呼噜呼噜响, (   )**好像推磨一样**。《蛙》)

번역문: 큰 할아버지 배속에서 마치 **맷돌을 가는 듯한** 꾸르륵 소리가
들렸습니다. (관형어로)

(25) 원문: (　　)作为班长, 谢百三自然也跟了去。(《红瓦》)

번역문: **반장인** 세바이싼도 당연히 호출되었다. (관형어로)

(26) 원문: 那天, 我们走到河岸边的苗圃, (　　)只见老头侧卧在泥土上, (　　) **在给那些梧桐插枝松土, 培植。**(《红瓦》)

번역문: 그러던 어느날, 우리는 강가를 지나다가 맨땅에 옆으로 누워 **오동나무가지를 꽂고 있는** 왕루안 선생님을 발견하였다. (관형어로)

예문 (24)에서는 중국어 원문의 주어 생략절 '好像推磨一样'이 한국어 번역문에서 관형어인 '맷돌을 가는 듯한'으로 전환되었고, 예문 (25)에서는 중국어 원문의 주어 생략절 '作为班长'가 한국어 번역문에서 관형어 '반장인'으로 전환되었으며, 예문 (26)에서 역시 원문의 주어 생략절 '在给那些梧桐插枝松土, 培植'가 한국어 번역문에서는 관형어 '오동나무가지를 꽂고 있는'으로 전환되었다.

b. 기타 절이 주어 생략 절의 주어 자리에 들어오는 경우

중국어 텍스트를 한국어로 번역하는 과정에서 중국어 원문 맥락 속의 임의의 절이 생략된 주어의 빈자리에 복원되어 한국어 번역문은 문장 성분이 온전한 문장 구조를 이루는 경우가 관찰되었다.

(27) 원문: 卸煤时正逢下午放学, **大家都背着书包,** (　　)**围看热闹。**(《蛙》)

번역문: 석탄을 마차에서 내리는 시간이 마침 학교가 파할 시간이라, **책가방을 멘 아이들이** 우르르 마차로 모여들었습니다.

(28) 원문: **他的鼻子又高又大,** (　　)是我们取笑的对象。(《蛙》)

번역문: **천비의 주먹코는** 언제나 우리에게 웃음거리였습니다.

(29) 원문: <u>我们都是七八岁的孩子</u>, (　　)怎么还可能吃奶?《红瓦》

번역문: <u>모두 예닐곱 살 된 아이들이</u> 어떻게 엄마 젖을 먹겠어요?

(30) 원문: <u>将油麻地中学跟他的名字连在一起</u>, (　　)简直是一个天大的谎言。《红瓦》

번역문: <u>왕루안이라는 이름과 유마디 중학교를 연관짓는 것 자체가</u> 웃음거리였다.

예문 (27)~(30)에서는 모두 주어 생략 절 바로 앞의 절이 빈자리를 그대로 채워 넣어 생략된 주어를 복원해주고 있다. 예문 (27)에서 두 번째 절은 한국어 번역문에서 주어로 변하였고 원문의 생략절은 술어로 전환되었다. 즉 중국어 원문의 두 번째 절 '大家都背着书包'의 주어 '大家'가 한국어 번역문에서는 주어 '아이들이'로 번역되고 해당 절의 술어 '背着书包'가 주어 '아이들이'의 관형어 '책가방을 멘'으로 변하면서 중국어 원문의 주어 생략절 '围看热闹'는 자연스럽게 술어로 전환되었다. 예문 (28)에서 역시 생략된 주어의 원형을 포함한 선행절 '他的鼻子又高又大' 전체가 번역문에서는 '주먹코'로 번역되어 주어로 변하면서 주어 생략의 빈자리가 채워졌다. 예문 (29)의 중국어 원문은 두 개의 절로 구성되고 그 사이에 휴지를 두었다. 반면, 한국어 번역문은 하나의 문장으로 구성되었는데 중국어 원문의 첫 번째 절 '我们都是七八岁的孩子' 전체가 번역문의 주어로 되면서 주어 생략절의 빈자리에 복원되었다. 예문 (30) 역시 중국어 원문은 두 개의 절로 구성되고 그 사이에는 휴지가 사용되었다. 한국어 번역문에서는 중국어 원문이 첫 번째 절을 주어로 전환하는 동시에 '자체'를 추가하여 강조의 효과까지 이루고 있다. 이렇게 첫 번째 절 전체가 주어로 전환되면서 중국어 원문의 주어 생략의 빈자리에 들어가 주어를 복원하였다. 상술한 변환 과정들은 한국어 번역문의 주어 생략 빈도가 중국어 원문에 비해 낮게 나타난 원인으로 작용한다.

c. 주어 생략절의 기타 성분(명사항)이 번역문에서 주어로 전환하는 경우

중국어 텍스트를 한국어로 번역하는 과정에서 주어 생략절의 기타 명사항이 한국어 번역문에서 주어로 전환되면서 번역문에서의 주어 생략 횟수가 줄어드는 경우가 있었다. 주로 '주어 생략절 술어 중의 명사항이 주어로 변하는 현상', '주어 생략절의 목적어 또는 겸어가 주어로 변하는 현상', '주어 생략절 기타 성분의 관형어가 주어로 변하는 현상' 등이 관찰되었다.

(31) 원문: 王脚便停止铲煤, 用凌厉的目光逼视我们, ( )吓得**我们**连连倒退。《蛙》

번역문: 왕자오가 삽질을 멈추더니 매서운 눈초리로 우리를 째려 보았습니다. 화들짝 놀란 **우리는** 계속 뒷걸음 쳤습니다. (보어)

(32) 원문: 大爷爷为这匹马动了手术, 治愈后, ( )成了**夏团长**的坐骑。《蛙》

번역문: 큰할아버지가 수술하여 치료가 끝난 후 멀쩡하게 달리게 되자 **샤단장이** 자신의 말로 삼았습니다. (관형어)

(33) 원문: 高中生们先是觉得我们几个好玩, 看着我们乐, 但见**我们**竟有不想将球扔过去的意思, 便一起追过来。《红瓦》

번역문: 고등학생들은 우리가 장난치는줄 알았는지 잠깐 동안 멈춰서서 지켜 보았다. 하지만 **우리가** 계속 공을 돌려주지 않자, 다 같이 우르르 쫓아 왔다. (겸어)

(34) 원문: 马水清向后倒去，碰倒了两张课桌，桌肚里的东西撒了一地，

一直蓝墨水瓶跌碎，（　）流了一地**蓝墨水。**(《红瓦》)

번역문: 마수이칭은 책상 사이로 벌렁 나자빠졌고, 책상 서랍에 있

던 먹물 병이 떨어져 깨지면서 교실 바닥에 시커먼 **먹물이** 쏟아졌

다. (목적어)

예문 (31)에서는 중국어 원문의 주어 생략절 '吓得我们连连倒退'의 겸

어 '我们'이 한국어 번역문에서 '우리'로 번역되면서 생략된 주어의 빈자

리에 복원되었다. 예문 (32)에서는 중국어 원문 주어 생략절의 관형어

'夏团长'이 한국어 번역문에서 주어로 기능하며 온전한 문장구조를 형성

하고 있다. 예문 (33)에서 역시 겸어 '我们'이 한국어 번역문에서 생략된

주어의 빈자리에 복원되었고, 예문 (34)에서는 중국어 원문의 목적어

'墨水'이 한국어 번역문에서 주어로 복원되는 양상을 보여 주고 있다.

d. 중국어의 특수문형(特殊句型)이 기본문형으로 전환되면서 주어가

　복원된 경우

(35) 원문: 马车停在她家门前时，她到骡前去玩，（　）被**骡子**咬着脑袋叫

起来。(《红瓦》)

번역문: 한번은 집 앞에 마차가 도착했을 때, 나귀가 집 앞에서 놀고

있던 왕단의 머리통을 다짜고짜 깨물었습니다.

(36) 원문: 姑姑当时是个十七岁的大姑娘，竟然自称"老娘"，（　）把很多

人逗笑了。(《蛙》)

번역문: 당시 열일곱살 밖에 안되는 고모가 스스로 자신을 '아줌마'

라고 칭하자 **사람들이** 모두 웃음을 터뜨렸습니다.

예문 (35)와 (36)은 주어가 생략되어 있는 중국어의 특수구문 "把字句"와 "被字句"가 번역문에서 기본 문형으로 전환되면서 주어 생략문의 주어가 복원되는 현상을 보여 주고 있다.

e. 동사의 변환을 통해 생략 횟수가 줄어든 경우

번역 과정에서 동사의 변형을 통해 생략된 주어를 복원하는 현상은은 주로 중국어 원문의 타동사를 번역문에서 자동사로 변환하면서 원문동사의 목적어가 한국어 번역문의 자동사의 주어로 전환되는 경우이다.

(37) 원문: 送姑姑英纳格手表的人, 是一个空军飞行员。( )听到**这个消息**, 哥哥姐姐像青蛙一样哇哇叫, 我在地上翻跟头。《蛙》

번역문: ……라는 **소식이 들리자** 형들이랑 누나는 개구리처럼 개굴개굴 소리 지르고 저는 공중제비를 했어요.

(38) 원문: 若从远处眺望, ( )只能偶尔从树叶的缝隙里**见到**一角红瓦房和黑瓦房。《红瓦》

번역문: 먼 곳에서는 울창한 나무들 사이로 빨간 기와와 까만 기와의 일부만 간신히 **보였다**.

예문 (37)과 (38)은 동사의 변환 과정을 통해 생략된 주어를 복원하였다. 예문 (37)의 경우 중국어 원문 텍스트에서는 주어 생략절이 '소식을 듣다'로 표현이 되었지만 번역문에서는 자동사 '들리다'로 전환하여 원문의 목적어 '消息'가 피동주어로 복원되었다. 마찬가지로 예문 (38)에서는 중국어 원문의 동사 '见'을 타동사 '보다'가 아닌 자동사 '보이다'로 번역함으로써 주어 생략절의 목적어 '红瓦房和黑瓦房'가 주어의 자리에 들어가게 되었다.

(2) 인지적 추리

이는 번역 과정에서 텍스트 맥락이나 장면 정보를 통해 번역자의 인지적 추리 과정을 거쳐 의미적으로 적당한 주어를 복원해 언표화한 경우이다. 텍스트 번역은 우선 원문 텍스트에 대한 이해가 선행되어야 한다. 번역자는 생략된 주어를 처리함에 있어서 주어를 복원할 것인가 생략의 빈자리 그대로를 유지할 것인가의 선택의 과정을 겪게 된다. 이 과정에서 맥락 중에 단서가 되는 항목이 발견될 때 표현의 효과와 의사소통의 목적에 따라 번역가는 이러한 단서와의 의미적 연관을 통해 주어를 회복하게 되는 것이다. 이는 번역가 개인의 표현 스타일에 의해 결정될 뿐만 아니라 그 언어의 표현적 특성과도 연관되어 있는 경우가 있다.

a. 어휘의 의미적 연결을 활용한 복원

번역 과정에서 생략된 주어의 원형이 맥락에 존재하지 않는 경우가 있다. 또한 원형이 맥락에 존재하지만 목표어의 표현에 어울리지 않거나 특정된 의사소통의 효과를 얻고자 한다면 맥락 속에 존재하는 생략의 원형을 복원하기에 적합하지 않을 때가 있다. 이런 경우에는 앞뒤 맥락의 관련 어휘를 단서로 의미적으로 동일하거나 연관성이 있는 항목을 복원한다.

(39) 원문: 它的**目光忧伤**, (　　)似乎随时都会放生大哭。《蛙》

　　　번역문: 애잔한 **눈망울은** 언제라도 왈칵 눈물을 쏟아낼 것 같았습니다.

(40) 원문: (　　)该**轮**到我了。我一路走, 一路在担心 : 桥安这狗日的又将如何对待我?(《红瓦》)

　　　번역문: 내 **차례가** 되었다. 나는 한 걸음 한 걸음 옮길 때마다 걱정

이 되었다. 챠오안 이 개같은 녀석이 나에게는 또 어떻게 할까?

(41) 원문: 我们也就必须接受煎熬。(　　)总算熬到了<u>吃中午饭</u>。(《红瓦》)

번역문: 우리는 꼼짝없이 고통을 감수해야만 했다. 드디어 **점심시간**
이 되었다.

(42) 원문: 苏鹏用手拍了拍门, (　　)<u>**见没动静**</u>, (　　)便在门口站着。(《红
瓦》)

번역문: 쑤펑이 스챠오완의 방문을 두드렸다. 하지만 <u>아무 소리도 들
리지 않자</u> 문 앞에 한참 동안 그대로 서 있었다.

예문 (39)에서 중국어 원문의 생략된 주어는 '放生大哭'의 행위의 주
체가 되고 주어의 원형은 해당 맥락을 보다 넓은 범위로 확대하여 보면
'王胆'이란 인물이다. 하지만 한국어 번역문에서는 주어의 빈자리를 복
원할 때에 중국어 원문 맥락 속에 있는 주어 원형으로 복원하지 않고
선행절의 주어 '目光(눈빛)'과 의미적인 연관 관계를 갖고 있는 '눈망울'
이라는 단어를 선택하여 생략된 주어의 자리에 복원하였다. 예문 (40)
에서는 중국어 원문의 생략된 주어가 동사 '轮'과 문법적 호응 관계를
갖는 '차례, 순서' 등 단어라는 것을 판단하여 한국어 번역문에 '차례'를
주어로 언표화시켰다. 예문 (41)에서 주어 생략 절의 주어의 원형은 선
행절의 '我们'이다. 하지만 번역문에서는 '우리'를 주어로 복원하지 않고
생략절의 '吃午饭(점심을 먹다)'라는 동사구를 의미적으로 동일한 명사
항 '점심시간'으로 전환하여 주어의 빈자리에 복원해 넣었다. 마지막 예
문 (42)의 중국어 원문의 생략된 주어는 선행절의 '苏鹏'이다. 하지만
번역문에서는 해당 원형을 선택하지 않고 '没动静'이라는 동사구를 단
서로 하여 주어를 복원하였다. '没动静'은 '아무런 움직임이 없'다는 뜻
으로 이로부터 '아무런 소리도 나지 않'는다는 의미적 추리 과정을 거쳐

주어를 복원하였다.

b. 장면적 묘사를 적용한 복원

번역 과정에서 생략된 주어의 원형이 맥락에 존재하지 않거나, 원형이 맥락에 존재하지만 목표어의 표현에 어울리지 않는 경우, 또는 특정된 의사소통의 효과를 얻고자 할 때 상황정보나 장면적 묘사를 단서로 의미적으로 동일한 항목 또는 연관성이 있는 항목을 복원한다.

> (43) 원문: 她跑起来身体摇摇摆摆, 重心不稳, (样子)像个初学走路的婴孩。(《红瓦》)
>
> 번역문: 중심을 잡지 못한채 온몸을 뒤뚱거리며 뛰어가는 **모습이** 꼭 처음 걸음마를 배우는 아이 같아 귀여웠습니다.

예문 (43)의 경우, 중국어 원문의 주어는 맥락 중의 그 어떤 특정된 성분이 아니라, 앞의 두 절의 내용을 아우르는 항목이다. 번역가는 번역에 앞서 원문 텍스트의 내용을 이해하는 과정에서 우선 원문의 주어를 복원해 냈고, 그에 대응되는 한국어 표현을 찾아 번역문의 주어를 실현시켰다.

(3) 텍스트-화용적 처리

앞서 본고에서는 생략 현상이 텍스트적 맥락에서 여러 가지 전략적 효과를 가져온다고 논의한 바가 있다. 아래 중국어 원문과 한국어 번역문의 비교를 통해 생략된 주어가 텍스트적 맥락 속에서 어떻게 처리되었는지 알아보자.

(44) 원문: 最后, **马水清**竟然领我们进了一家小酒馆, 要了一大盘猪头肉, 直吃得嘴油光光的, 比先前亮了许多。**我们**便成了好朋友。这之后的多年里, **我们**都一直是好朋友。(《红瓦》)

번역문: 그러자 **마수이칭**은 우리를 음식점으로 데리고 가서 돼지머리 고기를 한 접시 주문했다. **우리는** 입가에 기름이 번르르해질 때까지 정신없이 먹었다. 그날 이후로 급속도로 친해졌고, 그 뒤로 오랫동안 (   ) 좋은 친구로 남았다.

예문 (44)에는 등장인물 '马水清'과 '我们'이 출현하였다. 텍스트의 화제도 '马水清'에서 '我们'으로 전환이 되고 있다. 번역문에서 두 번째 '我们'이 생략됨으로써 화제가 전환된 이후의 화제의 연속성을 강화하는 효과를 가져왔다.

(45) 원문: ①我倒不常往厕所跑, 但常蹲到一边去收拾筐子, 系一系绳子, 补一补漏洞, ②极仔细, 极认真, 煞有介事。

번역문: ③나는 한편에 쪼그리고 앉아 바구니를 만지작거리며 풀린 줄을 묶었다. ④**나는** 아주 꼼꼼하고 열심히 했다.

예문 (45)의 중국어 원문을 살펴보면, 사실 이 문장은 두 개의 배경을 가지고 있다. 하나는 '我'가 쪼그리고 앉아서 바구니를 열심히 수선하고 있는 행동에 대한 묘사이고, 다른 하나는 이런 행동을 하는 '나의 태도'에 대한 기술이다. 두 가지 배경에 대응되는 절은 상술한 예문에 표시한 ①과 ②이다. 즉 중국어 원문은 7개의 절로 구성되고 절과 절 사이에는 모두 휴지를 두었지만 두 개의 배경을 가지고 있고 표현의 관점이 전환되었음을 쉽게 알 수가 있다. 반면, 한국어 번역문은 두 개의 독립적인 문장으로 번역되었는데 상술한 배경의 전환이 번역문에서는 적절히 반영되었다. 즉 문장 ③과 ④ 사이에 휴지를 두고 문장 ④의 첫 시작에 화제 '나는'을 추가함으로써 배경의 전환을 명시적으로 보여 주는 것이다. 이렇게 번역 과정에서는 의사소통의 효과를 염두에 두고 주어를 추가하거나 삭제하는 것을 통해 원문의 표현 방식을 적절히 조절하여 의미 구조를 명확히 할 수가 있다.

3.2.2.2. 한-중 번역 텍스트 주어 생략 대응 양상

중국어는 형태적 변화가 없는 문법적 특징으로 인해 어순이 중요한 역할을 하게 된다. 이런 특성은 한국어에 비해 상대적으로 어순을 엄격히 지킬 것을 요구하며, 언어 행위가 분명할 것을 요구한다. 본고의 분석 결과 한국어 텍스트를 중국어 텍스트로 번역할 때 생략된 주어의 처리 양상은 중국어 텍스트 번역 과정보다 훨씬 단조로운 모습을 보여 주었다. 이는 중국어의 형태적 변화가 없는 특성에 의한 것이라고 판단된다. 한국어 텍스트를 중국어 텍스트로 번역하는 과정에서 생략된 주어는 주로 어순을 바꾸거나 명사와 대명사를 추가하는 방식으로 복원되고 있었다. 아래 통사적 수단을 통한 복원, 인지적 추리를 통한 복원으로 나누어 살펴보겠다.

(1) 통사적 수단

통사적 수단을 통한 복원은 주로 형태적으로 동일한 명사를 반복적으로 복원해 넣거나, 같은 항목의 반복을 피해 대응되는 대명사를 복원하는 형식으로 이루어졌다.

(46) 원문: 지하철이 멎고 문이 열리자 그녀는 총총한 걸음걸이로 걸었

다. 굳이 그녀를 따라가겠다는 생각은 없었지만 출구가 같았고 방향
도 같았기에 **승우**는 간격을 유지한 채 뒤따라 걷고 있었다. 지금까
지 몇 블록 근처에 있는 여대 쪽으로는 한 번도 가본 적이 없었던지
라 지하철 구내를 빠져 나와 횡단보도 하나를 건너자 이내 길이 낯
설었다. 동아리 방 칠판에 그려져 있었던 약도를 머릿속에서 더듬었
다. 이 정도 큰 골목일 것이다. (〈국화꽃향기〉)

번역문: 车停下来。门一开, 那个女孩就匆匆走了出去。**承宇**虽然不
是特意跟着她, 但因为是同一个出口, 同一个方向, 也只能与她保持
一定距离, 跟在后面。迄今为止, **承宇**还没有去过相隔几个街区的那
所女子大学附近, 从地铁站出来, 过了一个人行横道, 路就很陌生
了。**承宇**回想着画在小组黑板上的地图, 应该是和眼前的路差不多
宽窄的一条胡同。

예문 (46)에서 한국어 원문 텍스트는 주어 '승우'가 1회밖에 실현되지
않았지만 번역 텍스트에서는 문장마다 복원되어 나타난다. 한국어는 형
태적 변화가 발달되어 있어 절과 절 사이를 조사나 어미로 연결할 수
있기 하나의 문장이 여러 절로 구성된 복합문일지라도 절과 절 사이의
거리가 느껴지지 않는다. 반면 중국어는 형태적 변화가 없어서 절과 절
사이에 반드시 휴지를 두어야 하며 이런 특징으로 인해 중국어의 문장
은 시각적으로 또는 심리적으로 절과 절 사이의 관계가 상대적으로 멀
어 보인다. 따라서 일련의 절로 구성된 새로운 문장이 시작될 때마다
주어를 보충해 넣음으로써 새로운 문장의 시작을 알리는 역할을 하게
되었다.

(47) 원문: 미주가 안으로 사라지자 **승우**는 멋쩍어진 표정을 풀며 고개를

설레설레 흔들었다. 그러면서도 자신이 선배인 그녀에게 다짜고짜 향기를 운운했다는 것에 스스로 놀라고 있었다. 키와 외모가 두드러진 덕분이었는지 이제껏 여자에게 먼저 포감을 표현한 적이 없었던 것이다. (〈국화꽃향기〉)

번역문: 美株进去之后, **承宇**放松下来, 忍不住轻轻摇了摇头。面对前辈, 自己居然不分青红皂白地讲什么香味！对这一点, **他**心里感到很吃惊。可能是因为身高和容貌都非常出众, 迄今为止, **他**还从来都没有先对女孩子表示过好感呢。

예문 (47)도 마찬가지로 한국어 원문 텍스트에는 주어가 한 번만 출현했는데 중국어 번역 텍스트에서는 3회나 나타났다. 하지만 형태적으로 동일한 '承宇'를 반복적으로 복원한 것이 아니라 두 번째와 세 번째 출현할 때에는 대명사 형태로 나타났다. 이는 텍스트 맥락 속에서 지시 대상인 생략 항목의 접근도가 비교적 높기 때문에 대명사로 지시할 수 있는 것이다.

중국어를 한국어로 번역하는 과정에서 다양한 문법적 변환 과정을 거치는 현상과 달리 한국어를 중국어로 번역하는 과정에서는 대부분 상술한 예문들과 같이 명사나 대명사를 그대로 채워 넣는 형식으로 복원이 되고 있었다.

한편 중국어는 형태 변화가 없기에 휴지가 하나의 절이다. 한국어 원문 텍스트의 두 개 또는 그 이상의 절이 중국어에서 하나의 휴지만 공유하면서 하나의 절이 되면 생략의 횟수도 상응하게 줄어들게 된다.

(48) 원문: 은테안경은 시계를 한 번 본 뒤 ① 턱 밑에 손을 가져다 대고는 ②절벽 아래로 추락하듯이 마취 상태에 빠져 들고 있는 미주의

얼굴과 솟아 오른 만삭의 배를 본 다음 정란을 돌아보았다.

번역문: 银边眼镜瞥了一眼时间, ③手托着下巴看了看深深陷入麻醉状态中的美株和她高高隆起的肚子, 然后回头看向静岚。

(49) 원문: 무궁화호가 속도를 내기 시작하자 미주는 쥐고 있던 볼펜으로 승우를 지목한 뒤 ①일행을 가리키며 ②한바퀴 원을 그렸다.

번역문: 无穷花号开始加速后, 美株用手里的圆珠笔指着承宇命令道, 然后③对着全体会员画了一个大圈。

예문 (48)의 한국어 원문 텍스트에서 밑줄 친 부분은 두 개의 절 ①과 ②로 구성되었고 이들은 모두 주어가 생략된 절들이다. 하지만 번역문에서는 하나의 절 ③으로 대응되었는데 이러는 과정에서 주어 생략의 횟수가 줄어들게 된다. 예문 (49)도 마찬가지로 한국어 원문의 주어 생략절 ①과 ②가 중국어 번역문에서는 하나의 주어 생략절 ③으로 대응되면서 주어 생략 횟수가 줄었다. 이런 현상은 형태적 변화가 없는 중국어가 번역 과정에서 주어 생략의 횟수를 줄이는 구조적 수단이기도 하다.

(2) 인지적 추리

이는 번역 과정에서 텍스트 맥락이나 장면 정보를 통해 번역자의 인지적 추리 과정을 거쳐 주어를 복원해 언표화한 경우이다. 아래 '관련 어휘를 활용한 복원', '장면적 묘사를 통한 복원', '번역자의 스키마를 활용한 복원' 등 세 가지 측면에서 인지적 추리를 통한 주어의 복원 양상에 대해 알아보겠다.

a. 관련 어휘를 활용한 복원

(50) 원문: 출근 시간을 넘긴 11시 무렵이어서인지 지하철 안은 한산했다. 승우의 표정에서도 ( ) 오래간만에 만원 지옥철에 시달리지 않았다는 일말의 여유를 읽을 수 있었다. (〈국화꽃향기〉)

번역문: 现在是上午十一点左右, 已经过了上班高峰, 地铁里空荡荡的。终于不用在爆满的地铁里遭受折磨了, 承宇的**脸上**透出一丝悠闲的表情。

원문: 구레나룻과 턱수염을 기른 성호 역시 캔맥주를 따며 미주가 들이민 단편 시나리오 대분을 받아 무릎에 놓았다. **제목**은 프랭클린 J. 스캐프터 감독의 〈혹성 탈출〉과 닮은 〈지구 탈출〉이었지만, ( ) 〈혹성 탈출〉과는 전혀 딴판으로 우주 여행이나 외계인과는 관련이 없었다. (〈국화꽃향기〉)

번역문: 留着络腮胡子的成浩也喝了一口, 结果美株递过来的短片剧本, 放在膝盖上。剧本的**题目**是《逃离地球》, 乍一听和富兰克林导演的《失陷猩球》挺像的, **内容**却截然不同, 与航空旅行和外星人一点关系也没有。

(52) 원문: 내내 기다렸으나 그날 전화가 오지 않았다. ( ) 시골집에 전화가 없던 시절이라 어 됐는지 알아볼 수도 없었다. (〈엄마를 부탁해〉)

번역문: 他等了很久, 也没有接到电话。**那时候**农村还没有电话, 他也没有办法打听。

예문 (50)과 (51)은 모두 어휘적 연관 관계에 이해 생략된 주어를 복원한 경우이다. 예문 (50)은 한국어 원문 주어 생략절의 '승우의 표정에서도'가 중국어 번역문의 주어로 전환되었는데, '표정'과 관련된 명사라고 하면 자연스럽게 직접적 연관 관계가 있는 '얼굴'을 떠올리게 된다.

이렇게 한국어 원문의 부사어는 중국어 번역문의 처소주어로 전환되는 과정에서 전체 문장의 의미전달에 더 적합한 단어 '脸上'으로 바뀌어 복원되었다.

예문 (51)에서는 한국어 원문을 중국어로 번역하는 과정에서 문장 구조가 변하고 표현방식이 달라졌다. 중국어 번역문에서는 '제목은 비슷하지만 내용은 전혀 다르다'는 표현을 함에 있어서 '제목'과 '내용'을 돌출시켜 비교하면서 강조하는 의도로 문장이 구성되고 있다. 따라서 한국어 원문에 나타나지 않은 주어 '내용'을 복원하게 된 것이다. 한편 예문 (52)에서는 '-던 시절'이 단서로 작용하는데, 어미 '-던'은 과거의 시간이나 사건에 쓰이는 어미이다. 이로부터 이는 비교적 오래 전의 시간을 가리킨다는 것을 알 수 있고 이를 단서로 번역문에 '那时候'를 복원해 넣었다. 이렇게 번역 과정 생략된 주어를 처리함에 있어서 문맥적 정보로부터 생략의 항목을 추리할 수 있는 언어적 단서를 얻어내는 것이다.

b. 장면적 묘사를 통한 복원

> (53) 원문: 수술실 문을 여느라 잠시 침대가 멈춰 섰다. (《국화꽃향기》)
> 번역문: 担架床停了下来, **护士**打开手术室的门。

예문은 미주가 응급실에 실려가는 상황에 대한 묘사이다. '응급실의 수술실 문은 관계자 외에 함부로 여닫을 수 없다.'는 전제하에 번역 과정에서 '护士'라는 행동주를 복원해 넣었다.

c. 번역자의 스키마를 활용한 복원

한국어 텍스트를 중국어로 번역하는 과정 중 한 가지 두드러진 특징이라면 번역문에 형식적 주어를 많이 복원한다는 것이다. 이는 앞선 분석의 결과와도 같은 맥락에서 논의될 수 있는 특징이다. 즉 중국어는 형태적 변화가 결핍한 언어이므로 어순이 중요한 역할을 하기 때문에 문두에 오는 언어 행위가 분명할 것을 요구한다. 한국어 문장을 중국어로 번역하는 과정에 문장구조가 변화함에 따라 구조적 측면에서 주어가 꼭 필요한 경우도 흔히 나타나게 되고 이런 경우 중국어에서는 형식적 주어를 문맥에 복원해 넣게 된다.

(54) 원문: 승우는 눈물까지 핑 돌았다. (　　) 사랑이었다. 깊은 사랑. (〈국화꽃향기〉)

번역문: 承宇的眼里盈满了泪水。这就是爱！深沉的爱！

(55) 원문: 담당 PD가 개인 사정으로 갑자기 그만둔 것이 발단이긴 했지만 어떻게 신참에게 샘야 간판 프로를 맡길 수 있냐고 말이 많았다. (〈국화꽃향기〉)

번역문: 虽然原来负责的制作人因个人原因辞职了，但怎么能把这个深夜招牌节目交给一个新手呢? 人们对此议论纷纷。

(56) 원문: 얼굴이 알려진 모델이 식상하다 하여 일반주부로 광고모델을 선발하기로 했다. (〈엄마를 부탁해〉)

번역문: 人们看够了明星做模特, 公司就决定选拔普通家庭主妇做广告模特。

(57) 원문: 몇 해 전까지는 명절에 여행 가는 것에 대해 비판적인 시각도 있었는데 이제는 내놓고 조상님 잘 다녀오겠습니다, 인사까지 하고 공항으로 나선다. 한때는 콘도에 모여 차례를 지낸다고 해서 조상이 어떻게 콘도를 찾아오느냐 했는데 이젠 아예 비행기를 타버리는 형국이었다. (〈엄마를 부탁해〉)

번역문: 几年前, **人们**对节日旅行还持批判的态度。现在, **人们**竟然知识简单地跟祖先告个别, 然后理直气壮地去机场了。曾经**有人**聚在酒店式公寓里举行祭祀活动, 因此遭到了质疑, 祖先怎么可以找到酒店式公寓呢。如今, **人们**索性乘上了飞机。

예문 (54)~(57)에서는 모두 번역 과정에 문장 구조가 바뀌면서 번역문에 형식적 주어가 복원되었다. 예문 (54)에서는 문장 구조가 바뀌면서 형식적 주어가 필요하게 되어 '这'를 복원하였는데 동시에 강조의 효과까지 얻고 있다. 예문 (55)~(57)의 한국어 원문에서는 어미 '-냐고', '-다고', '-느냐' 등을 통해 누군가의 말을 간접인용한 형태임을 판단할 수 있고 따라서 굳이 주어가 나타나지 않아도 의미적으로든 문법 구조적으로든 큰 차이가 없다. 하지만 중국어로 번역하는 과정에 문법 구조가 바뀌면서 행위의 주체를 명확히 할 필요가 있게 되었다. 이런 경우 중국어에서는 흔히 '人们', '大家' 등 형식적 주어를 사용한다. 이는 한국어에 비해 어순이 엄격한 중국어가 문장의 첫 시작에 오는 행동주 및 형식적 주체에 대한 요구가 비교적 엄격하며 그 빈자리가 한국어보다 크게 느껴진다는 것을 의미한다. 이는 앞서 분석한 한국어에서 주어 생략이 더 많이 일어난다는 결과의 반증이기도 하다.

3.3. 한중 텍스트 주어 생략의 특징 및 번역 전략

본절에서는 중국어와 한국어 텍스트에 나타난 주어 생략 현상에 대한 통계 분석 결과를 바탕으로 주어 생략의 특징 및 역문에서의 주어 생략의 전략에 대해 정리해 볼 것이다.

3.3.1. 한중 텍스트 주어 생략의 특징

중국어와 한국어 텍스트의 주어 생략 현상을 고찰한 결과 생략의 빈도에 있어서는 비슷한 결과를 보여 주었고 생략의 양상에 있어서 다소 차이가 타나났는데 아래 본고의 분석 참조항에 따라 그 공통점과 차이점에 대해 알아보겠다.

(1) 생략의 빈도

통계 결과 중국어와 한국어 텍스트에서는 모두 주어 생략이 빈번하게 일어났다. 주어는 문장 중 가장 돌출된 성분이고 형태적으로 동일한 주어는 그 중에서도 보다 돌출되므로 텍스트 문맥상 가장 쉽게 생략이 되는 성분이기 때문이다. 또한 이렇게 돌출도가 높은 성분을 반복적으로 사용할 경우 오히려 문맥의 자연스러운 흐름을 형성할 수 없고 독자가 중요한 정보를 처리하는 속도에도 방해가 된다. 따라서 형태가 동일한 주어는 한국어와 중국어 문어 텍스트에서 대부분 경우 생략기제로 처리되었다.

한편 한국어 텍스트의 주어 생략 빈도(37.6%)가 중국어 텍스트의 주어 생략 빈도(34.3%)에 비해 높게 나타났고 한국어 원문 텍스트를 중국어 텍스트로 번역하는 과정에서의 주어 복원 빈도(6.5%)가 중국어 원문 텍스트를 한국어 텍스트로 번역하는 복원 과정에서의 빈도(3.4%)보다 높게 나타났는데 이는 한국어 텍스트가 중국어 텍스트보다 주어 생략의 빈도가 높다는 것을 의미한다. 이는 주요하게 아래와 같은 두 가지 측면에서 그 원인을 찾아볼 수가 있었다.

첫째, 주어의 의미적 범주이다. 중국어 주어는 한국어 주어에 비해 그 의미적 범주가 다양하다. 앞서 논의했듯이 중국어 주어는 행동주,

피동주, 시간, 도구, 대상, 처소 등 다양한 의미적 특성으로 세분화되는 반면, 한국어는 행동주와 피동주의 역할만 뚜렷하다. 하지만 행동주주어와 피동주주어 이외의 기타 주어는 돌출성 조건에 비추어 볼 때 문맥상 돌출된 성분이 아니어서 쉽게 생략이 되지 않는다. 즉 중국어 주어 중 일부 주어는 문맥상 생략할 수 없는 성분이다. 따라서 이는 한국어 주어 생략 빈도가 상대적으로 높은 이유 중 하나로 작용한다.

둘째, 형태적 변화와 어순의 영향이다. 한국어는 형태적 변화가 발달한 언어이다. 따라서 명시적인 어휘적 장치가 표면적으로 실현되지 않아도 조사, 어미, 경어법 등 문법적 단서들을 활용하여 생략된 성분을 추리해낼 수가 있다. 반면 중국어는 주로 어순에 의해 문법적 의미를 나타내므로 한국어에 비해 어순을 엄격히 지킬 것을 요구하며, 언어 행위가 분명할 것을 요구한다. 따라서 명시적인 어휘적 장치에 대한 의존도가 높게 되어 상대적으로 생략의 빈도가 낮게 나타나는 것이다.

(2) 생략의 방향

선행하는 정보를 먼저 입력하고 그것을 바탕으로 후행하는 정보들을 이해하는 것이 독서의 일반적인 흐름이다. 순행생략은 생략의 원형이 먼저 제시되고 생략 현상이 뒤에서 발생함으로써 독서의 일반적인 순서와 흐름을 같이 하여 뒤에 나오는 생략 성분을 이해하는 데에 상대적으로 적은 인지적 노력이 필요하다. 따라서 생략의 방향에 있어서 중국어와 한국어 원문 텍스트는 모두 순행생략이 역행생략에 비해 그 비율이 압도적으로 높았다.

반면, 생략의 원형이 후행절에 나타나는 후행생략의 경우, 한국어는 중국어에 비해 상대적으로 높은 비율을 나타냈다. 이는 한국어 문법상 종속 접속문에서는 후행생략만 허락하는 문법적 제약이 있기 때문인 것으로 나타났다. 하지만 중국어에서는 특정한 문법적 제약이 없고 다만 필자가 특정 의도에 의해 해당 내용을 강조하고자 하는 등 경우 전략적으로 후행생략을 선택하는 현상들이 관찰되었다.

(3) 생략의 거리와 간섭항의 유무

생략의 거리에 있어서 두 언어는 모두 순차식 생략이 도약식 생략에 비해 높은 빈도를 보여 주었다. 선행어와 생략 성분의 거리가 짧으면 짧을수록 기억을 활성화시키는 데에 유리하기 때문이다. 한편 중국어의 경우 휴지로 하나의 절을 결정짓는 반면, 한국어는 다양한 연결어미를 활용하여 여러 개의 절을 휴지 없이도 하나의 문장으로 구성한다. 가시적인 휴지가 존재하지 않는 형태적 특징으로 인해 설사 여러 개의 절로 구성된 하나의 긴 문장일지라도 시각적으로는 절과 절 사이의 관계가 상대적으로 긴밀해 보인다. 따라서 생략의 원형이 포함된 절과 생략 성분이 포함된 절이 몇 개 다른 절을 사이에 두었을 지라도 시각적·심리적으로는 독립적인 절과 절이 아닌 통일체와도 같이 느껴지는 것이다. 이런 특징으로 인해 한국어 원문 텍스트의 도약식 생략은 중국어 원문 텍스트에 비해 빈도가 높게 나타났다.

한편 문맥 중에 생략된 주어의 원형으로 보이는 성분들이 존재할 때에는 독자가 문맥 정보를 정확히 이해함에 있어서 일정한 어려움이 따르게 된다. 도약식 생략에서 원형과 생략 항목 사이에 간섭항이 존재할 경우 중국어와 한국어 텍스트 모두 최대한 생략을 자제하는 양상을 보였다

(4) 선행어의 속성

특정 문장성분의 호응 생략은 선행절이나 후행절의 어떠한 문장성분

이 주어 생략절의 주어 원형인 경우이다. 선생어의 속성에 따라 주어 호응 생략, 목적어 호응 생략, 관형어 호응 생략으로 나눌 수 있다. 이 때 생략된 주어가 선행어와 형태적으로 동일한 성분일 경우 텍스트 맥락 속에서 동일한 형태를 쉽게 찾아 복원할 수 있기 때문에 맥락 의존도가 낮을 뿐만 아니라 독자가 생략 요소를 판단하는 추리 과정에 필요한 인지적 부담도 상대적으로 적다.

그 중 생략된 주어의 원형인 주어가 텍스트에서 화제인 경우 생략 빈도가 높게 나타났다. 이는 텍스트 맥락 속에서 화제가 전체 텍스트의 진술의 대상으로 가장 돌출된 항목이므로 접근도가 가장 높기 때문이다. 따라서 반복적으로 제시되는 화제를 생략해도 독자의 이해에 크게 방해가 되지 않는 것이다. 보다 매끄러운 문맥을 형성하고자 한다면 이런 성분을 적절히 생략하는 것도 바람직한 선택이다. 이는 중국어와 한국어에서 공동으로 나타난 특징이다.

한편 주어를 제외한 기타 문장성분이 생략의 원형인 경우가 중국어 텍스트에서 보다 높은 비율을 나타냈는데 이는 중국어의 문법적 특성에서 그 원인을 찾아볼 수가 있다. 중국어에는 "有字句", "是字句"와 같은 특수 문형이 존재하고 두 가지 문장 성분을 겸하여 작용하는 "겸어"(兼语)가 존재한다. "有字句", "是字句"에서 동사 "有"와 "是"의 목적어는 문맥에서 흔히 순행생략이 일어났고, 문장 중 겸어 역시 비교적 높은 생략 빈도를 나타냈다. 이는 중국어에서 생략된 주어의 원형이 한국어에 비해 다양하게 나타난 원인으로 작용한다.

3.3.2. 한중 주어 번역 전략

앞서 중국어와 한국어 텍스트의 주어 생략의 특징과 번역 텍스트에서의 대응 양상에 대해 기술하였다. 이에 기초하여 본절에서는 텍스트 번역 과정에서 적용할 수 있는 주어 처리 전략들에 대해 알아보겠다.

전략 1: 중국어 원문의 처소주어는 한국어 번역 과정에서 부사어로 전환한다.

중국어 주어는 한국어 주어에 비해 그 의미적 범주가 다양하여 행동주, 피동주, 시간, 도구, 대상, 처소 등 다양한 의미적 특성으로 세분화되는 반면, 한국어는 행동주와 피동주의 역할만 뚜렷하다. 따라서 중국어의 시간주어, 도구주어, 대상주어, 처소주어는 한국어 번역문에서 다른 성분으로 전환된다.

> 원문: 这是我们第一次见到女孩子穿裙子，**我们这地方**都不穿裙子。(《红瓦》)
> 번역문: 우리는 난생 처음 치마 입은 여자를 보았다. **우리 마을에서는** (여자들이)치마를 입지 않았기 때문이다.

상술한 예문에서는 중국어 원문의 처소주어 '我们这地方'를 한국어 문장에서는 시간적 부사어 '우리 마을에서는'으로 처리하였고 후행절의 생략된 주어는 선행절의 목적어 '여자'가 되겠다. 복원 과정에서 후행절의 주어는 여전히 생략기제로 처리되었지만 생략의 원형은 다른 성분으로 변하였다.

전략 2: 중국어 원문의 시간주어는 한국어 번역 과정에서 부사어로
전환한다.

원문: 这种机会并不太多，<u>一年里</u>就五六次，人们的欲望便会随着时距的
加大而变得强烈。(《红瓦》)
번역문: 마을 사람들이 공연을 관람할 수 있는 기회는 많지 않았다. (기회
는) **일년에** 고작 대여섯번이였다. 기회가 적을수록 사람들의 갈증은 커지
게 마련이였다.

상술한 예문에서는 중국어 원문의 시간주어 '一年里'를 한국어 문장
에서는 시간적 부사어 '일년에'로 처리하였고 선행절의 주어 '기회'가 순
행생략되어 주어 생략문을 형성하였다.

전략 3: 중국어 원문의 대상주어는 한국어 번역 과정에서 목적어로
전환한다.

원문: 我一直准备以姑姑为素材写一部小说，<u>这本书</u>我已经准备了二十年，
我利用各种关系，采访了许多当事人，我专程去过王小惆工作的三个机
场…(《蛙》)
번역문: 난 고모 이야기를 소설로 쓰려고 계획했었고, 이미20년동안(나는)
이 책을 준비해 왔다. 이쪽저쪽 인맥을 동원해 당사자들을 만나 보기도
했고 …

상술한 예문에서는 중국어 원문의 대상주어 '这本书'를 한국어 문장
에서는 목적어 '이 책'으로 처리하였고 선행절의 주어 '나는'이 순행생략

되어 주어 생략문을 형성하였다.

전략 4: 중국어 원문의 도구주어는 한국어 번역 과정에서 보어로 전환한다.

원문: **大桥**抬不下来, **绳子**准能困住, 先兵后礼, 摆大宴盛请。(《蛙》)
번역문: **가마로** 모셔오지 못하면 **밧줄로라도** 묶어오는데, 무례하더라도 일단 먼저 모셔오고 크게 대접을 하자고 했다.

상술한 예문에서는 중국어 원문의 도구주어 '大桥', '绳子'를 한국어 문장에서는 보어 '가마로', '밧줄로라도' 등으로 처리하였고 번역문에서는 행동주 주어를 모두 생략하였다. 생략된 주어의 복원은 텍스트 문맥으로 범위를 보다 넓게 확대하여 그 원형을 찾아야 한다.

전략 5: 주어가 생략된 중국어의 특수 구문은 한국어의 기본 문형으로 전환되면서 주어가 복원된다.

중국어에는 '把字句', '被字句', '有字句', '是字句'와 같은 특수 문형들이 존재한다. 이런 문형들을 포함한 중국어 원문에서 주어가 생략되었을 경우, 한국어 번역문에서는 주어가 복원되어 나타나는 양상들을 보여 주었다.

원문 1: 马车停在她家门前时, 她到骡前去玩, ( )被**骡子**咬着脑袋叮起来。(《红瓦》)
번역문 1: 한번은 집 앞에 마차가 도착해을 때, **나귀**가 집 앞에서 놀고 있던 왕단의 머리통을 다짜고짜 깨물었습니다.

중국어 원문의 세 번째 절은 중국어 특수 구문인 '被字句'이다. 한국어 번역문에서는 중국어 원문의 겸어(兼语) '骡子'가 '나귀'로 번역되어 주어 자리에 복원되었다.

> 원문 2: 姑姑当时是个十七岁的大姑娘, 竟然自称 "老娘", (　　)把很多**人**逗笑了。(《蛙》)
> 번역문 2: 당시 열일곱살 밖에 안되는 고모가 스스로 자신을 '아줌마'라고 칭하자 **사람들이** 모두 웃음을 터뜨렸습니다.

중국어 원문의 세 번째 절은 중국어 특수 구문인 '把字句'이다. 한국어 번역문에서는 중국어 원문의 겸어인 '很多人'이 '사람들이'로 번역되어 주어 자리에 복원되었다.

전략 6: 형태적으로 동일한 성분은 특별한 경우를 제외하고 최대한 반복적인 언급을 피한다.

텍스트 문맥에 나타난 적이 있는 주어는 구정보로 문맥상 반복적으로 나타나지 않아도 정보를 이해하는 데에 큰 방해가 되지 않는다. 그 중에서도 형태적으로 동일한 주어는 복원이 가장 쉬운 항목으로 특별한 의사소통 의도가 있는 경우를 제외하고는 최대한 반복적인 언급을 피하고자 쉽게 생략된다.

> 예문1: **我**这个人的害羞毛病无处不在, (　　)明明憋了一泡尿, (　　)见了人

却撒不出来。（　）可已经解下裤子，（　）又不好意思当了人的面没有一个
结果，（　）便只好很难为情地站着，（　）闭起双眼，（　）在心中默念……
（《红瓦》）

예문2: **미주**는 두 손을 모아 （　） 겸손한 자세를 취한 키 큰 남자 후배를
흘긋 올려다본 뒤, （　） 애써 고소를 참는 웃음을 지은 채 （　）〈매직
넘버〉의 다갈색 나무문을 옆으로 밀며 （　） 말했다. (〈국화꽃향기〉)

위의 중국어 예문1에서는 첫 번째 절의 주어 '我'가 뒤따르는 일련의
후행절의 주어로 작용한다. 따라서 반복적인 언급을 피하여 보다 중요
한 정보들을 부각하기 위해서 모두 생략하였다. 한국어 예문 2에서 역
시 첫 번째 절의 '미주'가 일련의 후행절의 주어로 작용한다. 후행절들
의 일련의 내용이 모두 선행절의 주어 '미주'에 대한 진술로 되어 있어
서 후행절의 주어를 모두 생략해도 무리 없이 정보를 정확하게 전달할
수 있다.

중한 텍스트 번역 과정에서도 이런 현상은 쉽게 찾아볼 수 있었다.

원문 1: **우리**가 세미나에 참석해서 （　） 관련 업계 관계자와 명함을 주고
받는 행위조차도 낯선 사람을 만나는 것과 같다. **이런 행위를 통해서 새로
운 사람을 알아가는 것은** 매우 중요하다. **당신이 동종 업계 관계자들과 인적
네트워크를 쌓아가는 자체**가 당신의 가치를 높이는 행위이다. (〈30대 당신
의 로드맵을 그려라〉)

번역문 1: **我们**参加聚会，（　）遇到业界的朋友，（　）与他们交换名片，这
本身也是和陌生人相识的过程。（　）通过这样的行为结交新的朋友十分重
要。（　）多认识一些业界的朋友，（　）建立一个人脉网络，这一行为本身
就在无形中提升了自身价值。

한국어 원문 1에서는 주어의 형태가 다양하다. 첫 번째 문장의 주어 '우리'는 다음 절에서 다시 출현할 때 생략되었다. 두 번째 문장과 세 번째 문장에서는 주어가 다른 형태로 나타났다. 반면, 중국어 번역문에서는 절과 절 사이에 휴지를 두면서 절마다 주어를 생략하였다. 중국어로 번역한 뒤 문장 구조가 변하면서 주어는 대부분 첫 번째 절에 나타난 '我们'으로 복원이 가능하다. 따라서 후행절들에 반복적으로 출현하게 되어 생략기제로 처리하였다.

전략 7: 한국어의 특정 어미를 단서로 주어를 생략 또는 복원한다.

예문:...... **남동생이** 먼저 방문을 열고 튀어 나온다. ①( ) 학교 다니는 사람들을 부러**워 한다**. ②( ) 꼭 출세해서 남 부럽잖게 공부를 시켜 주**겠**다. (《외딴방》)

위의 한국어 원문의 '-아/어/여 하다'는 1인칭에 사용되지 않다. 따라서 문장 ①의 생략된 주어는 3인칭인 남동생이라고 판단할 수가 있다. '-겠'은 1인칭과 2인칭에 사용될 때 "의지"의 의미를, 3인칭에 사용될 때에는 '추측'의 의미를 나타낸다. 텍스트 맥락을 통해 이 빈자리는 1인칭 주어의 빈자리임을 추리할 수가 있다. 이런 경우 언어 행위를 분명히 하기 위해서 중국어 번역문에서는 어미들의 문법적 의미에 의하여 문장 ① 주어 '弟弟'를, 문장 ②에 주어 '我'를 복원해 넣을 수가 있다. 이렇게 한국어 텍스트에 사용된 특정 어미를 활용하여 주어를 복원함으로써 언어 행위를 분명하게 할 수 있다.

원문 1: 가족들이 동원되어 서울역에서 남영동까지 식당이며 옷가게며 서점과 피시방 등에도 전단지를 뿌리고 붙여 놓았다. ①(　) 불법**이라고** 뜯어 내면 그 자리에 다시 붙이기를 반복했다......한번은 전화로 ②(　) 자기네 집에서 보살피고 있으니 와보**라며** 주소를 또박또박 불러주기에 (　) 기대 를 품고 달려가 보았으나 주소 자체가 존재하지 않았다. (〈엄마를 부탁 해〉)

번역문 1: 家人都动员起来了，从首尔站到南营洞，从饭店到服装店，从书店到网吧，到处都在贴寻人启事......①<u>如果有人认为违法而死掉寻人启事</u>，那就赶快在原位重贴还有一次，②<u>有人打电话说妈妈正在自己家里，告诉他详细的地址</u>。他满怀希望地去了，那个地址根本不存在。

위의 예문은 한국어 원문과 중국어 번역문이다. 가출한 엄마를 찾기 위해 가족들이 동원되어 수소문하는 과정이다. 한국어 원문의 문장 ① 에는 주어가 생략되었다. 이 항목에 대한 단서는 전후 문맥에 나타나지 않았다. 하지만 해당 절에 사용된 어미 '-이라고'가 단서로 작용하는데 이는 누군가의 생각을 간접 인용한 형태이다. 따라서 문맥 중에 출현하지 않은 주어가 '불법이라고 생각하는 누군가'라고 추리할 수 있겠다. 즉 굳이 주어가 나타나지 않았어도 어미가 단서로 되어 독자들의 이해를 도울 수 있다. 한편 중국어 번역문을 보면, '-이라고 생각한다'의 뜻을 가진 어미 '-이라고'의 뜻을 어휘 '认为'로 번역했고, 이 항목의 주체는 텍스트 맥락 속에 출현한 적 없는 요소이기 때문에 '불법이라고 생각하는 누군가'를 주어로 내세워 형식적 주어 '有人'으로 복원하였다. 문장 ②도 같은 경우이다.

전략 8: 번역 후 의미가 불분명해지는 경우 언어적 단서나 장면적 정보를 통해 주어를 복원하여 언어 행위를 분명하게 한다.

우선, 번역 후 생략의 거리나 간섭항의 영향으로 번역문의 의미가 불분명해지는 경우이다. 이런 현상은 한국어 텍스트를 중국어로 번역할 때에 흔히 나타나는 현상이다. 한국어는 조사와 어미 등 형태적 수단으로 절과 절을 연결하여 휴지가 없는 반면, 중국은 문법적 특성상 절과 절 사이에 휴지를 두어야 한다. 휴지를 추가한 결과 절과 절 사이의 거리가 원문에 비해 긴밀하지 않게 되었고, 도약식 생략이 이루어진 항목들을 복원함에 있어서 선행어와의 상대적인 거리가 원문에 비해 멀게 느껴진다. 이렇게 되면 특정 절의 언어 행위가 불분명해지게 되고 독자의 판단에 어려움을 가하게 된다. 아래 예문을 통해 살펴보자.

원문 1: 그가 양손에 단풍잎을 가득 따가 갖다주면 엄마는 수많은 문짝의 문고리 바로 옆마다 반듯하고 예쁜 것 두장을 마주보게 편 뒤 (①) 그 위에 양호지를 덧발랐다. 문을 열 때마다 사람의 손이 타 찢어지지 말라고 창호지 한장을 덧바르는 자리였다. (②) 그가 쓰는 방 문짝엔 다른 문짝보다 세장이나 더 많은 다섯 장을 꽃처럼 펼쳐놓고 바른 뒤 정성스레 손바닥으로 꾹꾹 덧눌러주며 맘에 드냐! 물었다. 그가 멋지다고 하자 (③) 얼굴에 함박 웃음을 피웠다. (〈엄마를 부탁해〉)

중국어로 번역하면 아래와 같다.

번역문 1: 他双手捧着枫叶递给妈妈, 妈妈挑选两篇平整漂亮的枫叶对称贴在门把手两侧, 然后贴上窗纸。考虑到靠门时会碰碎枫叶, 于是①**她**又在上面多贴了一层窗纸。他的房间门上, ②**妈妈**像贴花似的贴了五张窗纸, 比其他方将的门足足多出了三张, 然后精心地用手背压紧, 问他, 满意吗? 他说很美, ③**妈妈**立刻绽放出了笑容。

중국어 번역문 1은 절과 절 사이에 모두 휴지가 존재한다. 따라서 이들 절들은 모두 독립적인 단위로 느껴지고 선행어와의 거리가 멀어지면 멀어질수록 생략 항목의 원형을 회복하는 데에 보다 많은 인지적 부담이 부가된다. 또한 중국어로 번역하는 과정에서 문장 구조의 변화가 생기고 한국어처럼 어미나 조사의 단서가 없기 때문에 간섭항 "他"의 간섭 작용이 더 커지게 되었다. 따라서 중국어 번역문은 한국어 원문에서 주어가 생략된 자리 ①, ②, ③에 각각 '她', '妈妈', '妈妈'를 복원해 넣었다. 두 언어의 이러한 문법적 특성의 차이 역시 한국어에서 주어를 더 많이 생략하는 근거로 작용한다.

한편 마지막 문장 '他说很美, 妈妈立刻绽放出了笑容'의 경우, 한국어 원문에서 생략되었던 주어 '妈妈'를 복원해 넣지 않으면 '他说很美, 立刻绽放出了笑容'로 번역이 되는데 이렇게 되면 이 문장은 의미가 불분명해진다. '绽放出了笑容'의 주체가 '他'로도 해석될 수 있기 때문이다. 이는 위의 전략5에서 언급했던 한국어의 문법적 특징이 단서를 제공하는 경우인데, 한국어 원문의 "그가 멋지다고 하자 (③) 얼굴에 함박웃음을 피웠다"에서는 "-고 하자"의 지시 작용으로 생략된 주어 ③의 원형이 "그"가 아닌 제3자임을 쉽게 판단할 수가 있다. 즉 한국어 원문에서는 굳이 주어를 언표화하지 않아도 정보를 이해하는 데에 어려움이 따르지 않게 된다.

번역 과정에서는 목표어의 문법적 특징과 표현 방식의 영향을 받아 번역문의 문장 구조가 흔히 해당 언어의 특징에 따라 변화한다. 문장구조가 변하면서 원문에서 생략되었던 주어가 반드시 복원되어야 하는 경우가 있는데 복원할 주어의 원형을 문맥에서 찾을 수 없을 때도 있다. 이런 경우에는 선후 문맥의 정보들을 바탕으로 의미적으로 동일하거나 의미적 연관성을 가진 단어를 단서로 복원할 수 있다. 다음 원문2와 번역문2를 통해 자세하게 살펴보겠다.

> 원문2: 캔맥주 하나를 다 마시고 두 번째 캔도 거의 다 비워 가던 승우는 미주 쪽을 연신 **건너다보고** 있었다.
>
> 번역문2: 承宇已经喝完了第一罐, 第二罐也见底了, ①他的目光不时地投向美姝。

한국어 원문2를 중국어로 번역하는 과정에서 세 번째 절 ①에 주어를 복원해 넣지 않으면 비문이 될 뿐만 아니라 문장의 의미도 정확히 전달하지 못하게 된다. 선행절들에서는 주어 '승우'와 '캔'이 나타났는데, 이 두 항목은 의미적으로 모두 ①의 주어의 원형이 아님을 쉽게 판단할 수가 있다. 이런 경우 다른 언어적 정보를 통해 의미적으로 형태적으로 동일하거나 의미적으로 동일, 또는 연관성이 있는 성분을 찾아서 복원해야 한다. 이때, 한국어 원문의 '건너다보다'는 '눈빛'이라는 단어를 연상시켜 준다. 따라서 번역문에서는 의미적으로 연관성이 있는 단어 '目光'으로 복원하였다.

때로는 번역 후 행동주의 복원이 필요하지만 생략의 원형을 찾을 수가 없는 경우도 있다. 이런 경우 앞뒤 문맥의 장면적 묘사를 통해 주어를 복원한다.

> 원문3: 수술실 문을 여느라 잠시 침대가 멈춰 섰다. (〈국화꽃향기〉)
>
> 번역문3: 担架床停了下来, 护士打开手术室的门。

중국어로 번역한 번역문3의 두 번째 절에서는 반드시 행동주가 필요하게 되었다. 하지만 한국어 원문을 살펴볼 때, 비록 전후 문맥에 '护士'

와 관련된 언어적 단서가 나타나지 않았다. 이때, 수술실로 들어가는 장면을 그려볼 수 있는데 이 장면에서 수술실 문을 열 수 있는 주체가 한정되어 있다는 것은 일반적인 상식이다. 따라서 이를 단서로 번역문에 행동주 '护士'를 복원해 넣을 수 있다.

> 원문4: 她跑起来身体摇摇摆摆，重心不稳，(样子)像个初学走路的婴孩。
> 《红瓦》
>
> 번역문4: 중심을 잡지 못한채 온몸을 뒤뚱거리며 뛰어가는 **모습이** 꼭 처음 걸음마를 배우는 아이 같아 귀여웠습니다.

상술한 중국어 원문4의 생략된 주어는 맥락 중의 그 어떤 특정된 성분이 아니라 앞의 두 절의 내용을 아우르는 항목이고 '样子' 등으로 이해할 수 있다. 하지만 번역된 한국어 문장에서는 중국어 원문의 첫 번째 절과 두 번째 절이 주어의 관형어로 번역이 되어 주어가 없으면 비문이 될 뿐만 아니라 문장이 나타내는 의미도 불분명해진다. 따라서 한국어 번역문은 중국어 원문에서 뒤뚱뒤뚱 뛰어가는 장면에 대한 진술을 바탕으로 '모습'이라는 주어를 복원해 넣었다.

전략 9: 강조하고자 하는 부분에는 주어를 복원한다.

중국어와 한국어의 텍스트 모두 주어 생략의 빈도가 매우 높다. 텍스트 층위에서 이미 출현했던 구정보는 특별한 경우를 제외하고 쉽게 생략된다. 맥락에 출현한 적이 있어서 이를 추리해낼 수 있는 근거가 충분함에도 꼭 강조해야 하는 내용이 있다면 주어를 복원해 넣는다. 이렇게 되면 주어가 생략된 내용들과 대조를 이루며 보다 돌출시켜 강조하는 효과를 가져올 수가 있다.

원문 1: 승우는 눈물까지 핑 돌았다. (   ) 사랑이었다. 깊은 사랑. (〈국화
꽃향기〉)
번역문 1: 承宇的眼里盈满了泪水。这就是爱！深沉的爱！

위의 번역문에서는 '이것이 바로 사랑'임을 강조하고자 주어를 복원
해 넣었다. 중국어에서 이런 표현은 주체를 강조하는 작용을 한다.

원문2: 전철의 흔들림. 문득 그녀의 머릿결에서 국화 내음 같은 좋은 향이
났다. 청명한 날씨의 푸른 들판에 핀 들국화 같은, 분명히 그 내음이었다.
(   ) 놀라웠다.
번역문2: 车黄来换取，承宇突然问道女孩的头发散发出菊花的香味，就像
是晴天绿色原野上绽放的那种野菊花的倾向。这真令人吃惊。

위의 번역문 2에서는 앞의 사실 자체가 참 놀라웠다는 감정을 강조하
여 표현하고자 번역문2에 형식적 주어 '这'를 복원해 넣었다. 표현의 효
과적 측면에서도 형식적 주어의 복원이 놀라운 감정을 매우 효과적으로
강조하는 역할을 한다. 이렇게 중국어에서는 앞선 내용을 아우르면서
강조하고자 할 때 문장의 시작에 형식적 주어 '这'를 사용한다.

원문3: 내내 기다렸으나 그날 전화가 오지 않았다. (   ) 시골집에 전화가
없던 시절이라 어 됐는지 알아볼 수도 없었다. (〈엄마를 부탁해〉)
번역문3: 他等了很久，也没有接到电话。那时候农村还没有电话，他也没
有办法打听。

위의 번역문3은 어휘적 연관 관계에 의해 생략된 주어를 복원하여 강조하고자 하는 내용을 돌출시킨 경우이다. 한국어 원문의 '-던 시절'이 단서로 작용하는데, 어미 '-던'은 과거의 시간이나 사건에 쓰이는 어미이다. 이로부터 이는 비교적 오래 전의 시간을 가리킨다는 것을 추리하여 시간 주어 '那时候'를 복원해 넣었다. 문맥 정보를 보다 명확히 했을 뿐만 아니라, '그 시절'을 돌출시켜 전화가 없던 시절을 강조하였다.

전략 10: 진술하는 내용의 화제가 지속되는 경우 주어를 적절히 생략하여 화제의 연속성을 명시한다.

원문 1: 最后，**马水清**竟然领我们进了一家小酒馆，要了一大盘猪头肉，直吃得嘴油光光的，比先前亮了许多。**我**们便成了好朋友。这之后的多年里，**我们**都一直是好朋友。(《红瓦》)

번역문 1: 그러자 <u>**마수이칭**</u>은 우리를 음식점으로 데리고 가서 돼지머리고기를 한 접시 주문했다. <u>우리는</u> 입가에 기름이 번르르해질 때까지 정신없이 먹었다. 그날 이후로 급속도로 친해졌고, 그 뒤로 오랫동안 ( ) 좋은 친구로 남았다.

원문 1에는 등장인물 '马水清'과 '我们' 등이 출현하였다. 두 번째 문장에서는 텍스트의 화제가 '马水清'에서 '我们'으로 전환이 되었고 세 번째 문장은 계속해서 '我们'에 대해 기술한다. 번역문 1에서 두 번째 '我们'을 생략함으로써 화세가 전환된 이후의 화제의 연속성을 강화하는 효과를 가져왔다.

아래 한국어 텍스트를 중국어로 번역할 때 생략된 주어의 복원 양상에 대해 살펴보자.

원문 2: 미주가 안으로 사라지자 **승우**는 멋쩍어진 표정을 풀며 고개를 설레설레 흔들었다. 그러면서도 자신이 선배인 그녀에게 다짜고짜 향기를 운운했다는 것에 스스로 놀라고 있었다. 키와 외모가 두드러진 덕분이었는지 이제껏 여자에게 먼저 포감을 표현한 적이 없었던 것이다. (〈국화꽃 향기〉)

번역문 2: 美株进去之后, **承宇**放松下来, 忍不住轻轻摇了摇头。面对前辈, 自己居然不分青红皂白地讲什么香味！对这一点, **他**心里感到很吃惊。可能是因为身高和容貌都非常出众, 迄今为止, **他**还从来都没有先对女孩子表示过好感呢。

상술한 한국어 원문 2에서는 주어가 한 번만 출현하면서 화제의 지속을 명시하였다. 즉 '승우'가 일련의 후행절들의 진술의 대상임을 제시하였다. 반면, 중국어 번역 텍스트에서는 대명사 '他'로 복원되어 번역하였는데 이는 '승우'가 전체 담화의 화제로 접근도가 가장 높은 성분이기 때문에 대명사로 지시할 수 있는 것이다. 대명사는 이미 나타났던 성분의 반복적인 출현을 피해 사용되는 성분으로 화제인 '承宇'를 대명사로 지시함으로써 화제의 지속을 실현하였다. 중국어 텍스트를 한국어로 번역하는 과정에서 다양한 문법적 변환 과정을 거치는 현상과 달리 한국어를 중국어로 번역하는 과정에서는 대부분 상술한 예문들과 같이 명사나 대명사를 그대로 채워 넣는 형식으로 복원이 되고 있었다. 이런 현상역시 결국 형태적 변화가 없는 중국어의 문법적 특징으로 인한 것이다. 중국어를 한국어로 번역하는 과정에서 이런 전략이 많이 사용되었다.

전략 11: 진술하는 내용의 화제가 전환되거나 장면이 바뀌는 경우 주어를 복원하여 화제의 전환을 명시한다.

원문 1: 서두르는 기색이 역력한 은테 안경이 환자 앞으로 다가서며 초조 감을 감추지 못하는 정란을 다시 돌아보았다. (《국화꽃향기》)

번역문 1: ①**银边眼镜**显然感觉时间紧迫, ②**他**走到患者面前, ③(   )又回头看了看掩不住焦虑的静岚。

원문 1의 관형절 '서두르는 기색이 역력한'이 번역문에서는 술어로 번역되면서 하나의 장면을 형성하였다. '银边眼镜显然感觉时间紧迫'는 심리적 측면에 대한 진술이고, 문장 ②, ③은 행동 묘사로 전환하였다. 번역문에서는 ②에 한국어 원문에서 생략되었던 주어를 복원해 넣음으로써 장면의 전환을 강조하여 표현하였다.

원문 2: 我倒不常往厕所跑, 但常蹲到一边去收拾筐子, 系一系绳子, 补一补漏洞, 极仔细, 极认真, 煞有介事。

번역문 2: ①나는 한편에 쪼그리고 앉아 바구니를 만지작거리며 풀린 줄을 묶었다. ②**(나는)** 아주 꼼꼼하고 열심히 했다.

위의 중국어 원문은 7개의 절로 구성되었고 의미적으로는 두 개의 배경을 제시하고 있다. 하나는 '我'가 쪼그리고 앉아서 바구니를 열심히 수선하고 있는 행동에 대한 묘사이고, 다른 하나는 이런 행동을 하는 '나의 태도'에 대한 기술이다. 표현의 관점이 전환되었음을 쉽게 알 수가 있다. 한국어 번역문에서는 이 두 개 배경을 전제로 독립적인 두 개의 문장으로 분리하여 이러한 배경의 전환을 저절하게 보여 주었다. 즉 번역문2에서는 문장 ①과 ② 사이에 휴지를 두고 문장 ②의 첫 시작에 화제 '나는'을 추가함으로써 배경의 전환을 강조하여 보여 주고 있다.

전략 12: 형식적 주어를 복원하여 언어 행위를 분명히 한다.

텍스트 맥락에 처음으로 출현하는 신정보인 주어가 부재할 경우 중국어는 필연적으로 행동주의 언급을 필요로 하게 된다. 하지만 선후 맥락 속에서 형태적 의미적으로 동일하거나 의미적 연관성이 있는 성분을 찾아서 복원할 수 없는 경우, 중국어는 특정 인물을 가리키지 않는 형식적 주어를 선택하여 행동주의 빈자리를 복원한다. 이는 한국어 텍스트를 중국어로 번역하는 과정 중 한 가지 두드러진 특징인데 중국어 텍스트가 한국어 텍스트에 비해서 언어 행위를 분명히 할 것을 요구한다는 것을 말해 주기도 한다.

> 원문 1: 담당 PD가 개인 사정으로 갑자기 그만둔 것이 발단이긴 했지만 어떻게 신참에게 샘야 간판 프로를 맡길 수 있냐고 말이 많았다. (〈국화꽃향기〉)
>
> 번역문 1: 虽然原来负责的制作人因个人原因辞职了，但怎么能把这个深夜招牌节目交给一个新手呢? <u>人们</u>对此议论纷纷。

한국어 원문 1에서는 '말이 많았다'의 주체를 언표화하지 않았지만, 중국어 번역문 1에서는 형식적 주어 '人们'을 복원하여 언어 행위를 분명히 하였다.

> 원문2: 몇해 전까지는 명절에 여행 가는 것에 대해 **비판적인 시각도** 있었는데 이제는 대놓고 ①<u>조상님 잘 다녀오겠습니다</u>, 인사까지 하고 공항으로 나선다. ②<u>한때는 콘도에 모여 차례를 지낸다고 해서</u> ③<u>조상이 어떻게 콘도를 찾아오느냐</u> 했는데 이젠 아예 비행기를 타버리는 형국이었다.

(〈엄마를 부탁해〉)

번역문2: 几年前, **人们**对节日旅行还持批判的态度。现在, **人们**竟然知识简单地跟祖先告个别, 然后理直气壮地去机场了。曾经**有人**聚在酒店式公寓里举行祭祀活动, 因此遭到了质疑, 祖先怎么可以找到酒店式公寓呢。如今, **人们**索性乘上了飞机。

　한국어 원문2에서는 '비판적인 시각'이라는 주어가 중국어 번역문에서 목적어로 변하면서 해당 절에서는 형식적 주어를 복원해 넣었다. 또한 한국어 원문2의 ①, ②, ③은 주체가 생략된 간접인용문이다. 한국어에서는 주체를 분명히 하지 않아도 '-다고', '-냐고' 등 어미를 활용한 간접인용문을 통해 정보를 전달하는 데에 무리가 없지만 중국어 번역문에서도 그대로 주체를 생략한다면 의미가 불분명해진다. 따라서 주체가 생략된 한국어의 간접인용문을 중국어로 번역하거나, 한국어 원문의 주어가 중국어 번역문에서 다른 문장성분으로 번역될 경우, 중국어 번역문에서는 흔히 '人们', '他们' 등의 형식적 주어를 복원해 넣는다.

　앞서 여러 번 언급했듯이 이런 현상은 결국 형태적 변화가 없는 중국어의 문법적 특징에서 기인한 것이다. 형태적 변화가 없는 중국어는 어순이 결정적인 역할을 하면서 절과 절 사이에는 반드시 휴지를 두어야 한다. 이렇게 절과 절은 상대적으로 독립적인 단위로 나뉘어지며 한국어에 비해 상대적으로 완전한 문법적 구조를 요구하게 된다. 따라서 정보를 보다 명확히 전달하기 위해서는 우선적으로 행동주를 추가하여 언어 행위를 분명히 하게 되는 것이다.

4. 중한 주어 생략 현상의 전략적 효과 분석

실제 의사소통은 단순히 문장의 차원을 넘어 보다 큰 매개체인 텍스트라는 틀 안에서 이루어진다. 생략 현상 역시 단편적인 문장 내의 필수 성분 탈락의 개념을 벗어나 실제 의사소통에서 어떤 형식으로 이루어지며 어떤 의사소통적 효과를 가져 오는지에 대한 논의가 필요하다. 텍스트 층위에서의 생략은 언어 구조적 내부의 생략과는 달리, '필수적 생략이 아닌, 의사소통의 효과에 관여하는 '임의적 생략이다. 텍스트 참여자들은 특정의 의사소통적 효과를 이루기 위해 생략적 기제를 전략적으로 사용하는 경향이 있다. 이런 현상은 역으로 생략 기제를 적절하게 활용한다면 의사소통의 효율을 높일 수 있음을 말해 준다. 따라서 본 장에서는 생략 요소가 언어의 내적 또는 외적인 어떠한 요소를 지시하는 것인지에 대해 논의하는 것이 아니라, 생략 현상이 가져오는 의사소통적 효과가 무엇인지를 분석하고, 이러한 효과를 위해 생략에 적용되는 텍스트-화용론적 원리가 무엇인지를 규명하고자 한다.

4.1. 생략 현상의 텍스트 응집 효과

일반적으로 텍스트는 문장이나 절과 같은 비교적 많은 언어적 표현들과 구체적인 의사소통상황, 의사소통 참여자들의 행위 등을 포함하고 있는데, 이들 사이에는 결속구조(cohesion), 응집성(coherence)이라는 특수한 관계가 존재한다. 응결성(cohesion)이란, 주어진 텍스트의 표층을 이루고 있는 단어들이 하나의 연쇄 속에서 서로 연관 짓게 되는 방식에 관여하기 때문에 텍스트의 표면적인 문법적 결속이라고 할 수 있다. 이는 의사소통 과정에서 나타나는 통사론적 특질에 해당하는 자질이다. 응집성(coherence)은 텍스트에서 다루고 있는 개념과 관계들이 서로 유의미하게 연결되어 하나의 거시적인 의미의 연결망을 형성한다는 뜻으로 텍스트의 심층적 의미 결속을 가리킨다.

4.1.1. 텍스트 결속장치로서의 생략 현상

응결성은 결속장치라고 불리는 언어 수단들을 통해서 만들어진다. 결속장치의 유형에는 학자들마다 조금씩 차이가 있긴 하지만, 할리데이/핫산(M.A.K. Halliday/Hasan)을 비롯하여 보그란데/드레슬러(R.A. de Beaugrande/W. Dressler), 파터(H. Vater) 등과 같은 대부분의 학자들이 공통적으로 생략 현상(Ellipse)을 텍스트 응집성의 한 수단으로 보고 있다. 기타 결속장치들과는 달리 외형적으로는 나타나지 않지만 실질적으로는 결속을 이루어 주며, 때로는 생략이 오히려 말이나 글에 자연스러움과 간결함을 주는 동시에 앞의 문자나 내용간의 결속을 이루어 준다. 따라서 본고에서는 생략 현상을 텍스트 응집성의 한 수단으로 보는 관점을 받아들여 생략 현상이 중한 텍스트에서 어떠한 응집성의 역할을 담당하는지에 대해 살펴볼 뿐만 아니라, 생략 현상이 텍스트 결속 적 효과도 가져옴을 입증해 볼 것이다.

(1) 승우는 혼자 가볍게 몸을 움직이며 춤을 추었다. 팝송과 야구와 영 화를 광적으로 좋아했다. 스키스쿠버와 야구, 농구, 볼링도 수준급 이었다. 필리핀 마닐라에서 보냈던 성장기 시절, 아르바이트를 하면 서 번 돈의 70퍼센트는 음반을 사는 데 썼고, 나머지로는 극장 표를 샀다. 지금까지 모은 레코드 LP와 CD는 1천 장 쯤 되었다. 영사관 으로 일했던 아버지 때문에 일찌감치 외국 문화를 접했고 거기에 익 숙해졌다. 틈틈이 아르바이트를 한 이유는 자신이 번 돈으로 앨범을 불려 나간다는 기쁨 때문이었다. 팝은 특히나 노래를 받치고 있는 연주 솜씨가 탁월했다. 악기들이 제 색깔의 깊이와 화려함으로 통쾌 하게 가수의 성량과 음악성을 받친다는 점. 그 점 때문에 우리 대중 음악도 좋아하긴 했지만 팝 음악을 더 좋아했다.

예문에서는 주인공 승우의 취미인 음악에 대해 말하고 있다. 따라서 주요 화제는 '승우의 취미'이고 이 텍스트는 승우에 대한 진술이다. 단 락을 구성하고 있는 개개의 문장들은 모두 중심 화제인 '승우의 취미'에 대해 진술하고 있다. 따라서 주인공을 반복적으로 문장마다 제시하지 않아도 독자의 이해에는 전혀 지장을 주지 않을 뿐만 아니라, 잉여적인 정보의 반복적인 언급을 피할 수 있다.

예문에서 생략된 요소를 복원해 넣으면 아래와 같다.

(2)′ 승우는 혼자 가볍게 몸을 움직이며 춤을 추었다. **(승우는)** 팝송과 야 구와 영화를 광적으로 좋아했다. **(승우는)** 스키스쿠버와 야구, 농구,

볼링도 수준급이었다. (승우가) 필리핀 마닐라에서 보냈던 성장기 시절, (승우는) 아르바이트를 하면서 번 돈의 70퍼센트는 음반을 사는 데 썼고, (승우는) 나머지로는 극장 표를 샀다. (승우가) 지금까지 모은 레코드 LP와 CD는 1천 장 쯤 되었다. 영사관으로 일했던 아버지 때문에 (승우는) 일찌감치 외국 문화를 접했고 (승우는) 거기에 익숙해졌다. (승우가) 틈틈이 아르바이트를 한 이유는 자신이 번 돈으로 앨범을 불려 나간다는 기쁨 때문이었다. 팝은 특히나 노래를 받치고 있는 연주 솜씨가 탁월했다. 악기들이 제 색깔의 깊이와 화려함으로 통쾌하게 가수의 성량과 음악성을 받친다는 점. 그 점 때문에 (승우는) 우리 대중 음악도 좋아하긴 했지만 팝 음악을 더 좋아했다.

절마다 또는 문장마다 주어가 출현하면 텍스트가 전달하고자 하는 초점이 돌출되지 못하여 이를 효과적으로 전달하지 못하게 된다. 뿐만 아니라 글을 읽는 과정에서 동일한 요소가 연속적으로 반복되어 독자들의 불필요한 인지적 부담이 부가됨으로써 의사소통의 효율을 저하할 뿐만 아니라 오히려 매끄럽고 자연스러운 문맥을 연출하는 데에 실패하게 된다.

(2) 夏天到了, **我们**都脱去了长裤和长袖衫, **我们**自由多了, **我们**总想蹦跶。白天长了, **我们**又总有许多时间玩耍。那时节, **我们**总喜爱那些肉体相触相撞扭打在一起的活动, **我们**喜爱弄得满身泥灰, **我们**喜爱将对方挠破火被对方挠破, **我们**喜爱被人绊了一个狗吃屎趴在地上直哼哼, **我们**喜爱集体性的斗争, **我们**喜欢一伙人与大活人打得头破血流。因此, **我们**一般都喜欢打篮球。

예문 (2)에서는 '여름만 되면 야회 활동을 즐기는', '我们'이 화제로 되어 텍스트를 구성해 가고 있다. 화제는 텍스트 중에 가장 돌출되는 성분이다. 하지만 독자가 쉽게 인지할 수 있는 정보성이 낮은 항목이 지나치게 높은 빈도로 출현함으로써 문맥의 흐름이 매끄럽게 연결되지 못한 느낌이 든다. 또한 생략이 필요한 요소를 그대로 전부 복원해 넣을 경우, 모국어 화자라면 문장들에 불필요한 반복이 실행되었다는 느낌이 들 것이고, 결과적으로는 독서 과정에서 지루한 어감이 느껴질 것이다. 한편으로, 이미 주어진 정보를 숙지하고 있는 독자의 인지적 능력이 저평가됨으로써 독자를 텍스트에 결속시키는 힘이 약해진다. 따라서 이는 직접적으로 의사소통의 효과를 저하하는 결과를 초래한다. 정보성이 낮은 잉여적인 항목을 적절한 빈도로 조절하여 언표화시키면 아래와 같다.

(2)′ 夏天到了，我们都脱去了长裤和长袖衫，自由多了，总想蹦跶。白天长了，我们又总有许多时间玩耍。那时节，总喜爱那些肉体相触相撞扭打在一起的活动，喜爱弄得满身泥灰，喜爱将对方挠破火被对方挠破，喜爱被人绊了一个狗吃屎趴在地上直哼哼，喜爱集体性的斗争，喜欢一伙人与大活人打得头破血流。因此，般都喜欢打篮球。《红瓦》

이와 같이 텍스트 안에서의 생략은 오히려 말이나 글에 자연스러움과 간결함을 주는 동시에 앞의 문장이나 내용과의 결속을 이룬다. 즉 생략은 다른 결속장치와는 달리 외형적으로는 나타나지 않으면서 실질적으로는 문맥의 내용적, 형식적 결속을 이루어주므로 '내재적 결속장치'라고 할 수 있다.

4.1.2. 생략 현상과 텍스트 응집성

텍스트는 하나 이상의 문장들이 연속된 집합체 또는 문맥을 이루는데, 이때 텍스트를 구성하는 문장들은 아무렇게나 연속되는 것이 아니라 긴밀한 의미적 관계를 가지고 있다. 얼핏 보아 형식적으로 돌출된 결속장치가 출현하지 않았을지라도 텍스트를 구성하는 문장들이 의미적으로 잘 결속될수록 응집성이 높아진다는 사실은 자명한 일이다. 아래 예문을 보자.

(3) 여자는 주춤주춤 그 앞으로 와서 용산2가동 동사무소 앞에서 본 것 같다며 전단지 속 엄마를 가리켰다. 물빛 한복을 입고 화사하게 웃고 있었다. 이 옷을 입고 있었던 건 아닌데 눈이 너무 똑같다고 했다. 소눈하고 똑 닮아서 한 번 보면 기억에 남는다. 눈을 또 한번 들여다보더니 발등에 상처를 입고 있었다고 했다. 파란 슬리퍼를 신고 있었는데 얼마나 많이 걸었는지 슬리퍼가 엄지 쪽 발등을 파고 들어갔고 살점이 떨어져나가 패어 있었다고. 집을 나갈때 베이지색의 샌들을 신고 있었다는 말이 문득 떠올랐다. 고름이 밴 상처 부위에 자꾸 파리가 날아와 앉았고, 아플 것 같은데도 상처엔 무관심한 듯 동사무소 안을 기웃기웃거리고 있었다고 덧붙였다. (《엄마를 부탁해》)

예문은 가족들이 집을 나간 엄마를 찾으려고 엄마의 사진이 담긴 전단지를 가지고 다니는 과정에서 목격자를 만난 장면에 대해 진술하고 있다. 이 단락은 많은 정보를 담고 있다. 하지만 문장마다 주체의 역할을 하는 항목들이 출현하지 않았다. 이 단락이 독자들에게 전하고자 하는 핵심적인 단서를 요약해서 보여 주면 아래와 같다.

    (4)   엄마를 본 여자 - 눈 (소눈) - 발등 - 상처 - 파란 슬리퍼 - 상처
          - 베이지색 샌들 - 동사무소

  예문 (3)의 핵심은 간추려 표현하면 (4)와 같다. 이런 핵심적인 단서를 중심으로 예문 (3)과 같이 제보자의 제보가 전개되는 것이다. 예문에는 첫 문장에만 제보의 주체가 출현했을 뿐 그 나머지 문장이나 절에서는 제보자가 출현하지 않았다. 뿐만 아니라 진술의 대상인 '엄마'도 처음 출현하는 문장에서 언표화하여 나타났지만 계속되는 진술 과정에서는 모두 생략되었다. 중요한 단서인 '눈'과 '발등' 등 요소들도 마찬가지다. 하지만 이 텍스트의 경우 비록 주어가 생략됨으로써 직관적으로 화제나 주체의 연결이 이루어지지 않아 문장마다 의미적으로 관계가 긴밀하지 않은 것으로 보이나 자세히 들여다 보면 문장과 문장 사이에 중요한 단서들이 꼬리에 꼬리를 물고 연속적으로 결속관계를 이룬다. 즉 '한복-이 옷-눈-소눈-눈-발등-파란 슬리퍼-발등-샌들-상처' 등이다. 이렇게 핵심적인 정보만으로 결속관계를 이루며 연속적으로 제시되었다.
  이 텍스트의 생략된 주어들을 모두 복원해 넣으면 아래와 같다.

    (3)′ ①**여자는** 주춤주춤 그 앞으로 와서 ②(**여자는**) 용산2가동 동사무소 앞에서 본 것 같다며 (**여자는**) 전단지 속 ③**엄마를** 가리켰다. ④(**엄마는**) 물빛 한복을 입고 (**엄마는**) 화사하게 웃고 있었다. (**여자는**) 이 옷을 입고 있었던 건 아닌데 ⑤눈이 너무 똑같다고 했다. ⑥(**엄마의 눈은**) 소눈하고 똑 닮아서 (**사람들은**) 한 번 보면 기억에 남는다. (**여자는**) 눈을 또 한번 들여다보더니 (**여자는**) 발등에 상처를 입고 있었

다고 했다. 여자의 말에 의하면, **(엄마가)** 파란 슬리퍼를 신고 있었는데 **(엄마는)** 얼마나 많이 걸었는지 슬리퍼가 엄지 쪽 ⑦**발등을** 파고 들어갔고 살점이 떨어져나가 ⑧**(발등은)** 패어 있었다. 집을 나갈 때 베이지색의 샌들을 신고 있었다는 말이 문득 떠올랐다. **(여자는)** 고름이 밴 상처 부위에 자꾸 파리가 날아와 앉았고,아플 것 같은데도 상처엔 무관심한 듯 동사무소 안을 기웃기웃거리고 있었다고 덧붙였다.

생략된 주어를 복원해 넣으면 문장마다 문법적으로는 완전한 표현이 된다. 하지만 원문이 가지고 있던 긴박한 진술 효과가 크게 저하되어 필자가 핵심정보만으로 구성된 진술로 독자들의 흥미를 유발하고자 하는 의도는 성공하지 못할 가능성이 커지게 된다. 엄마의 가출에 대해 궁금한 독자들이 목격자의 진술에서 얻고 싶은 내용은 가출 당시의 인상착의와 발견된 장소 등 요소가 될 것이고 이에 대한 핵심적인 정보만을 원한다. 따라서 굳이 문장마다 제보자인 '여자'가 출현할 필요가 없고, 실종의 주체인 '엄마'도 굳이 매번 언표화될 필요가 없다. 이런 명백한 구정보들의 반복적인 출현은 앞서 언급했듯이 내용의 신속한 전개를 방해할 뿐만 아니라 핵심 정보들 사이의 관계망을 머리에 그리는 데에도 도움이 되지 않는다. 이렇게 되면 정보성이 낮거나 거의 없는 항목들에 불필요한 주의를 돌리지 않을 수 있어서 문맥의 핵심적인 내용의 흐름을 장악하는 데에 유리할 뿐만 아니라 의사소통의 효율을 효과적으로 향상시킬 수 있다.

(5) 그는 왜 자신이 밥을 잘 먹고 있어야 엄마가 덜 슬픈지 알 길이 없었다. 그 여자 때문에 집을 나갔으니 밥을 먹으면 슬퍼야 맞을 것

같은데 반대로 말했다. 그걸 먹어야 덜 슬프다니 이해는 되지 않았지만 엄마를 슬프게 할 생각은 없었으므로 그제야 먹을게! 퉁명스럽게 말했다. (《엄마를 부탁해》)

예문 (5)에는 주어들이 거의 출현하지 않았다. 돌출된 결속 장치가 출현하지 않아 얼핏 보면 서로 무관한 절들의 연속이라는 느낌이 들 수 있지만 이런 절들은 매우 긴밀한 의미적 관계를 가지고 있다.

　(6)　엄마 가출 - 그 여자 때문 - 그 여자 해주는 밥 - 먹지 않는다 -
　　　　엄마가 슬퍼한다 - 이해가 안된다 - 슬프게 하고 싶지 않다 - 먹겠
　　　　다고 약속한다

예문 (5)는 상술한 의미적 연계를 바탕으로 연쇄적인 절들을 통해 엄마의 마음을 이해할 수 없는 주인공의 복잡한 심리 상태를 묘사하고 있다. 생략된 주어를 모두 복원하면 아래와 같다.

　(5)′　그는 왜 자신이 밥을 잘 먹고 있어야 엄마가 덜 슬픈지 알 길이 없
　　　　었다. (엄마가) 그 여자 때문에 집을 나갔으니 (내가 그 여자가 해주
　　　　는) 밥을 먹으면 (엄마는) 슬퍼야 맞을 것 같은데 (엄마는) 반대로
　　　　말했다. (내가) 그걸 먹어야 (엄마가) 덜 슬프다니 (나는) 이해는 되
　　　　지 않았지만 (나는) 엄마를 슬프게 할 생각은 없었으므로 (나는) 그
　　　　제야 먹을게! 퉁명스럽게 말했다.

이렇게 생략된 정보들을 모두 복원하면 문법적으로는 완벽한 문장이 되고 모든 정보들이 완벽하게 언표화 되었지만 엄마의 생각을 이해할

수 없지만 엄마를 슬프게 하지 않기 위해 약속하는 주인공의 복잡한 심리적 상태는 효과적으로 표현할 수가 없다. 이렇게 표층적인 결속적 기제가 출현하지 않아도 내재적 의미 연결이 긴밀하다면 내용을 이해하는 데에 방해가 되지 않을 뿐더러 기타 표현적 효과도 얻을 수 있다. 이처럼 생략 장치를 염두에 둔다면, 얼핏 보기에 서로 상관없는 내용으로 구성된 개별적인 문장들이라 할지라도, 그들 사이의 강한 의미적 응집을 찾아낼 수 있다.

4.2. 생략 현상과 맥락의 구성

4.2.1. 화제 유지 장치로서의 생략 현상

하나의 화제가 여러 개의 절, 문장, 심지어 단락에까지 연속된다면 이를 화제의 유지라고 할 수 있다. 화제의 유지는 텍스트의 무표적 결속이라고도 할 수 있다. 여러 가지 생략 현상 중 주어의 생략은 화제를 유지하는 주요한 형식이다. 그러므로 주어 생략은 화제 유지의 무표적 형식이라고 해도 과언이 아니다.

(7) 他从路边石灰堆上抓起一把石灰, 掩在王胆头上, 把她提回家去。没打骡子, 去抽了老婆一鞭, 踢了王肝一脚。(《蛙》)

예문에서 첫 번째 절의 주어 '他'가 출현하였고 그 이후 후행하는 절들에서는 모두 '他'가 하고 있는 일련의 행동들을 열거하며 모두 주어가 생략되었다. 연속되는 주어의 생략은 절마다 긴밀한 결속적 관계를 이루게 하는데 이는 주어 생략 현상이 화제 연속성 유지 작용을 할 수 있다는 것을 보아낼 수 있다.

한편 화제 연속성은 텍스트 응집성의 무표적 조건이다. 화제를 빈번하게 전이할 때에는 주어를 임의적으로 생략할 수 없다.

> (8) <u>邵其平</u>被叫来了。查看了教室之后，把桥安和马水清教导办公室。
>
> 并且做了这样的处理：桥安必须买一枚新的镜子，当中陪给马水清。
>
> 之所以这样处理，是由于马水清始终一口要定自己照镜子时并没有
>
> 发现桥安。(《红瓦》)

예문 (8)은 두 개의 단락으로 구성된 텍스트이다. 두 번째 단락에서는 주어가 출현하지 않았다. 하지만 맥락의 의미로부터 추리하면 두 번째 단락의 행위의 주체는 첫 번째 단락의 주어 '邵其平'이라는 것을 알 수 있다. 두 단락은 화제 '邵其平'을 공유하고 있어서 의미적 응집이 긴밀하다. 따라서 두 번째 단락에 주어가 출현하지 않았어도 내용을 이해하는 데에 큰 어려움이 없게 된다. 뿐만 아니라 두 번째 단락에 주어가 출현하지 않음으로 인해 이러한 심층적 결속이 보다 긴밀해지는 느낌을 받게 되기도 한다.

> (9) ①<u>我</u>大喜，扔下枝条，将那蝉捂在手里，咀嚼着，生吃活蝉，省了火，省了时间。②<u>蝉</u>味道鲜美，营养也比烧熟的蝉丰富。是我们的美味佳肴，高级补品。③(   )一边走一边搜索着路边的树干，但再也没有找到蝉，却捡到了一张印刷精美的彩色传单。(《红瓦》)

예문 (9)에서 세 번째 문장은 주어가 출현하지 않았다. 첫 번째 문장은 주어 '我'가 '蝉'을 씹어 먹는 사실을 진술하고 있다. 이어 문장 ②에서는 다시 새로운 주어 '蟬'이 출현하였고 문장 ③의 일련의 절들에서는 주어가 생략되었다. 문장 ①에서는 '주인공이 누에를 날로 씹어 먹는다'는 내용을, 문장 ②에서는 '누에의 특성'을, 문장 ③에서는 다시 '주인공이 여기저기 누에를 찾아 다녔지만 누에 대신 한장의 전단지를 발견한 사실'을 기술하고 있다. 일반적인 인지적 판단 능력을 가진 독자라면, 이 세 문장의 관계에 있어서 문장 ②가 주인공의 일련의 연속적인 행동을 진술하는 과정에 삽입된 문장임을 알 수 있다. 따라서 마지막 문장에 주어가 생략된 것은 문장 ①과 문장 ③의 긴밀한 결속 관계를 암시하기도 한다.

(10) **姑爷爷**他们平常是在厨房吃早餐的。因为**三叔**来了，所以改在小饭厅里。**姐姐**进了餐厅，**大奶奶**还在厨房里，只有**姑姑**在桌子旁边坐着。
 (《蛙》)

예문 (10)에서는 화제가 빈번하게 바뀌고 있으며 따라서 주어 생략이 이루어지지 않았다. '姑爷爷', '三叔', '姐姐', '大奶奶', '姑姑'의 순서로 부동한 인물과 부동한 사건에 대해 기술하고 있다. 즉 동일 화제를 연속적으로 이어가지 않고 있다. 이런 경우에 주어를 생략하지 않았다는 점은 생략 현상이 화제 유지의 무표적 특징이라는 현상을 반증하는 것이기도 하다.

(11) 我**大哥**小心翼翼地接讨**表**，先捧在手心里看，然后放到耳边听。看完了，转给姐姐看，**姐姐**看完，转给二哥看。**二哥**只看了一眼，没来得及放在耳边听响就被大哥抢了回去。 **我**有些气急败坏， 哭起来。
 (《蛙》)

예문 (11)에서는 첫 번째 절의 목적어 '表'를 둘러싸고 여러 명의 등장인물들의 시간적 순서에 따른 일련의 행동들을 보여 주고 있다. 텍스트는 네 개의 문장으로 구성되었고, 문장마다 등장인물들이 바뀜에 따라 화제도 전이되고 있다. 이렇게 생략 현상은 임의로 일어나는 것이 아니라, 동일한 화제에 대해 진술하고 있을 때 동일한 형태의 반복적인 언급을 피하기 위해 사용하는 전략적 표현 방식이다. 이는 반대로 생략 현상은 화제 유지의 장치라는 것을 말해준다. 화제가 빈번하게 바뀌는 경우 임의로 생략한다면 독자들의 내용 파악에 어려움을 가져다 주며, 심지어 독자들이 텍스트의 내용을 정확하게 이해하지 못하는 결과를 초래할 수도 있다.

4.2.2. 배경 전환 표지로서의 생략 현상

텍스트는 여러 문장이 모여 통일된 덩어리를 이루는 의사소통 매개체이다. 그러나 텍스트는 그 내부를 다시 여러 텍스트로 나눌 수 있으며, 이 조직은 계층적인 구조를 이룬다. 하나의 텍스트가 내부에서 또다시 몇 개의 단위로 세분화될 수 있는 것이다. 텍스트가 동일한 내용을 화제로 공유하더라도, 전달하는 정보의 내용이나 전달 방식이 부분마다 다르기 때문이다. 텍스트의 정보 내용은 텍스트가 서술하는 공간적 배경, 시간적 배경, 일어나는 사건, 텍스트에 등장하는 참여자의 역할 등에 따라 달라질 수 있다. 텍스트의 공간적 배경의 변화는 명확하게 드러나는 기준이기 때문에 텍스트를 작은 단위로 나누는 데에 적용하기가 용이하다. 시간적 배경, 사건, 참여자의 요소는 공간적 배경이 동일한 텍스트를 세분화 하는 데에 도움을 준다.

이와 같이 정보가 서술되는 시공간, 관점이 동일한 텍스트 내 소 단위는 하나의 배경 또는 무대(stage)를 이룬다. 동일 텍스트 내에서 앞 문장과 연관성이 없는 시점의 차이, 서술 시간의 차이, 장소의 차이, 등장인물의 행동 차이는 텍스트의 배경이 전환됨을 의미한다. 예문을 통해 보면 다음과 같다. 아래 예문 (12)는 비록 주어 생략 현상이 관여하는 배경 전환의 실례가 아니지만 이를 통하면 하나의 텍스트가 어떻게 시공간적, 또는 사건 별로 서로 다른 배경을 가지고 전개 되는지 잘 파악할 수가 있다.

아래 예문을 보자.

(12) ①<u>我</u>仿佛一只兔子, ( )从墙后蹿出, ( )几步穿过食堂前面的空地, ( )在几棵白杨树间躲闪了几下, ( )蹿到了与施乔的房间正对着的菜地里。②<u>我</u>在一片茄子丛里躺下了, ( )躺在里面很凉快, 很舒坦。已经接茄子了, 又绿又嫩, 形如悬胆, ( )顺手摘下一个, ( )大口大口咬起来, 味道很不错。③透过茄子叶, ( )可以看到一片夏天的晴朗天空。④<u>我</u>感到很惬意, 觉得在茄子丛里躺着, 是件很让人开心的事情。(《红瓦》)

예문 (12)는 4개의 문장으로 구성되었다. 이 텍스트는 첫 문장에 출현한 '我'를 중심으로 내용을 전개하고 있다는 것을 쉽게 알 수 있다. 하지만 전체 텍스트 중 '我'는 세 번밖에 출현하지 않았다. 얼핏 보면 선체 딘락온 주인공의 일련의 행동을 기술하고 있다는 측면에서 위계적 구조가 보이지 않지만 자세히 분석해 보면 이 텍스트의 구성이 하나의 배경을 바탕으로 하지 않는다는 것을 알 수 있다. 첫 문장은 주인공이 나무 숲에서 이리저리 뛰놀고 있는 내용에 대해 기술하고 있다. 한편 문장 ②와 ③에서는 '가지숲'이라는 새로운 공간이 출현한다. 계속해서 문장 ④는 주인공의 기분에 대한 묘사로 기술의 관점이 전환되었다. 이렇게 하나의 화제를 공유하고 있지만 이들 문장들은 서로 다른 배경을 제시하고 있는 것이다. 이렇게 배경이 바뀔 때마다 화제를 다시 언표화 시킴으로써 무대가 전환됨을 강조하여 보여 줄 수 있다.

(13) ①姑姑得到艾连即将生产的消息, ( )骑着那时还很罕见的自行车。(②)背着药箱子, ( )飞一般串回来。③从卫生所到我们村十里路, 姑姑只用了十分钟。④进门后, 姑姑看到田桂花正骑跨在艾连身上, 卖力地挤压艾连高高隆起的腹部。⑤看到这一情景, 就感到怒不可遏, 箭步走到炕前, 戴上手套, 严肃地对爱莲说: "……"。⑥姑姑虽是初次接生, 但头脑冷静, 遇事不慌, 五分的技艺, 能发挥出十分的水平。(《蛙》)

예문 (13)에서 역시 주인공인 '姑姑'가 해당 텍스트의 화제임을 쉽게 판단할 수 있다. 스무 개 절로 구성된 이 텍스트 중 네 개 절에서만 화제가 출현하였다. 내용 구성을 살펴보면, 문장 ①과 ②는 출산 소식을 듣고 부랴부랴 출발하여 가고 있는 과정에 대한 묘사로 물리적 공간을 배경으로 하고 있다. 문장 ③은 길에서 걸린 시간에 대한 서술로 서술의 초점이 전환되었다. 문장 ④, ⑤는 산모 집에 도착한 다음 주인공의 일련의 행동들에 대한 묘사이다. 이때 배경은 산모 집으로 전환되었다. 이어 문장⑥은 주인공의 천부적 기술에 대한 평가이므로 또 다시 표현의 초점이 변화를 가져 왔다. 이렇게 물리적 공간, 관점의 전환 등 요소는 동일한 화제를 기술하는 텍스트를 더 작은 단위로 세분화시킴으로써 생략된 주어를 언표화하는 배경적 근거를 제공한다.

4.3. 생략 현상의 기타 효과

4.3.1. 생략 현상의 정보성 상승 효과

생략의 주요 역할은 구정보의 반복을 피함으로써 신정보에 관심을 집중시키고자 하는 것이다. 특히 문장 강세가 없는 문어체에서 생략은 정보의 초점을 표시하는 데에 매우 유용하다. 즉 텍스트에서 생략이 응집성을 강화하는 기제로 활용되어 비초점 정보를 언표화하지 않음으로써 텍스트 전체의 표층 응집성이 강화됨은 물론, 심층 응집성까지도 이룰 수 있다. 따라서 신정보를 돌출시켜 강조하면 신정보의 상승 효과를 이룰 수 있는 것이다.

> (14) 那天，谢百三让我去向白麻子领取水桶扁担等工具给菜地浇水，我一连叫了三声"罗师傅"，都未搭理我，脸上冷冰冰的，让人十分尴尬。又叫了一声"罗师傅！"，这才掉过头来问："什么事什么事?"我说："领水桶扁担浇水。"他说："叫你们班长来领"我只好去告诉谢三百，一路上，心里不住地骂："白麻子！白麻子！"。(《红瓦》)

위의 예문 (14)에서는 생략이 빈번하게 나타난다. 전체의 줄거리는 필자가 주인공이 '谢三百'라는 사람의 부탁을 받고 '白麻子'를 찾아 간 장면이다. 그런데 주목할 것은 이야기를 전달하면서 중간에 주체가 빈번하게 바뀌었지만 명확한 언급이 없이 생략기제로 처리하였다는 점이다. 언뜻 보아 통사적인 연결이 어려울 것 같으나, 이 이야기를 접하는 독자들은 언급되지 않은 주체에 대해서 의아해하지 않고 이야기 내용을 이해하는 데에도 어려움이 없다. 오히려 주체를 생략함으로써 신속한

정보 전달이 가능하여 사건의 진행에 대한 호기심을 유발시키는 효과를 거두고 있다. 계속되는 이야기 전개가 선행 문장에 이은 신정보만으로 이루어지지만 더욱 강한 응집성을 형성하게 되는 것이다.

(14)′ 那天，谢百三让我去向白麻子领取水桶扁担等工具给菜地浇水，我一连叫了三声 "罗师傅"，白麻子都未搭理我，脸上冷冰冰的，白麻子让人十分尴尬。我又叫了一声 "罗师傅！"，白麻子这才掉过头来问："什么事什么事?"我说："领水桶扁担浇水。"他说："叫你们班长来领。"我只好去告诉谢三百，一路上，我心里不住地骂："白麻子！白麻子！"。

생략된 주체들을 복원해 넣으면 언뜻 보아 통사적인 연결은 완벽하여 독자들이 문장을 이해하는 과정에서의 인지적 부담은 덜 수 있을지라도 의미 화용적인 텍스트 맥락은 주체가 생략된 문맥에 비해 어색하고 반복적으로 출현하는 구정보들이 이야기의 신속한 전개를 방해하여 흥미진진한 진술 효과도 크게 저하된다.

생략 현상은 이렇게 텍스트 상황에서 요구하는 신정보만을 간략하게 제시하여 구정보나 비초점정보를 거의 언표화하지 않아도 사건의 전개를 연속적으로 일목요연하게 보여 주어 응집적 의미를 효과적으로 반영한다. 이는 문장의 길이가 짧고 문장들 사이의 의미적 응집이 분명한 경우에 더욱 그러하다. 물론 생략된 부분들을 복원해 넣는다면 독자 스스로 의미 해석을 진행하고 의미적 응집을 찾아내야 하는 노력을 들이지 않아도 되기 때문에 부담도 적어질 수 있고 의미 해석의 과정이 빠르고 정확하게 진행될 수 있겠지만, 텍스트가 지향하는 기타 효과는 저하되는 결과를 초래한다.

4.3.2. 생략 현상의 독자 결속 효과

본고에서는 생략 현상의 독자 결속 효과를 두 가지 측면에서 알아보고자 한다.

소설 텍스트의 주인공은 작품 속의 등장인물뿐만 아니라 경우에 따라 필자나 독자 등이 될 수 있다. 우리는 누구나 자신과 관련된 이야기나 사건에 보다 큰 관심을 가지는 경향이 있다. 따라서 소설 텍스트의 주어가 고유 명사거나 2인칭 또는 3인칭인 경우와 주어가 1인칭 대명사인 경우를 비교할 때 텍스트에 대한 독자의 결속 효과는 차이가 있다. 주인공이나 제4자의 이름이 반복적으로 제시되거나, '나'하고는 무관한 2인칭이나 3인칭 대명사가 높은 빈도로 반복적으로 출현한다면 독자는 자신이 소설 속의 인물이 아닌 제3자인 입장에서 텍스트에 몰입하게 될 것이다. 이는 상대적으로 주인공의 자세로 텍스트 내용을 향하는 독자의 몰입도를 떨어뜨리게 된다. 하지만 생략 기제를 적절하게 사용한다면, 주어가 1인칭 '내'가 아닐지라도 제3의 인물이 맥락 중에 출현하지 않기 때문에 상대적으로 주인공의 자세로 텍스트에 몰입하는 심리적 작용이 일어나게 되는 것이다.

다음, 소설 텍스트의 다른 한 가지 독자 결속 효과에 대 해 알아보자.

> (15) 男孩儿说希望有一天能向教皇忏悔, 今生在世至少能够有一次机会。高中时杀过人, 是离家出走的少女。虽然很难断定是真是假, 但据说是把尸体丢到了海里, 且为此感到非常痛心。我虽不是基督教徒, 也没去过教堂, 但对我来说是个不小的冲击。

예문은 주인공이 한 소년과의 만남에서 발생한 일이다. 예문에서는 생략이 빈번하게 발생하였다. 전체의 줄거리는 소년의 과거와 관련된 이야기를 간접 전달하는 방식으로 펼쳐지고 있다. 그런데 주목할 것은 그의 이야기를 전달하면서도 주체에 대한 언급이 거의 없으며, 중간중간 주체가 바뀜에도 불구하고 이에 대해서도 역시 언급하지 않는다는 점이다. 그러나 이 이야기를 접하는 독자들은 주체가 언급되지 않았다고 해서 내용을 이해하는 데에 방해가 되지 않는다. 오히려 반복적으로 언급되는 주체를 생략함으로써 독자들이 진정 관심을 기울이는 정보의 전달이 보다 신속하게 되어 다음 이야기에 대한 호기심을 유발시키는 효과를 일으키기도 한다. 신정보로만 구성된 예문의 관계망을 구축하면 아래 (16)과 같다.

(16) 向教皇忏悔→ 高中时杀过人 → 离家出走的少女 → 尸体丢到了海里 →非常痛心 → 基督教徒

이렇게 예문은 선행 문장에 이어 신정보만으로 맥락을 구성하였다. 언뜻 보아 서로 연관이 없는 내용들이 열거되어 통사적인 연결이 어려울 것 같으나, 이들 사이에는 분명 의미적 연관 관계가 존재한다. 형식적인 표면적 결속 장치들이 부재한다는 것은 언어적 단서를 통해 의미적 연결을 파악할 수 없다는 것을 의미한다. 따라서 독자들은 심층적 내용의 의미 화용적 연결을 찾아내기 위해 텍스트 맥락에 더욱 몰입하게 되고, 이들 사이 관계를 찾아내는 과정에 보다 많은 인지적 노력을 들이게 된다. 독자들은 심층적 결속을 찾아내는 과정에서 스스로 텍스트 맥락의 구성 인물로 몰입이 되는 현상이 발생하게 되며 인지적 추리 능력도 검증을 받게 된다. 이는 나아가서 필자와 독자의 보다 강한 응집력을 생성한다고 해도 과언이 아니다. 따라서 텍스트의 응집성을 실현하는 중요한 수단인 생략 기제는 문장 사이 의미의 응집을 형성할 뿐만 아니라 독자들을 맥락에 결속시켜서 필자와 독자의 인지적 결속 관계를 생성함으로써 의사소통의 효율을 높일 수 있는 것이다.

생략된 주어를 복원해 넣으면 전달 효과가 전혀 다른 아래와 같은 텍스트가 형성이 된다.

(15)′ **(男孩儿)**说希望有一天能向教皇忏悔，今生在世至少能够有一次机会。**(男孩儿)**高中时杀过人，**(被杀的人)**是离家出走的少女。**(这个故事)**虽然很难断定是真是假。**(男孩儿)**把尸体丢到了海里，**(男孩儿)**且为此感到非常痛心。因为**(男孩儿)**是基督教徒，虽然**(男孩儿)**不常去教堂，**(这一行为)**绝对是疯狂的。

이렇게 생략 항목을 모두 복원해 넣으면 모든 정보가 표면적으로 드러나 있어서 독자가 스스로 의미 해석을 해야 할 부분이 적어지고 문맥 의미를 파악해야 하는 부담도 적어진다. 그렇다고 해서 결코 의미 해석 과정이 더욱 빠르고 정확하게 진행될 것이라고 기대할 수는 없을 것이다. 정보성이 낮은 구정보의 반복적인 출현은 오히려 매끄러운 문맥의 형성에 불리할 뿐만 아니라, 텍스트 상황에 이미 주어진 정보를 숙지하고 있는 독자의 인지적 능력이 저평가됨으로써 독자를 텍스트에 결속시키는 힘이 약해지기 때문이다. 따라서 필자의 입장에서도 텍스트 내용 전개의 긴박감, 흥미유발 등 효과는 크게 기대할 수 없게 되는 것이다.

5. 결론

　본고에서는 중국어와 한국어의 문어 텍스트에 나타난 주어 생략 현상에 대한 대조 연구를 진행하였다. 본 연구는 구어적 담화뿐만 아니라 문어 텍스트 역시 필자의 일방적인 표현이 아닌, 필자와 독자 사이의 의사소통의 매개체라고 간주하였다. 비록 문자로 표현된 언어일지라도 필자는 텍스트 작성 과정에서 잠재적 독자를 염두에 두고 맥락을 전개해 나가며, 독자는 자신의 인지적 배경을 바탕으로 능동적인 이해 과정을 거쳐 텍스트에 접근한다고 주장하였다. 생략은 특정한 정보를 담고 있지만 텍스트 문맥에 나타나지 않는 현상이다. 이러한 특성 때문에 문어 텍스트의 생략 현상은 더구나 문장 차원에서 벗어나 보다 많은 정보를 담고 있는 텍스트의 맥락 속으로 확대하여 관찰해야 하며, 뿐만 아니라 필자와 독자의 의사소통을 전제로 하여, 이러한 생략 현상을 이해하는 과정에 필요한 독자의 인지적 배경, 인지적 부담 등 능동적인 활동에 주목하여야만 가장 넓은 범위에서의 포괄적인 연구를 진행할 수 있다고 보았다.

　이를 위해 본고에서는 우선 주어 생략 현상을 연구함에 있어서의 전제가 되는 '생략 현상의 범주화'를 진행하였다. 생략의 유형을 범주화하는 작업에 있어서 본고는 순수 언어학적 측면에서 전형적인 생략과 비전형적인 생략의 제반 유형을 추출했을 뿐만 아니라, 이런 생략 현상들을 복원하는 과정에서의 독자의 인지적 활동까지를 포괄적으로 고려하여 주어 생략 현상의 범주화를 진행했다. 왜냐하면 의사소통은 필자와 독자의 상호작용이며, 생략 항목의 이해 과정은 필자가 표현한 언어적 맥락과 독자의 인지적 맥락의 상호작용 속에서 진행되는 인지적이고 능독적인 과정이기 때문이다. 독자의 인지적 배경까지 고려한 생략 현상이야말로 그 본질에 대한 깊이 있는 분석이 가능하다. 즉 생략 현상이 언어적 맥락과 언어적으로 제시한 상황에 어떻게 의존하고 있으며 또한 이런 내용을 이해하고 추리하고 복원하는 과정에서 독자가 들어야 하는 인지적 노력이 어느 정도인가를 고민해 보는 것이다. 생략 현상을 복원함에 있어서 문맥 정보로부터 추리해낼 수 있는 양상이 다른데, 문맥을 통해 명확하게 원형을 복원해낼 수 있는 경우가 있는가 하면, 문맥의 정보를 바탕으로 독자의 생활 경험, 또는 인지적인 추리 과정을 거쳐 적절한 형태를 찾아내야 하는 경우도 있으며, 언어적으로 제시된 문맥적 상황을 떠나 독자의 인지적 배경지식으로부터 추출해 내야 하는 보다 추상적인 형태도 있다. 이를 바탕으로 본고는 생략의 유형을 크게 '형태적 동일성에 의한 생략', '의미적 동일성에 의한 생략', '의미적 연관성에 의한 생략', '인지 정보의 생략'의 네 가지로 분류하고 소설 텍스트에서 추출한 구체적인 생략적 현상과 결합하여 이들 유형에 대한 자세한 설명을 진행하였다.

한편 실제 의사소통은 단순히 문장의 차원을 넘어 보다 큰 매개제인 텍스트라는 틀 안에서 이루어진다. 생략 현상 역시 단편적인 문장 내의 필수 성분 탈락의 개념을 벗어나 실제 의사소통에서 어떤 형식으로 이루어지며 어떤 의사소통적 효과를 가져 오는지에 대한 논의가 필요하다. 텍스트 층위에서의 생략은 언어 구조적 내부의 생략과는 달리, '필수적 생략'이 아닌 의사소통의 효과에 관여하는 '임의적 생략'이다. 텍스트 참여자들은 특정의 의사소통적 효과를 이루기 위해 생략적 기제를 전략적으로 사용하고자 하는 경향이 있다. 이런 현상은 역으로 생략적 기제를 적절하게 활용한다면 의사소통의 효율을 높일 수 있음을 말해 준다. 이에 본 연구에서는 보다 넓은 맥락에서의 생략 현상이 가져오는 전략적 효과가 무엇인지를 분석하고, 이러한 텍스트 효과를 위해 생략에 적용되는 텍스트 원리가 무엇인지를 규명하였다. 우선 텍스트 결속 장치로서의 생략 현상의 역할에 대해 알아보고, 기타 결속장치들과는 달리 외형적으로는 나타나지 않지만 실질적으로는 결속을 이루어 주며, 때로는 생략이 오히려 말이나 글에 자연스러움과 간결함을 주는 동시에 앞의 문자나 내용간의 결속을 이루어 준다고 결론을 내렸다. 또한 표층적인 결속 장치가 부재함으로써 오히려 심층 내용의 의미적 연계가 더 뚜렷해지는 효과를 얻을 수 있어서 생략 기제는 개별 문장으로 구성된 텍스트의 응집성을 강화하는 역할을 한다는 사실도 발견하였다. 이외에도 주어 생략은 '화제 유지'와 '화제 전이' 표지로도 그 역할을 발휘하는데, 동일한 화제를 진술함에 있어서 반복적으로 출현하는 정보성이 낮은 항목을 언표화하지 않는 것은 매끄러운 문맥의 형성에 유리할 뿐만 아니라 해당 화제가 지속되고 있음을 알리는 역할도 한다. 하지만 동일한 텍스트도 그 내부에 들어가면 시간적, 공간적, 참여자 요소, 관점의 변화 등등 요소를 바탕으로 더 작은 단위로 세분화할 수 있다. 이과정에서 생략 기제를 효과적으로 활용하면 공간적 시간적 배경의 전환을 보다 입체적으로 나타낼 수 있어서 의사소통의 효율을 향상시킬 수 있다. 한편 생략 기제를 빈번하게 사용하는 경우 언뜻 보아 서로 연관이 없는 내용들만 열거되어 통사적인 연결이 어려울 것 같은 느낌을 준다. 하지만 형식적인 표면적 결속 장치들이 부재하여 언어적 단서를 통해 의미적 연결을 파악할 수 없는 독자들은 심층적 내용의 의미 화용적 연결을 찾아내기 위해 텍스트 맥락에 더욱 결속되게 된다. 그 결과 독자의 인지적 추리 능력은 검증을 받게 되고, 심층적 결속을 찾아내는 과정에서 스스로를 텍스트 맥락의 구성 인물로 몰입하는 심리적 현상이 발생하게 된다. 이는 나아가서 필자와 독자의 보다 강한 응집력을 생성한다고 해도 과언이 아니다. 따라서 본고는 텍스트의 응집성을 실현하는 중요한 수단인 생략 기제가 문장 사이 의미의 응집을 형성할 뿐만 아니라 독자들을 맥락에 결속시키고 필자와 독자의 인지적 결속 관계를 생성하여 의사소통의 효율을 높일 수 있다는 결론을 내렸다.

이런 분석들을 바탕으로 본고에서는 앞서 범주화한 생략의 유형에 따라 우선 중국어와 한국어 소설 원문 텍스트에서 나타는 유형별 생략 현상의 빈도를 분석하였다. 네 편의 소설에서 각 소설당 5000절의 유효 절을 추출하여 생략 빈도에 대해 알아보았다. 그 결과 중국어 텍스트의 주어 생략은 35.95%의 비율을 나타냈고, 한국어 텍스트에서는 42.7%의 생략 비율을 보여 주었다. 이런 결과는 중국어 텍스트에 비해 한국어 텍스트에서 주어 생략 현상이 더 많이 일어남을 말해준다. 한국어에서 주어를 더 많이 생략하는 것은 중국어와 한국어의 언어적 특성에서 기인된 것이라고 보아진다. 우선, 두 언어의 주어는 의미적 범주에 차이가 있다. 중국어의 경우 한국어에 비해 주어의 의미적 범주가 보다 세분화되어 있다 본고에서는 언어 자료 분석 과정에서 관찰된 중국어 주어의 의미적 범주를 기준으로 한국어의 대응 상황에 대해 관찰하였다. 결과 중국어의 시간주어와 처소주어, 도구주어는 한국어에서 부사어로 전환되었고, 중국어의 대상주어는 한국어의 목적어로 변하였으며 한국어의 해당 문장은 새로운 주어를 필요로 하게 되었다. 이런 새로운 주어가 텍스트 맥락에서 상대적으로 돌출된 항목이면 생략의 형식으로 출현하게 되어 한국어의 주어 생략 빈도도 따라서 높아지게 되는 것이다. 다음, 한국어는 조사가 많고 어미가 극도로 발달하였으며 경어법 또한 발달되어 있는 표현이 섬세한 언어이다. 이런 언어적 특성은 형태가 발달하지 않는 중국어에 비해 굳이 어휘적 장치가 출현하지 않아도 이에 대한 힌트로 작용하는 문법적 단서가 존재함으로써 독자가 내용을 이해하는 데에 혼란을 가져오지 않게 된다. 한국어에서 특정 인칭에만 사용할 수 있는 어미가 문맥에 단서로 존재하게 되면 독자들은 주어가 언표화되지 않아도 해당 항목을 복원할 수가 있다. 반면, 중국어는 조사와 어미가 발달되어 있지 않기 때문에 전적으로 어순이 중요한 것이 된다. 이런 특성은 어순을 엄격히 지킬 것을 요구하며, 언어 행위가 분명할 것을 요구한다. 한편 텍스트 층위에서 신정보는 텍스트 맥락에 처음으로 출현하는 정보이다. 텍스트 맥락에 출현한 적이 없다는 특성은 이를 추리해낼 수 있는 근거가 충분하지 못하다는 것을 의미한다. 하지만 형태적 변화가 발달된 한국어의 경우, 주어가 생략되어 있는 문장일지라도 술어에 사용하고 있는 종결어미를 통해 독자들은 주어를 추리해낼 수가 있다.

다음, 본 연구에서는 원문 텍스트에서의 생략 항목이 번역 텍스트에서는 어떤 빈도와 양상으로 나타났는지에 대해 알아보았다. 한국어 소설이 중국어로 번역될 때 6.2%의 주어가 복원되었는데, 이는 중국어 소설을 한국어로 번역할 경우의 4.3%에 비해 높은 비율이다. 이는 앞서 제시한 원문 텍스트의 생략 비율의 통계와 같은 결과이다. 이를 통해서도 한국어 문어 텍스트에서 주어가 더 많이 생략된다는 것을 알 수 있다. 또한 주어가 어떤 방식으로 복원되는가에 대해서도 관찰하였는데 중국어를 한국어로 번역하는 과정에서 다양한 문법적 변환 과정을 거치는 현상과 달리 한국어를 중국어로 번역하는 과정에서는 대부분 생략된 명사나 대명사를 그대로 채워넣는 형식으로 복원이 되고 있었다.

본고에서는 구어체에서 흔히 일어나는 주어의 생략 현상이 문어체 텍스트에서 어떻게 실현되는지를 알아보기 위해 다양한 시도를 진행하였다. 하지만 아직 이론적 기반이 튼튼하지 않으며 해석적 분석이 부족한 상태이다. 이는 추후 연구 과정에서 계속하여 보완해야 할 과제로 남기고자 한다.

한편 외국어 교육 현장에서의 쓰기 교육은 문장 차원의 문법 항목 중심의 교육에 머물러 있는 경우가 대부분이다. 쓰기를 통한 의사소통은 어휘나 문법적 단위를 통해 실현되는 것이 아니라, 이들 요소들이 유기적으로 연결되어 의미적 응집을 갖춘 보다 큰 단위의 텍스트를 통해서 실현된다. 전통적인 교육 방식은 학습자들이 실제 의사소통 상황에 직면했을 때 자신의 의도를 보다 효과적으로 전달하는 데에 방해가 될 수 있다. 본고는 외국어 쓰기 교육이 지향해야 할 목표가 문법적으로 정확한 문장을 생성해 내는 능력을 길러주는 것이 아니라 의사소통의 목적을 실현하기 위하여 자신의 견해나 감정을 초점이 뚜렷하고 강약의 차이가 돌출된 텍스트 맥락을 생성하는 데에 주안점을 두어야 한다고 본다. 따라서 본고의 연구 결과를 어떻게 언어 교육 현장에 적용할 것인가에 대한 적극적인 고민도 필요하겠다. 이는 후속 연구로 남기기로 한다.

参考文献

1. 汉语资料

1) 著作·期刊论文

白晓静, 介词"往"在句中的省略用法浅析[J],《潍坊学院学报》, 2010(1).

曹德和, 省略功能新说[J],《湖北师范学院学报(哲学社会科学版)》, 2001(3).

陈 华, 汉语省略现象与相关理论研究[J],《价值工程》, 2011(5).

陈 琪, 空语类与省略的"空缺"辨析[J],《牡丹江大学学报》, 2013(3).

陈 勇, 省略的语用研究[J],《解放军外国语学院学报》, 1999(5).

陈建文, 动词短语省略的条件限制[J],《邢台学院学报》, 2005(2).

陈信春, 关于后分句主语承前宾语而出现及省略的问题[J],《语言教学与研究》, 1982(2).

陈天然, 谈记叙中的省略[J],《福建师范大学福清分校学报》, 2011(4).

陈伟英, 省略与省力[J],《浙江大学学报》, 2005(6).

储泽祥, 叙事体中施事主语省略的语用价值[J],《修辞学习》, 1996(4).

邓云华·范仲君, 英汉语篇的省略对比[J],《邵阳学院学报(社会科学版)》, 2004(3).

邓丽萍, 汉语双宾语结构中宾语的省略问题初探[J],《娄底师专学报》, 1992(2).

杜治会·张微, 现代汉语话语省略的研究综述[J],《科教导刊》, 2010(8).

丁声树,《现代汉语语法讲话》[M], 商务印书馆, 1961.

范开泰, 省略, 隐含, 暗示[J],《语言教学与研究》, 1990(2).

范晓, 三个平面与法关[M], 北京语言大学出版社, 1996.

冯广艺,《语境适应论》[M], 湖北教育出版社, 1999.

高明凯,《汉语语法轮》[M], 商务印书馆, 1986.

高更生, 谈主语承前省略[J],《东岳论丛》, 1980(3).

韩 斌, 语言省略现象新解[J],《重庆科技学院学报(社会科学版)》, 2008(8).

郝文成, 介词"以"的省略[J],《河北大学学报》, 1982(1).

何自然·冉永平,《语用与认知》[M], 外语教学与研究出版社, 2001.

何贞慧, 汉语空语类与省略及隐含的属性辨析[J],《湖南农业大学学报(社会科学版)》, 2010(3).

胡裕树, 语法研究的三个平面[J], 汉语学习, 1992(11).

胡裕树·范晓, 试论语法研究的三个平面[J], 新疆师大学报, 1987(2).

胡壮麟,《语篇的衔接与连贯》[M], 上海外语教育出版社, 1994.

胡壮麟·朱永生·张德禄·李战子,《系统功能语言学概论》[M], 北京大学出版社, 2005.

黄国文, 语篇分析概要[M], 湖南教育出版社, 1988.

黄荔辉, 话语省略与认知语境[A],《福建省外文学会交流论文文集》, 2003.

黄南松, 论省略[J],《汉语学习》, 1995(6).

黄南松, 现代汉语叙事体语篇中的成分省略[J],《中国人民大学学报》, 1996(5).

黄南松, 省略与语篇[J], 汉语学习, 1997(1).

黄婉梅, 重评《新著国语文法》对省略现象的研究[J],《武陵学刊》, 2011(1).

金顺姐, 韩国语省略现象及反映的社会文化背景[J],《牡丹江大学学报》, 2011(11).

黎锦熙,《新著国语语法》[M], 商务印书馆, 1998.

李福印,《认知语言学概论》[M], 北京大学出版社, 2008.

李汝亚·石定栩·胡建华, 省略结构的儿童语言获得研究[J],《中国语文》, 2012(3).

李艳惠, 省略与成分缺失[J],《语言科学》, 2005(2).

李 英, 言语省略与语境[J],《大连大学学报》, 1995(1).

李 旭·徐旭刚, 从语义角度分析省略句生成的依据[J],《大众文艺(理论)》, 2008(9).

李武胜, 一种特殊的省略—从"朝服衣冠"谈起[J],《宝鸡师院学报(哲学社会科学版)》, 1985(3).

李生信, 中心词省略辨正[J],《固原师专学报(社会科学)》, 1998(2).

梁丽肖·刘欣茹, 汉语话语省略的语用探析[J],《赤峰学院学报(汉文哲学社会科学版)》, 2012(9).

刘村汉·肖伟良, 论宾语承前省略[J],《广西师范大学学报(哲学社会科学版)》, 1987(3).

刘道英，"隐含"不同于"省略"[J]，《汉语学习》，1999(6).

刘泽军，关于日语主题的省略和非省略[J]，《日语学习与研究》，2008(5).

刘庆元·李气纠，从"形合"与"意合"的角度看英汉省略[J]，《郴州师范高等专科学校学报》，2002(6).

刘鹤云，论句子的主语承句首状语中的词语省略[J]，《华中师院学报(哲社版)》，1985(1).

刘　金，谈空语类与省略[J]，《齐齐哈尔师范高等专科学校学报》，2009(6).

鲁力进·鲁力达，从配价理论看很汉语"VP+的+NP"中NP的省略[J]，《湖南科技学院学报》，2006(8).

卢启榜，主语省略分析[J]，《文学教育》，2008(10).

卢　屋，正反问的省略与"X不"句式[J]，《西藏民族学院学报(社会科学版)》，1992(4).

吕叔湘，《中国文法要略》[M]，商务印书馆，1942.

吕叔湘，《语法学习》[M]，中国青年出版社，1953.

吕叔湘，《汉语语法分析问题》[M]，商务印书馆，1979.

龙　鸣，省略句的八种形式[J]，《南京师范大学文学院学报》，1999(13).

罗英风，所字结构中的成分省略[J]，《韩山师专学报》，1993(2).

马建忠，《马氏文通》[M]，商务印书馆，1989.

毛意忠，汉法主语，谓语，宾语省略的对比研究[J]，《语言教学与研究》，1985(1).

苗兴伟，语篇的信息连贯[J]，外语教学，2003(2).

聂中华，非对等比较句中的省略现象[J]，《日语学习与研究》，2008(2).

潘　立，试释日常会话中省略的语用意义[J]，《广州大学学报(社会科学版)》，2005(7).

齐沪扬，带处所宾语的"把"字句中处所宾语省略与移位的制约因素的认知解释[J]，《华文教学与研究》，2010《1》.

戚晓杰，谈兼语的省略及其条件限制[J]，《世界汉语教学》，1996(2).

钱敏汝，《篇章语用学概论》[M]，外语教学与研究出版社，2001.

饶长溶，"把"字连句省略[J]，《汉语学习》，1982(3).

施关淦，关于"省略"和"隐含"[J]，《中国语文》，1994(2).

沈　阳，祈使句主语省略的不同类型[J]，《汉语学习》，1994(1).

申娜娜，省略的目的与作用[J]，《解放军外语学院学报》，1997(4).

苏培成，特指问句中疑问词"怎么"的省略[J]，《语文研究》，1989(2).

孙华敏，韩国语口语中省略现象探析[J]，《读与写杂志》，2011(2).

孙　云，主语蒙后省略[J]，《天津师大学报》，1984(1).

宋振军，省略现象中的转喻思维[J]，《连云港师范高等专科学校学报》，2007(3).

宋　柔，汉语叙述文中的小句前部省略现象初析[J]，《中文信息学报》，1992(3).

陶振民，省略结构中的语义转移[J]，《武汉教育学院学报》，1997(4).

陶小东，主语蒙后省略质疑[J]，《上海师范大学学报》，1986(4).

唐海秋，定语可承前省略[J]，《咬文嚼字》，2007(1).

王力，《中国现代语法》[M]，商务印书馆，1985.

王茹茹，从汉英主语的省略对比看国内校训的翻译[J]，《宜宾学院学报》，2009(7).

王　寅，认知参照点原则与语篇连贯-认知语言学与语篇分析[J]，《中国外语》，
　　　2005(5).

王　洁，论"省略述语动词"的体词谓语句[J]，《大理师专学报》，2000(4).

王　洁，再论"省略述语动词"的体词谓语句[J]，《辽宁师专学报(社会科学版)》，
　　　2000(4).

王　朴，省略型附加疑问句的几个额问题[J]，《焦作工学院学报(社会科学版)》，
　　　2001(3).

王维贤，《现代汉语语法理论研究》[M]，语文出版社，1997.

汪　吉，对话中的省略和语用推理[J]，《外语研究》，2001(1).

吴迪龙·赵艳，ICM视域下语义省略的认知解读[J]，《外语电化教学》，2010(135).

夏日光，从功能语法角度看英汉语篇中动词性省略[J]，《长沙电力学院学报(社会科
　　　学版)》，1999(1).

许余龙，《对比语言学》第二版[M]，上海外语教育出版社，2010.

杨雪燕，会话省略的功能研究[J]，《中国外语》，2012(5).

杨贤玉，语境与省略[J]，《武当学刊(哲学社会科学版)》，1995(4).

于世英，对省略同一性的探讨[J]，《文化研究》，2009(4).

于　爽，浅析汉语的主语省略及其英译策略[J]，《长春师范学院学报(人文社会科学

版)》，2012(2).

余　弦，歧义与省略：汉日定中结构之比较[J]，《天津外国语学院学报》，2005(5).

俞敦雨，主语省略的几种特殊方式[J]，《逻辑与语言学习》，1987(4).

赵仙丹·夏日光，从图式理论谈续语省略的语篇理解[J]，《韶关学院学报(社会科学)》，2009(1).

张学成，介词及其宾语的省略[J]，《杭州师院学报(社会科学版)》，1986(4).

张仁俊，谈句子成分的省略(上)[J]，《盐城师专学报(社会科学版)》，1987(1).

张仁俊，谈句子成分的省略(下)[J]，《盐城师专学报(社会科学版)》，1988(1).

张　琪，汉语VP省略结构语义特征[J]，《湖南工业大学学报(社会科学版)》，2009(4).

张　琪，汉语动词短语省略特征分析[J]，《湘潭师范学院学报(社会科学版)》，2005(3).

张天伟，省略的定义和研究路径：理论与应用[J]，《外语研究》，2011(6).

张天伟·卢卫中，省略的认知转喻解读[J]，《天津外国语大学学报》，2012(2).

张岳健，从配价理论看汉语"VP+的+NP"中NP的省略[J]，《湘潭师范学院学报(社会科学版)》，2006(2).

张宝胜，"名1(代)+的+名2"中名2的省略[J]，《河南大学学报(社会科学版)》，2007(3).

张桂宾，省略句研究述评[J]，《汉语学习》，1998(1).

郑远汉，省略句的性质及其规范问题[J]，《语言文字应用》，1998(2).

郑从富，省略三段论略论[J]，《湖南师范大学社会科学学报》，1988(1).

朱德熙，《语法讲义》[M]，商务印书馆，1982.

朱向明，基于语料库的情景省略研究[J]，《长春理工大学学报》，2011(12).

朱楚宏，关于主语承前省略的几个问题[J]，《长江大学学报(社会科学版)》，2008(6).

周　丽，汉语增强语副词在翻译中的省略[J]，《经营管理者》，2010(7).

2) 硕士·博上学位论文

陈伟英，汉语主语省略的认知语用研究，浙江大学博士学位论文，2008.

姜贞爱，韩汉政论体语篇的省略和指称衔接对比，延边大学硕士学位论文，2006.

李　欢，宾语省略的认知分析，湖南大学硕士学位论文，2008.

刘建霞，韩国留学生叙事语篇中名词性词语省略的偏误分析，北京语言大学硕士学位论文, 2005.

孙　明,《左传》省略研究, 山东师范大学硕士学位论文, 2008.

夏日光, 省略的认知语言学研究与翻译教学, 西南大学博士学位论文, 2010.

喻姗姗,　《汤姆·索耶历险记》中省略的认知识解,　长沙理工大学硕士学位论文,
　　　　2010.

周圣芳, 中高级韩国留学生叙事语篇省略偏误研究, 山东大学硕士学位论文, 2011.

2. 韩国语资料

1) 著作 · 期刊论文

강연임, 생략의 유형에 대하여[J],《한국언어문학》, 1998(41-1).

강연임, 텍스트에서의 생략조건과 대상에 대하여[J],《한국언어문학》, 1999(43).

강연임,《한국어 텍스트와 생략》[M], 이회문화사, 2005.

고석주, 한국어 무주어문 유형 연구: 시론적 고찰[J],《담화와 인지》, 2011(18).

구헌철, 텍스트구조적 생략 현상[J],《인문논의》, 1996(1).

구현정, 21세기 국어학회의 전망과 새로운 모색-의미 · 화용론 분야[J],《한말연
　　　　구》, 2000(6).

구현정, 구어와 담화: 연구와 활용[J],《우리말 연구》, 2011(28)

구도희, 담화속에서의 생략[J],《우리말연구》, 1988.

김경숙, 조선어 텍스트에서의 생략 현상에 대한 화용론적 분석[J],《중국조선어문》,
　　　　2007(6).

김동만 · 이태욱, 원형이론에 의한 초보 학습자의 프로그래밍 개념에 대한 이해,
　　　　한국컴퓨터학회논문지, 25(3), 2020.3.

김미경, 정보구조화 관점에서 본 생략의 의미와 조건[J],《텍스트와 인지》, 1999(6).

김미형, 생략과 정보구조[J],《자하 어문 논집》, 1990(6/7).

김미월, 주어생략문제에 대하여[J],《중국조선어문》, 2010(167).

김상기, 생략과 복원에 대한 의미상의 근거[J],《솔뫼어문논총》, 1999(11).

김상기, 생략된 정보에 대한 통사적 접근[J], 《솔뫼어문논총》, 1998(10).

김성훈, 텍스트에서의 생략 현상에 대한 연구[J], 《텍스트언어학》, 1993(1).

김송룡, 국어의 생략 현상과 그 유형[A], 《건국대학교 논문집》, 1989(29).

김종택, 국어화용론, 형설출판사, 1982.

김종현, 의미 연구의 방법과 과제[A], 청주교육대학교 논문집 8, 2004.

김언주, 우리말의 생략과 삭제[J], 《국어국문학》, 1985(23).

김영순 역, 《화용론의 이해》[M], 동인, 2003.

김은일·정연창, 주어 생략과 모호성 조건[J], 《언어과학연구》, 2006(37).

김인숙, 생략과 복원 가능성[A], 《영학논집》, 1980(4).

김일웅, 대명사의 생략 현상[J], 《언어연구》, 1984(7).

김일웅, 생략과 그 유형[J], 《부산한글》, 1985(4).

김재욱, 전형성에 따른 격조사의 비현실과 생략[J], 《한국어문학연구》, 2000(11).

김정호, 생략에 대하여[J], 《한글》, 1962(130).

김태옥, 《인지적 화용론》[M], 한신문화사, 1994.

김태옥·이현호, 《담화 텍스트 언어학 입문》[M], 양영각, 1981.

김태옥·이현호(1995), 담화 연구의 텍스트성 이론과 적합성 이론, 《담화와 인지》, 1995(1).

김희선, 텍스트구조의 측면에서 본 생략 현상과 그 형식: 라포 탈락 현상을 중심으로[J], 《텍스트론논집》, 1994(2).

노은희, 텍스트에서의 생략에 대한 비판적 고찰[J], 《선청어문》, 1995(22).

박승윤, 생략에서의 동일성 조건[J], 《언어》, 1983(8-1).

박승윤, 《기능문법론》[M], 1989.

박양규, 주어의 생략에 대하여[J], 《국어학》, 1980(9).

박영순, 《화용론》[M], 박이정, 2007.

박철우, 화용론의 현재와 미래: 언어 연구의 방법적 성격과 외연을 중심으로[J], 《어문론집》, 2015(62).

박청희, 주어와 서술어의 생략 현상 연구[J], 《우리말연구》, 2013(32).

박청희, 한국어와 영어의 생략 현상에 대한 통계적 접근[J], 《어문논집》, 2012(66).

서수현 외, 《초점과 생략: 동시연산분석》[M], 도서출판 동인, 2009.

서은아, 구어 문형의 생략 현상 연구[J], 《인문과학연구》, 2004(12).

서천수, 현대영어의 생략에 관한 연구[A], 《사대논문집》, 1991(23).

서 혁, 담화의 분석과 화제, 초점에 대하여[J], 《선청어문》, 1995.

안승신, 《영어 명사구에서의 생략에 관한 연구-언어 이론과 그 응용》[M], 한국문화
　　　사, 2005.

안승신, 《영어생략문의 원리와 그 적용》[M], 에피스테메, 2012.

양명희, 국어의 생략 현상[J], 《국어국문학》, 1996(117).

양승관, 정보구조와 생략[J], 《스페인언어문학》, 2004(30).

양용덕, 한국어와 영어의 생략 현상 비교연구[A], 《창원대학교 논문집》, 1986(8).

윤평현, 《국어의미론》[M], 역락, 2008.

이기백, 격조사의 생략에 대한 고찰[J], 《어문논총》, 1977(11).

이삼형, 생략 현상에 대하여[J], 《한국말 교육》, 1996(7).

이성만, 텍스트 언어학의 현황과 전망-텍스트 기술의 기본 차원들-[J], 《우리말
　　　연구》, 2007.

이정남, 국어 생략 현상에 대한 한 반성[J], 《국어학》, 1998(32).

이남순, 《국어의 부정격과 격표지 생략》[M], 탑출판사, 1988.

이덕만, 생략에 관한 고찰(1) [J], 《외국문화연구》, 1983(1).

이성범 · 홍승진, 생략적 발화의 화용적 기능[J], 《담화와 인지》, 2009(16).

이민우, 현대중국어의 주어 생략에 관한 연구: 주어에 대한 재인식을 바탕으로[J],
　　　《중국언어연구》, 2006(22).

이 숙, 생략의 텍스트 원리[J], 《어문학논의》, 2008(27).

이익환, 《영어의미론》[M], 한국문화사, 2000.

이창덕, 화용론과 국어교육[J], 《한국초등국어교육》, 1994(10).

이해윤 역, 《화용론》[M], 한국외국어대학교출판부, 2009.

임규홍, 국어 생략 현상에 대한 연구[J], 《어문학》, 1996(57).

임지룡, 《인지의미론》[M], 탑출판사, 1998.

임창국, 《생략 현상연구: 범언어적 관찰》[M], 한국문화사, 2007.

임홍빈, 국어의 통사적인 공범주에 대하여[J], 《어학연구》, 1975.

임홍빈, 《국어의 재귀사 연구》[M], 《신구문화사》, 1987.

조경순, 한국어 화용론의 전개와 방향[J], 《한국어 의미학》, 2016(54).

조영아, 원형이론과 조합성 문제[J], 《철학연구》 132집, 2014.

정연창, 주어 생략에 대한 소고[J], 《언어과학》, 2007(2).

정희자, 생략의 담화기능적 연구[J], 《외대논총》, 1997(17).

주경의, 담화에서의 문맥[J], 《선청어문》, 1994(22).

차재은·황국정, 격조사 생략에 대한 고찰[A], 《제24회 공동연구회 발표논문집》, 2000.

최규수, 주제와 정보와의 관계[J], 《부산한글》, 1990(9).

최명식, 생략을 론함[J], 《중국조선어문》, 1986(특간호).

한재현, 생략원리: 국어의 Gapping 현상[J], 《어학》, 1978(5).

한재현, 《생략과 대용현상: 한국어와 영어를 중심으로》[M], 한신문화사, 1984.

2) 硕士·博士学位论文

강연임, 한국어 생략의 텍스트론적 연구, 충남대학교 박사학위 논문, 2002.

고재진, 국어의 생략 현상 연구, 인천대학교 교육대학원 석사학위 논문, 2007.

구도희, 텍스트 속에서의 생략, 연세대학교 석사학위 논문, 1987.

김성훈, 독일어와 한국어 텍스트에서의 생략 현상에 대한 연구, 고려대학교 석사학위 논문, 1993.

김 옥, 국어 접속문의 생략에 대한 고찰, 전남대학교 교육대학원 석사학위 논문, 1997.

김종기, 고등영어 교과서에 나타난 생략 현상의 이해도에 관한 연구, 부산대학교 교육대학원 석사학위 논문, 2003.

김홍제, 영어와 한국어의 생략구조비교 연구, 연세대학교 교육대학원 석사학위 논문, 1973.

나찬연, 우리말 이음에서의 삭제와 생략 현상 연구: '-고 이은월'과 '-으면 이은월'을 중심으로, 부산대학교 석사학위 논문, 1993.

마쯔자키 마히루, 한국어 문장 연결 연구: 지시, 접속, 생략을 중심으로, 경희대학교
　　　　박사학위 논문, 2011.

문해숙, 국어 격조사 생략과 그 의미에 대한 연구, 한국정신문화연구원 석사학위
　　　　논문, 2000.

박만규, 목적보어의 생략, 서울대학교 석사학위 논문, 1985.

박청희, 현대 국어의 생략 현상 연구, 고려대학교 박사학위 논문, 2013.

서성북, 구문 생략의 제약, 숭실대학교 박사학위 논문, 2005.

심인섭, 우리말의 생략 현상 연구, 부산대학교 석사학위 논문, 1985.

양용득, 동사구의 생략에 관한 연구, 동아대학교 박사학위 논문, 1986.

윤경애, 한중 텍스트에 나타나는 생략 현상 대조 연구, 고려대학교 석사학위
　　　　논문, 2002.

윤희선, 생략에 관한 연구, 이화여자대학교 석사학위 논문, 1996.

이군자, 생략 현상의 통사적 분석, 경북대학교 석사학위 논문, 1987.

이남순, 국어의 격표지 생략에 대한 연구, 서울대학교 박사학위 논문, 1987.

이소림, 생략의 의사소통 기능에 대한 고찰, 전남대학교 석사학위 논문, 2003.

이장순, 생략과 정보구조에 관한 연구, 충북대학교 교육대학원 석사학위 논문,
　　　　2001.

이혜원, 텍스트 응집성에 관한 고찰, 한국외국어대학교 석사학위 논문, 1995.

정선희, 한국어의 생략 현상 연구: 한국어 생략 성분의 복원 전략을 중심으로,
　　　　고려대학교 석사학위 논문, 2000.

정순권, 생략 조건의 통사적 연구, 연세대학교 교육대학원 석사학위 논문, 1984.

정우준, 범언어적 유형론에서의 한국어 명사구와 총칭 표현에 대한 논의: 복수
　　　　표지와 격조사 생략 현상을 중심으로, 고려대학교 석사학위 논문, 2008.

한재현, 생략과 대용 현상, 전북대학교 박사학위 논문, 1981.

홍성철, 접속구문에서의 생략 현상 연구, 강원대학교 교육대학원 석사학위 논문,
　　　　2002.